新时代中国基层治理体系研究

China's Primary-level Governance System in the New Era

左晓斯　赵道静　等/著

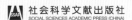

社会科学文献出版社
SOCIAL SCIENCES ACADEMIC PRESS (CHINA)

目　录

总论
国之需 民所盼

  基层治理是国家治理的"微细胞"。在国家治理体系中，基层治理既是公共治理的"最后一公里"，也是人民群众感知公共服务效度和温度的"神经末梢"，更是推动社区认同走向社会认同、社会认同走向国家认同的"源头"。从治理层级来看，基层治理是指针对乡镇（街道）和社区两个层级的治理，是涉及最广大人民群众根本利益的治理。近年来，围绕基层治理体制建设，习近平总书记作了许多重要指示，国家从顶层设计上出台了多项政策措施，全国各地结合自身实际开展了一系列卓有成效的探索。作为一项复杂的系统工程，基层治理不仅需要构筑完善的体制，还需要锻造科学合理的体系。新时代基层治理正面临同步推进"体制革新"与"体系构造"的使命。[①] 关注基层治理体系中核心要素对体系稳定、持续增效的维系机理，已经成为深化基层治理研究、彰显中国特色社会主义制度优势的理论命题。有鉴于此，本书在概述基础上，从党建引领、政府履责、基层自治、基层法治、基层德治、基层智治、队伍建设、评价体系八个方面对新时代中国基层治理体系进行较为系统和深入的研究探讨。

一 新时代呼唤高效的基层治理体系

  2021 年 3 月，《中华人民共和国国民经济和社会发展第十四个五年规划和 2035 年远景目标纲要》明确要求，"健全党组织领导的自治、法治、德治相结合的城乡基层治理体系"[②]。2021 年 4 月，《中共中央 国务院关于加强基层治理体系和治理能力现代化建设的意见》进一步强调，"基层治理是国家治理的基石，统筹推进乡镇（街道）和城乡社区治理，是实现国

[①] 陈朋：《寻求基层治理体系的有效突破》，《学习时报》2020 年 6 月 17 日，第 7 版。

[②] 《中华人民共和国国民经济和社会发展第十四个五年规划和 2035 年远景目标纲要》，中国政府网，2021 年 3 月 13 日，http://www.gov.cn/xinwen/2021－03/13/content_5592681.htm。

家治理体系和治理能力现代化的基础工程"；同时，明确提出"力争用 5 年左右时间，建立起党组织统一领导、政府依法履责、各类组织积极协同、群众广泛参与，自治、法治、德治相结合的基层治理体系"。① 从总体发展布局来看，建立和健全基层治理体系已成为新时代发展的重要任务，在新时代背景下探讨中国基层治理体系意义重大。

（一）理论概括："基层强则国家强，基层安则天下安"

从古至今，中国一直将基层视为十分重要的国家治理层级。古代思想家老子在《道德经》中，用"九层之台，起于垒土；千里之行，始于足下"形容基础对于整体的重要意义。东汉史学家荀悦在《前汉纪》中，用"欲天下之治安，莫若众建诸侯而少其力。力少则易制，国小则无邪心。令海内之势，如身之使臂，臂之使指，莫不从制。从制则天下安矣"申论"郡县治，天下安"的道理。② 北宋文学家苏辙在《新论》（中）里，用"欲筑室者，先治其基"阐述基础的重要性。在中国古代几千年历史中，基层经历了周制时期的乡遂、秦汉时期的郡县乡里、唐朝的村坊以及明清时期的保甲，组织结构逐渐完善和清晰，发挥着重要的上传下达、劝课农桑和弭盗安民的作用。

中华人民共和国成立后，在探索符合中国实际的社会主义道路过程中，中国共产党高度重视基层工作。毛泽东同志说过，"在我党的一切实际工作中，凡属正确的领导，必须是从群众中来，到群众中去"③。他常到基层调研，总结和推广了一系列基层工作经验。④ 党的十八大以来，以习近平同志为核心的党中央针对社会治理和基层治理提出很多新思想，为加强基层治理指明了前进方向，提供了根本遵循。2016 年 3 月，在参加第十二届全国人大四次会议上海代表团审议时，习近平总书记指出，"基层是一切工作的落脚点，社会治理的重心必须落实到城乡、社区"⑤。2018

① 《中共中央 国务院关于加强基层治理体系和治理能力现代化建设的意见》，中国政府网，2021 年 7 月 11 日，http://www.gov.cn/zhengce/2021-07/11/content_5624201.htm。
② 杨立新：《"典"亮百年 郡县治，天下安》，央视网，2021 年 10 月 7 日，https://news.cctv.com/2021/10/07/ARTIuz5d9qWIUyLyEQYYPUEE210714.shtml。
③ 《毛泽东选集》第 3 卷，人民出版社，1991，第 899 页。
④ 杨明伟：《毛泽东如何关注并推广基层经验》，《湖南日报》2018 年 12 月 25 日，第 4 版。
⑤ 《习近平到上海代表团参加审议》，新华网，2016 年 3 月 5 日，http://www.xinhuanet.com/politics/2016-03/05/c_1118243175.htm。

年 4 月，在湖北考察时，习近平总书记指出，"社区是基层基础。只有基础坚固，国家大厦才能稳固"①。2020 年 3 月，在浙江考察时，习近平总书记指出，"基层是社会和谐稳定的基础"②。2020 年 7 月，习近平总书记在吉林考察时再次强调，"推进国家治理体系和治理能力现代化，社区治理只能加强、不能削弱"③。2020 年 8 月 24 日，习近平总书记在经济社会领域专家座谈会上强调，"要加强和创新基层社会治理，使每个社会细胞都健康活跃，将矛盾纠纷化解在基层，将和谐稳定创建在基层"④。2020 年 9 月 8 日，习近平总书记在全国抗击新冠肺炎疫情表彰大会上的重要讲话中指出，"要完善城市治理体系和城乡基层治理体系，树立全周期的城市健康管理理念，增强社会治理总体效能"⑤。2020 年 9 月 17 日，习近平总书记在基层代表座谈会上发表讲话时强调，"基础不牢，地动山摇。只有把基层党组织建设强、把基层政权巩固好，中国特色社会主义的根基才能稳固"⑥。2021 年 2 月，习近平总书记赴贵州看望慰问各族干部群众时再次强调，"基层强则国家强，基层安则天下安，必须抓好基层治理现代化这项基础性工作"⑦。2022 年 6 月，习近平总书记在湖北武汉考察时指出，"社区是城市治理体系的基本单元。我国国家治理体系的一个优势就是把城乡社区基础筑牢"⑧。

构建新时代基层治理体系，既是基于基层对国家的重要性，基层治理

---

① 《习近平在湖北考察时强调 坚持新发展理念打好 "三大攻坚战" 奋力谱写新时代湖北发展新篇章》，南方网，2018 年 4 月 28 日，https://gddj. southcn. com/node_6791fa41b6/5c16361266. shtml。

② 《习近平在浙江考察时强调：奋力实现今年经济社会发展目标任务》，南方网，2020 年 4 月 1 日，https://theory. southcn. com/node_dd03007b70/6498cdc5e3. shtml。

③ 《习近平在吉林考察时强调 坚持新发展理念深入实施东北振兴战略 加快推动新时代吉林全面振兴全方位振兴》，南方网，2020 年 7 月 24 日，https://tv. southcn. com/node_8cb583379a/04a6d37d18. shtml。

④ 习近平：《正确认识和把握中长期经济社会发展重大问题》，《求是》2021 年第 2 期。

⑤ 习近平：《在全国抗击新冠肺炎疫情表彰大会上的讲话》，《求是》2020 年第 20 期。

⑥ 《习近平：在基层代表座谈会上的讲话》，南方网，2020 年 9 月 19 日，https://news. southcn. com/node_179d29f1ce/e7d63d2dd7. shtml。

⑦ 《习近平春节前夕赴贵州看望慰问各族干部群众》，南方网，2021 年 2 月 5 日，https://theory. southcn. com/node_dd03007b70/93a256eeb4. shtml。

⑧ 《习近平在湖北武汉考察时强调 把科技的命脉牢牢掌握在自己手中 不断提升我国发展独立性自主性安全性》，南方网，2022 年 6 月 29 日，https://news. southcn. com/node_269c457a85/fd8cf6e830. shtml。

在社会治理和国家治理体系中的重要性，更是坚持"人民至上"、彰显中国特色社会主义制度优势的重要举措，是"实现国家治理体系和治理能力现代化的基础工程"[①]。

（二）实践总结：从管理到治理，中国基层治理效能不断提升

纵观中国基层治理变迁史的研究文献，学术界对 1949 年以来中国基层治理的变迁历程存在两阶段、三阶段与四阶段的划分区别。两阶段论：第一阶段是从 1949 年中华人民共和国成立到 1978 年改革开放，是以政治整合为主导的治理；第二阶段是从 1978 年改革开放至今，是以市场整合为主导的治理，或称之为政治整合松绑与社会整合重启的治理。三阶段论是将基层治理划分为管控型、管理型、治理型三个阶段[②]，或单向度社会控制、全方位社会治理格局、协同共治格局三个阶段[③]。四阶段论划分实质上是对两阶段和三阶段的再细化。李春根和罗家为认为，中国 70 年基层治理经历了"政社同构"下的单位制与人民公社，"政社分离"下的社区制与"乡政村治"，在治理转型中出现了"政社失灵"问题，为了解决"政社失灵"带来的碎片化问题，逐步建立起治理现代化下的"政社合作"机制，从而实现以执政党为中心的"政社融合"。[④] 刘学从治理主体和治理策略两个维度来界定治理结构差异，按照城乡差异将中国 70 年基层治理的历史进程分为四个阶段，即社会重构阶段（1949～1957 年）、社会改造阶段（1958～1978 年）、社会培育阶段（1979～1999 年）、社会治理阶段（2000～2019 年）。他通过梳理发现，中国的基层治理日益呈现结构网络化、主体多元化特征。[⑤]

通过文献梳理可以发现，两阶段、三阶段、四阶段的划分，实质上依据的是每个阶段的治理主体和治理方式。从治理主体来看，中国的基层治

---

① 《中共中央 国务院关于加强基层治理体系和治理能力现代化建设的意见》，中国政府网，2021 年 7 月 11 日，http://www.gov.cn/zhengce/2021－07/11/content_5624201.htm。

② 王宗礼、李连军：《新中国 70 年来基层社会治理的演进逻辑与主要启示》，《青海社会科学》2019 年第 6 期。

③ 彭秀良、郭艳梅：《新中国 70 年基层社会治理格局的变迁》，《社会工作》2019 年第 6 期。

④ 李春根、罗家为：《从总体性支配到社会化整合：新中国 70 年基层治理现代化的演进逻辑——国家与社会关系的分析视角》，《华中师范大学学报》（人文社会科学版）2020 年第 3 期。

⑤ 刘学：《回到"基层"逻辑：新中国成立 70 年基层治理变迁的重新叙述》，《经济社会体制比较》2019 年第 5 期。

理经历了从单一治理主体到多元治理共同体的转变；从治理方式来看，中国的基层治理经历了由管理走向治理的过程，治理效能不断提升。

（三）现实困惑：体系化、系统性不足影响基层治理现代化进程

党的十九届五中全会指出，"我国已转向高质量发展阶段，制度优势显著，治理效能提升，经济长期向好，物质基础雄厚，人力资源丰富，市场空间广阔，发展韧性强劲，社会大局稳定，继续发展具有多方面优势和条件，同时我国发展不平衡不充分问题仍然突出，重点领域关键环节改革任务仍然艰巨，创新能力不适应高质量发展要求，农业基础还不稳固，城乡区域发展和收入分配差距较大，生态环保任重道远，民生保障存在短板，社会治理还有弱项"[①]。当前，中国社会治理的工作重点在基层。没有基层治理的现代化，就不可能真正实现国家治理的现代化。从某种程度上讲，基层治理的成功与否，直接影响中国社会治理现代化总体进程。

中国基层治理虽然取得了巨大成绩，但还存在诸如党建引领作用发挥不足、基层治理资源整合优化不够、乡村治理体系不完备、城乡发展不均衡、基层治理人才缺乏和治理能力有待提升、群众服务需求得不到及时满足、城乡基层自治过度行政化、社会力量和居民参与治理不够、德治和法治建设有待加强、智慧治理能力普遍不足等问题。自 2019 年以来，抗击新冠疫情"是对国家治理体系和治理能力的一次大考"[②]，特别是对基层治理的严峻考验。事实证明，中国经受住了考验，充分体现了中国特色社会主义制度的优越性，但是考验中仍暴露了基层治理领域的许多短板和不足。

基层治理的各项短板和不足，归根结底缘于基层治理的系统性和体系化不足。基层治理的"碎片化"容易造成治理体系内部结构和功能失衡，使基层治理主体的行动能力受到限制，治理效能难以发挥和提升。[③] 基层治理的"碎片化"最突出的表现是条块分割。从横向来看，基层治理涉及多个政府部门，如政法、民政、社会保障等职能部门。条块部门往往各自

---

① 《中国共产党第十九届中央委员会第五次全体会议公报》，中国政府网，2020 年 10 月 29日，http://www.gov.cn/xinwen/2020-10/29/content_5555877.htm。

② 习近平：《全面提高依法防控依法治理能力 健全国家公共卫生应急管理体系》，《求是》2020 年第 5 期。

③ 许晓东：《当前基层治理存在的突出问题与治理路径》，人民论坛网，2020 年 7 月 24 日，http://www.rmlt.com.cn/2020/0724/587877.shtml。

为政，过多考虑部门利益，未能将资源和信息共享，囿于各自的职责范围，无法形成基层治理的合力。从纵向来看，基层治理的政府履责系统由专业主管部门的垂直业务指导和行政区划内的属地归口管理两部分构成。街镇处于基层治理的基础地位，是政府与社会、党与人民群众连接的关键节点。在实践中，职能部门许多具体工作需要通过基层政府落实、落地。基层治理工作被生动地形容为"上面千条线，下面一根针""上面千把锤，下面一颗钉"。另外，基层在落实工作任务时，也需要根据执法权归属，与相关部门协同配合。行政机构设置与职能分工、人在组织中所表现的行为和态度等多种因素，共同导致街镇属地管理责任、职能部门工作任务之间出现"看不看得见"和"管不管得了"的现实组合偏差。

基层治理的条块分割直接导致了基层治理资源的"碎片化"。基层治理的发生场域是乡镇（街道）和社区，但基层治理的资源渠道却是多元且未统一的。尽管近年来国家不断强调资源下沉基层，但实际状况并不理想，真正下沉到基层的资源既不够清晰也不够到位。比如，村（居）委会资源主要来源于民政和街道，街道派驻机构资源来源于上级职能部门，工青妇残等群团组织资源来源于其垂直管理机构，社区社会组织由项目购买方出资。由于基层治理的统领力量缺乏、资源整合平台缺失和沟通协作机制尚未建立健全，各自为政、多头管理、多头服务，项目交叉重复、"相互打架"的情况时有发生。基层治理资源的碎片化也体现为基层治理人员队伍的碎片化，出现有效执法力量不足的现实困境。执法人员相对不足和执法资源分散容易导致执法被动、执法反应慢等问题，无法形成协调、有效的整体性基层执法体系。

要解决基层治理的碎片化难题，需要回答"为什么要治理""谁来治理""治理什么""怎样治理""怎样才是好的治理"等问题。这也正是构建新时代基层治理体系需要回答的问题，也是本书要回答的主要问题。

（四）未来召唤：基层治理面临新机遇、新挑战与新要求

1. 经济社会发展为基层治理迈入新阶段奠定坚实基础

党的十九届五中全会提出，"全面建成小康社会、实现第一个百年奋斗目标之后，我们要乘势而上开启全面建设社会主义现代化国家新征程、向第二个百年奋斗目标进军，这标志着我国进入了一个新发展阶段"。习近平总书记指出，"新发展阶段是我们党带领人民迎来从站起来、富起

来到强起来历史性跨越的新阶段"①。进入新发展阶段的中国已经成为世界第二大经济体、第一大工业国、第一大货物贸易国、第一大外汇储备国。世界银行数据显示，按现价美元计算，2021 年，中国国内生产总值达到 17.73 万亿美元，占全世界 GDP 的 18.45%，超过整个欧盟地区，居全球第二位。② 2020 年，中国出生人口平均预期寿命为 77 岁，超过全世界中高等收入国家平均预期寿命（76 岁），与高收入国家 80 岁的平均预期寿命差距逐渐缩小。基层治理是涉及最广大人民群众的治理，为了实现高效的治理，需要投入大量的人力、物力和财力。进入新发展阶段，中国经济社会发展的现状与未来预期都为基层治理更好迎接新时代的挑战打下了坚实基础。

2. 社会发展的深刻变化使基层治理面临新难题

习近平总书记指出，"我国社会结构正在发生深刻变化，互联网深刻改变人类交往方式，社会观念、社会心理、社会行为发生深刻变化"③。社会结构包括人口结构、家庭结构、就业与职业结构、城乡结构、社区结构、社会阶层结构和社会组织结构等。④ 中国进入新时代，与基层治理密切相关的社区结构、社会组织结构、人口结构等都在发生巨大变化。例如，中国社会组织单位数由 2012 年的 49.9 万个增加至 2021 年的 90.2 万个，9 年间增加了 40.3 万个；社会团体单位数由 2012 年的 27.1 万个增加至 2021 年的 37.1 万个，9 年间增加了 10 万个；自治组织单位数自 2012 年以来一直保持在 60 万个以上。⑤ 数量庞大的基层社会组织加剧了基层治理的复杂化程度，加深了基层治理的难度。随着人民群众对美好生活需求的日益增长，人们的利益诉求更加多元，参与治理的主动性变得更高，这都是基层治理需要面对和适应的新情况。另外，在社会转型期，各类风险增多，防范化解基层社会矛盾的任务依然十分艰巨。⑥

---

① 习近平：《论把握新发展阶段、贯彻新发展理念、构建新发展格局》，中央文献出版社，2021，第 471 页。

② 数据来源于世界银行公开数据库，https://data.worldbank.org.cn/indicator/NY.GDP.MKTP.CD? name_ desc = true&view = chart。

③ 习近平：《论把握新发展阶段、贯彻新发展理念、构建新发展格局》，中央文献出版社，2021，第 375 页。

④ 龚维斌：《我国社会结构：变化、特点及风险》，《中国特色社会主义研究》2019 年第 4 期。

⑤ 数据来源于《中国统计年鉴（2022）》。

⑥ 向春玲、胡万玉、傅佳薇：《推进新时代基层治理现代化——〈关于加强基层治理体系和治理能力现代化建设的意见〉贯彻落实之要》，《党课参考》2021 年第 16 期。

3. 深入贯彻新发展理念需要提升基层治理质量与水平

新发展理念是党的十八大以来提出的重大理念之一。习近平总书记指出，"新发展理念是一个系统的理论体系，回答了关于发展的目的、动力、方式、路径等一系列理论和实践问题，阐明了我们党关于发展的政治立场、价值导向、发展模式、发展道路等重大政治问题"①。新发展理念是基层治理需要遵循的理论体系，尤其在治理实践过程中，时刻都需要以新发展理念为指导，何种治理模式和方式才是科学高效的治理，需要基层治理的实践者和研究者不断思考和探索。党的十九届六中全会指出，"坚持发展为了人民、发展依靠人民、发展成果由人民共享"。以人民为中心是中国发展的基本原则，也是基层治理的基本原则。基层治理要坚持"人民至上"原则，要坚持问题导向，把握新发展理念，切实解决基层面临的各类问题，提升基层治理体系和治理能力现代化水平，助力经济社会的高质量发展。

4. 加快构建新发展格局要求基层治理持续探索创新

习近平总书记指出，"加快构建以国内大循环为主体、国内国际双循环相互促进的新发展格局，是'十四五'规划《建议》提出的一项关系我国发展全局的重大战略任务，需要从全局高度准确把握和积极推进"②。新发展格局是中国未来很长一段时间的战略任务，从全局角度出发，社会治理和基层治理都需要以新发展格局为目标任务。要实现这一目标，基层治理需要不断探索和持续创新，要回答以下问题：如何在基层治理领域，将新发展格局贯彻落实；如何通过改善和创新基层治理的方式方法，优化基层治理的资源配置，完善基层治理的体制机制，以基层治理的高效能支撑经济社会的高质量发展，为构建新发展格局奠定坚实基础。③

二 新时代基层治理体系的内涵与框架

体系是指在一定范围内或同类的事物按照一定的秩序和内部联系组合

---

① 习近平：《论把握新发展阶段、贯彻新发展理念、构建新发展格局》，中央文献出版社，2021，第 479 页。

② 习近平：《论把握新发展阶段、贯彻新发展理念、构建新发展格局》，中央文献出版社，2021，第 482 页。

③ 范逢春：《深刻理解新发展格局对基层治理提出的新要求》，《国家治理》2021 年第 Z4 期。

而成的整体。按照体系的概念界定，基层治理体系应该是指让基层治理的治理主体能够形成治理共同体的内部联系结构。那么，究竟什么是基层治理？关于基层治理体系，主要有哪些重要的理论与实践探索？新时代基层治理体系究竟由哪些系统构成？这些都是研究新时代基层治理体系必须认识的基本问题。

（一）基层治理的概念与内涵

回顾基层治理的学术研究成果发现，专门讨论"基层"内涵的文献并不多，大家更多地将解析焦点放在"治理"上。马卫红和喻君瑶总结学术界对"基层"内涵的界定，有广义和狭义之分：广义上，把基层看作县/区及以下的组织和空间单元；狭义上，主要指农村的乡镇和城市的区，或特指社区。[①]

不同的学科体系对基层的解释有所不同。政治学主要将基层与国家中央政权相对应，将基层界定为国家政治体制的最低层次。比如，王乐夫认为，基层是国家、社会管理体系的最低层次。[②] 马骏认为，基层是国家治理体系的最基础的层次。[③] 陈家刚认为，基层是指政治制度框架或政治结构中最基础的权力。[④]

社会学侧重于对基层社会开展讨论，将基层视为某一特定场域的社会要素综合，认为基层社会是由不同的社会元素共同组成的复杂且有机整合的社会系统。比如，田毅鹏和薛文龙认为，基层是兼具行政性和自治性的社会环境。[⑤] 石发勇在分析城市基层治理时认为，城市基层主要是社区体系。[⑥] 孙小逸和黄荣贵把基层定位在社区，提出社区长期以来都是城市基

① 马卫红、喻君瑶：《何谓基层？——对当前城市基层治理基本概念的拓展》，《治理研究》2020 年第 6 期。
② 王乐夫：《中国基层纵横涵义与基层管理制度类型浅析》，《中山大学学报》（社会科学版）2002 年第 1 期。
③ 马骏：《盐津县"群众参与预算"：国家治理现代化的基层探索》，《公共行政评论》2014 年第 5 期。
④ 陈家刚：《基层治理：转型发展的逻辑与路径》，《学习与探索》2015 年第 2 期。
⑤ 田毅鹏、薛文龙：《"后单位社会"基层社会治理及运行机制研究》，《学术研究》2015 年第 2 期。
⑥ 石发勇：《关系网络、"地方形象促进联盟"与城市基层治理》，《学海》2013 年第 3 期。

层的基础。①

行政管理学将基层解释为行政区域的最小单元，可以是城市、乡镇、行政村、街道或社区等行政区域。比如，何艳玲研究 20 世纪 90 年代中后期的社区建设，指出城市的基层政权重心是从街道办事处到居委会的行政组织体系。② 倪星和王锐将基层理解为县、市、区和乡、镇。③ 孙柏瑛和蔡磊提出，基层是国家权力控制与民间自治力量的结合点。④

与基层概念界定分析角度多样化类似，学术界对基层治理的概念界定也有区别。杨弘认为，基层治理本质上是以基层党委和政府为主导的国家政权力量和以行政区划为地理界限的社会力量以特定的方式，如命令、控制、协商、合作、监管，管理和调动地方资源，并形成地方公共秩序的过程。⑤ 陈家刚认为，基层治理是指在中国城市街居、农村乡镇及村构成的管理层级中，党、政府、辖区单位、社会组织及社区居民，围绕本地域内的公共事务与公共服务，通过民主协商、共建共治的方式实现公共利益的政治过程。⑥ 王宗礼和李连军认为，基层治理就是指以党和政府为主导的基层社会多元主体以基层社会公共利益为旨归，通过引导、协商、沟通等渠道，依法对城乡基层社会公共事务进行规范和疏导的过程。⑦ 王思斌认为，基层治理就是指对县区以下社会领域问题的治理，既包括政法系统理解的社会治理，也包括民政系统理解的社会治理。其治理主体包括县区、乡镇政府及政府的派出机构，政法部门，还包括城乡基层自治组织、社会组织和居民等社会力量。⑧ 张晓亮和王炤阳认为，基层治理是指在中国社

① 孙小逸、黄荣贵：《再造可治理的邻里空间——基于空间生产视角的分析》，《公共管理学报》2014 年第 3 期。

② 何艳玲：《社区建设运动中的城市基层政权及其权威重建》，《广东社会科学》2006 年第 1 期。

③ 倪星、王锐：《权责分立与基层避责：一种理论解释》，《中国社会科学》2018 年第 5 期。

④ 孙柏瑛、蔡磊：《十年来基层社会治理中党组织的行动路线——基于多案例的分析》，《中国行政管理》2014 年第 8 期。

⑤ 杨弘：《新时代推进中国基层治理现代化的着力点》，《光明日报》2018 年 2 月 8 日，第 15 版。

⑥ 陈家刚：《基层治理：转型发展的逻辑与路径》，《学习与探索》2015 年第 2 期。

⑦ 王宗礼、李连军：《新中国 70 年来基层社会治理的演进逻辑与主要启示》，《青海社会科学》2019 年第 6 期。

⑧ 王思斌：《新中国 70 年国家治理格局下的社会治理和基层社会治理》，《青海社会科学》2019 年第 6 期。

会政治制度中，处于乡镇、村以及城市街区管理层级中的不同行为主体（如党组织、政府机构、社会组织、公民个人等）围绕本地利益，通过协商合作的方式，实现公共利益最大化的政治过程。基层治理对象指辖区的社会公共事务，包括满足公共需求、协调社会利益、解决供给问题等。①向春玲等认为，基层治理是指在乡镇、村及城市街居的管理范围内，为了更好地实现基层社会的秩序与稳定，由党委领导，政府负责，社会主体共同合作，运用正式和非正式制度，为群众提供公共服务、开展公共事务管理，协调不同利益群体关系并化解矛盾的过程。②

综上所述，基层从空间场域来说，包括乡镇街道和城乡社区；从政治制度来说，是国家最基础的权力层级；从社会构成要素来说，可以被理解为由社会个体构成的社会活动场域。而基层治理就是在基层层级（无论是政治学角度的最小权力层级，还是社会学角度的社区事务治理层级）的场域上，由多元治理主体共同治理社会公共事务的过程或行为。依据《中共中央 国务院关于加强基层治理体系和治理能力现代化建设的意见》指出的"基层治理是国家治理的基石，统筹推进乡镇（街道）和城乡社区治理，是实现国家治理体系和治理能力现代化的基础工程"，本书将基层治理界定为多元主体对乡镇（街道）和城乡社区的治理过程，新时代的基层治理是多元主体"共建共治共享"基层事务的治理过程。构建基层治理体系就是要回答如何"共建共治共享"。

（二）基层治理体系的理论与实践探索

对于基层治理体系到底是怎样的，学术界有不同的观点，全国各地也探索了一些基层治理体系实践经验。

就理论探讨而言，2021 年 4 月发布的《中共中央 国务院关于加强基层治理体系和治理能力现代化建设的意见》指出，要"建立起党组织统一领导、政府依法履责、各类组织积极协同、群众广泛参与，自治、法治、德治相结合的基层治理体系"。这是国家政策文本中第一次对基层治理体系的明确界定。此后，学者对基层治理体系展开了热烈讨论。

---

① 张晓亮、王炤阳：《关于基层治理的文献综述》，《财富时代》2020 年第 4 期。
② 向春玲、胡万玉、傅佳薇：《推进新时代基层治理现代化——〈关于加强基层治理体系和治理能力现代化建设的意见〉贯彻落实之要》，《党课参考》2021 年第 16 期。

向春玲等认为，基层治理体系是在党的领导下治理基层社会的一系列制度体系，包括治理主体和治理方式，以及主体如何发挥各自功能等。[①]邓大才认为，基层治理体系由政府、村居、社会组织和公民四大治理主体有机构成，它们相互关联，缺一不可。他指出，有效的政府是有效治理的保障，规范的村居是有效治理的载体，能动的组织是有效治理的条件，积极的公民则是有效治理的基础。[②]

夏学娟等认为，中国特色基层治理体系有五个核心要素，分别是领导核心、治理中心、治理重点、治理内容和治理目标。领导核心是坚持党对基层治理的全面领导；治理中心是坚持以人民为中心，以增进人民福祉为出发点和落脚点，回应人民群众的利益诉求；治理重点是加强基层政权建设和健全基层群众自治制度；治理内容包括建立健全基层治理体制机制，推动政府治理同社会调节、居民自治良性互动，提高基层治理社会化、法治化、智能化、专业化水平；治理目标是人民群众幸福感、获得感的提升和社会的文明进步。[③]

姜晓萍认为，基层治理体系是涉及发展与治理、活力与秩序双向互动的系统性工程。她指出，基层治理体系有四个需要注意的方面：坚持"党建引领"、守护"民生基本"、推进"制度创新"和注重"可持续发展"。基层治理体系要系统谋划发展战略、发展目标、实现路径、资源保障，保障基层治理体系的持续生命力，也要健全基层治理的服务标准体系、主体职责体系、绩效评价体系、质量监测体系，提高基层治理的社会化、法治化、智能化和专业化水平。[④]

刘一琪认为，基层治理体系是基层社会实施有效治理的组织保证，包括基层治理组织机构、职能定位、基层社会团体之间的相互联系等诸多方面。经过多年的实践探索，无论是城市，还是乡村，已经形成"一核多

---

① 向春玲、胡万玉、傅佳薇：《推进新时代基层治理现代化——〈关于加强基层治理体系和治理能力现代化建设的意见〉贯彻落实之要》，《党课参考》2021年第16期。

② 邓大才：《"四位一体"构建有效的基层治理体系》，人民论坛网，2021年10月13日，http://www.rmlt.com.cn/2021/1013/627795.shtml。

③ 夏学娟、王思斌、徐选国、任敏、金美凤、任艳萍：《打造现代化的基层治理服务新格局（上）——解读〈中共中央 国务院关于加强基层治理体系和治理能力现代化建设的意见〉》，《中国社会工作》2021年第22期。

④ 姜晓萍：《加强基层治理体系和治理能力现代化建设》，《光明日报》2021年8月17日，第6版。

元"的现代化治理体系，即以党的领导为核心、多元化参与的治理体系，并在实践中不断发展和完善。①

宋雄伟认为，基层治理体系的基本框架是"一个核心、一个主导、一个基础"。"一个核心"即充分发挥基层党组织领导核心作用；"一个主导"即有效发挥基层政府主导作用；"一个基础"即注重发挥基层群众性自治组织基础作用，统筹发挥社会力量协同作用。②

学界对基层治理体系的框架或核心要素的讨论，无论从哪个角度解析，都集中关注到新时代基层治理体系的主要特点。一是党建引领，党对基层治理的全面领导是治理体系的核心；二是基层治理的多方参与，包括党、政府、群众、社会组织、群团组织形成的基层治理共同体是基层治理的主体；三是基层治理的目标或目的是践行人民至上、以人为本的理念，基层治理的最终目标是实现群众对美好生活的向往；四是基层治理要将法治、德治、智治相融合，推动基层治理的社会化、法治化、智能化、专业化，提升基层治理体系和治理能力现代化水平。

从基层实践来看，当前，全国各地从省域、市域、县域等层面积极探索基层治理的有效路径，推出很多基层治理体制机制创新举措，取得了较好的成效。但基层治理的地方探索更多的仍是碎片化的。构建全面、系统的基层治理体系的地方实践仍较缺乏。查询文献，我们找到的基层治理体系主要包括：上海党建引领基层治理体系，广州五大特色的简约高效基层治理体系，汕尾横向为"镇、村、组"三级基层治理架构、纵向为"大数据＋网格化＋群众路线"运行机制的"田字形"基层治理体系，河北承德基层党建引领新格局、职能体系新定位、审批执法新机制、机构设置新框架、编制资源新结构的"五新"基层治理体系③，广西桂平全域覆盖、全民参与、全程管控、全时响应的党建引领全周期基层治理体系，等等。

综合各地的实践经验，我们总结基层治理体系的地方实践有以下几个特点。

一是构建党建引领的基层治理体系，突出党的领导核心作用。比如，上海通过加大向街镇赋权、赋能，构建了党建引领的基层治理体系。在上

---

①　刘一琪：《基层治理体系和治理能力现代化的思考》，《辽宁行政学院学报》2020 年第 4 期。
②　宋雄伟：《完善"一核多元"的基层治理体系》，《辽宁日报》2021 年 10 月 9 日，第 7 版。
③　李建侠：《承德探索构建"五新"基层治理体系》，《中国机构改革与管理》2021 年第 7 期。

海，党的建设贯穿于基层治理的各方面和全过程。在纵向上，构建了市、区、街镇、居民区四级上下联动的城市党建工作新体制，街镇普遍建立健全了"1+2"党建工作新机制。在横向上，重点打造全域化党建、楼宇党建（楼事会、楼委会）、社会组织党建、行业党建、滨江党建、毗邻党建等多种形式的共建共治党建平台，资源整合、供需对接、整体合力显著提升。[①] 又比如，广州构建了"令行禁止、有呼必应"的党建引领基层治理格局，通过镇街体制改革，由镇街党（工）委统筹各类治理资源，统一领导本级政权机关、群团组织、其他各类组织和社区党组织[②]，形成治理合力。河北承德通过在全市乡镇和街道召开党建联席会议和制定兼职委员制度，组建党建专门工作机构来统筹协调各类资源。南京建邺区积极探索"五微共享社区"党群服务平台建设，依托网站与公众号载体，形成"微平台""微心愿""微实事""微行动""微星光"板块，为群众提供形式多样的服务。"五微共享社区"党群服务平台建设以开放、主动、合作的形式，实现了基层党建与社会治理的深度融合。[③]

二是构建多元共治平台，努力建设共建共治共享的基层治理体系。比如，深圳罗湖区桂园街道搭建多元参与平台，推动党委、政府、企业、社会、民众共同参与治理。桂园街道借助楼宇党群服务中心，形成跨楼宇、跨业态的上下游产业链交流平台；将党支部建到物业小区，搭建起小区党组织、业委会、物业企业、居民小组等多元共治的平台。再比如，北京通州区张家湾镇通过区法院搭建共治平台，与国家基层治理研究院签署智库协议，整合专家学者、人大代表、政协委员、公安民警、工商执法人员等矛盾纠纷调解群体，构建起基层矛盾纠纷多元化解体系。

三是通过放权赋能为基层增效。比如，广州将加强党的建设、统筹社区发展、实施公共管理、组织公共服务、维护公共安全等职能给予街道，把行政许可、行政处罚、行政强制、公共服务等直接面向基层的经济社会管理权限下放给镇街，探索实行跨领域、跨部门综合执法，推动编制资源

① 陶希东：《上海加强基层治理体系和治理能力现代化的路径与策略》，《党政论坛》2022年第2期。

② 广州市委编办：《广州构建简约高效基层治理体系的实践与思考》，《中国机构改革与管理》2021年第6期。

③ 向春玲、吴闫、龙昊廷：《"五微共享、五联共治"：基层党建引领社会治理的实践探索——以南京建邺区江心洲街道为例》，《治理现代化研究》2021年第3期。

下沉，优化基层执法资源配置，形成强大的执法合力。[1] 承德明确了乡镇和街道的职能划分，将点多面广、基层管理迫切需要且能有效承接的审批服务权限按法定程序赋予乡镇和街道。[2]

四是构建基层治理的综合治理平台和机构设置。比如，广州市将网格化服务管理系统、12345 政府服务热线、城市管理等平台整合到各级综治中心，实现区、镇街、村（社区）三级信息系统，基础数据，视频图像资源的一体化运行。构建精干高效的机构职能体系，镇街统一设置党政综合办公室、人大（工委）办公室、党建工作办公室（组织人事办公室）、纪检监察办公室、公共服务办公室（党群服务中心）、综合治理办公室等综合性办事机构。[3] 又如，承德在全市乡镇和街道统一建立了综合行政执法机构，实现"一支队伍管执法"，依托河北省一体化政务服务平台，推行"全科"综合受理模式，加强乡镇和街道行政综合服务平台建设，建立上下贯通、全面覆盖的信息化网络平台，实现县、乡、村互联互通、信息共享。[4] 江苏昆山建立了"一张全域网格、一支网格队伍、一份职责清单、一个实战平台、一项闭环机制、一套考核办法"的工作体系。[5]

（三）新时代基层治理体系的系统构建

基层治理体系主要涉及基层治理各要素在位置、互动、功能及行动等方面的关系和规范，包括体制和机制两方面要素。体制要素决定了治理体系内部有什么内容，由哪些部分构成；机制要素则决定了治理体系内各部分之间在关系、互动等方面的规范与模式。

从抽象学理上看，在结构安排与功能衔接层面，基层治理体系主要包括：结构体系，主要解决基层治理的主体是谁及相互间关系如何等问题；组织体系，主要解决基层治理过程中社会公众和各类群体何以平等参与的问题；动员体系，主要解决基层治理过程中群体和公众参与协商、决策、

① 广州市委编办：《广州构建简约高效基层治理体系的实践与思考》，《中国机构改革与管理》2021 年第 6 期。

② 李建侠：《承德探索构建"五新"基层治理体系》，《中国机构改革与管理》2021 年第 7 期。

③ 广州市委编办：《广州构建简约高效基层治理体系的实践与思考》，《中国机构改革与管理》2021 年第 6 期。

④ 李建侠：《承德探索构建"五新"基层治理体系》，《中国机构改革与管理》2021 年第 7 期。

⑤ 余佶：《良治善治开辟县域现代化之治新境界——江苏省昆山市创新基层社会治理实践调查》，《光明日报》2020 年 6 月 1 日，第 5 版。

行动和监督的积极性和主动性问题；服务体系，主要解决基层治理过程中治理主体基本需求的满足问题；评价体系，主要解决基层治理过程中的绩效、问责和变革（方向）问题；制度体系，主要解决基层治理过程中的正当性、法理性和规范性等问题。

从现实实践上看，在治理方式和内容层面，基层治理体系要回答的是"谁来治理、怎样治理、治理效果如何"等问题。具体包括以下 7 个体系。领导体系（包括谁领导、谁履责等）是实施基层治理的主体性架构，是影响治理水平的决定性因素；自治体系是基层群众、企事业单位和社会组织广泛参与，自我管理、自我服务、自我监督，人人有责、人人尽责的社会治理体系；法治体系包括科学完备的法律规范体系、公正权威的法治实施体系、规范严密的法治监督体系、务实管用的法治保障体系；德治体系是以社会主义核心价值观为统领的德育网络；智治体系是实现治理更加专业化和高效化的智慧手段；评价体系是用于评价基层治理效能，并推动基层治理体系和治理能力现代化水平不断提升的监督系统；人才队伍作为基层治理体系的"运作执行者"，是基层治理体系专业、高效运作的组织保障。

《中共中央 国务院关于加强基层治理体系和治理能力现代化建设的意见》指出，"建立起党组织统一领导、政府依法履责、各类组织积极协同、群众广泛参与，自治、法治、德治相结合的基层治理体系"，并提出诸多具体措施。据此总结党的十八大以来基层治理体系建设的实践，从当下基层治理体系建设的实际出发，顺应未来基层治理体系建设的发展需要，本书认为，新时代基层治理体系应该包括以下八个具体系统。

1. 领导系统：完善党对基层治理的全面领导

新时代基层治理的领导系统主要指的是"完善党全面领导基层治理制度"。新时代基层治理现代化的根本保证是明确党对基层治理的全面领导，要加强党的基层组织建设，健全基层治理党的领导体制；构建党委领导、党政统筹、简约高效的乡镇（街道）管理体制；完善党建引领的社会参与制度。[①] 塑造党建引领基层治理的体系，推动党的组织形态和治理形态的功能性、区域性和体系性有机统一，构建以党组织为核心的多层次、多维度、立体化基层治理系统，促进党群血肉相连、心灵相通。当前，党建引

---

① 《中共中央 国务院关于加强基层治理体系和治理能力现代化建设的意见》，《中华人民共和国国务院公报》2021 年 7 月 30 日，2021 年第 21 号。

领基层治理是新时代基层治理体系的最突出特点，基层党组织也是基层治理难题得以破解的主要抓手，也是与过去"行政化"基层治理的最大区别。彭勃和杜力总结党建引领的基层治理逻辑是"超行政治理"。他们认为，以执政党基层组织为中心的治理模式有别于以往以政府为主导的治理模式，国家通过政党组织运用基础性权力推动基层治理有效运作，具有使命担当、整合主义和回应社会的核心特质，能够较好地解决行政化治理的固有弊端。①

2. 政府履责系统：加强基层政权治理能力建设，实现政府依法履责

乡镇（街道）政府（或政府派出机构）是中国最基层的政权组织，是国家法律法规政策落实到"最后一公里"的重要执行者，是基本公共服务的重要提供者，是基层治理的重要组织者。改革开放以来，中国乡镇政府服务水平得到有效提升，但一些乡镇（街道）政府（或政府派出机构）还存在服务理念滞后、服务能力不强、服务机制不健全、服务手段落后、服务效能不高等问题。这些基层政权治理能力的短板亟须得到改善。根据《中共中央 国务院关于加强基层治理体系和治理能力现代化建设的意见》文件精神，政府在基层治理体系中要依法履责，增强包括乡镇（街道）行政执行能力、为民服务能力、议事协商能力、应急管理能力和平安建设能力在内的基层政权治理能力。②

3. 自治系统：激发社会活力，提升基层治理的社会化水平

自治是基层民众通过协商民主和自律，实现自我管理的方式。只有成熟的社区和社会组织，才能实现有效自治。动员民间精英、乡贤、志愿者和普通民众共同参与社区自治和社会建设，不仅比单纯依靠政府和执法机关有效，而且有利于增进民众的获得感、安全感、幸福感。当前，自治是基层治理中最为困难的环节。中国民众缺乏自治传统，民间自治意识、自治能力和自治文化都需要逐步培育。基层治理体系的自治系统是要完善基层群众、企事业单位及社会组织的自治机制，健全基层群众自治制度，还要加强村（居）民委员会规范化建设，健全村（居）民自治机制，增强村（社区）组织动员能力，优化村（社区）服务格局。

---

① 彭勃、杜力：《"超行政治理"：党建引领的基层治理逻辑与工作路径》，《理论与改革》2022 年第 1 期。

② 《中共中央 国务院关于加强基层治理体系和治理能力现代化建设的意见》，《中华人民共和国国务院公报》2021 年 7 月 30 日，2021 年第 21 号。

4. 法治系统：推进基层治理法治建设，提升基层治理法治化水平

基层法治建设是整个国家法治化进程中的重要一环，也影响着国家治理体系和治理能力现代化的推进。改革开放以来，尤其是党的十五大提出依法治国基本方略以来，中国基层法治建设力度不断加大，基层治理步入制度化、法治化轨道。进入新发展阶段，基层法治建设与依法治国的目标任务相比仍存在较大差距。同时，基层治理环境更加复杂，基层人口文化水平总体偏低，法治意识较为淡薄，法治力量不足，社会矛盾问题依然突出，基层可以说是法治中国建设最薄弱的层级。要有效解决各种社会矛盾和问题，必须运用法治的手段，把问题解决在基层，把矛盾化解在基层。因此，在基层治理体系中，法治系统必不可少。健全基层治理法治体系，要完善各类法律法规，推进严格执法，坚持公正司法，推动全民守法；提升基层党员、干部法治素养，引导群众积极参与、依法支持和配合基层治理；完善基层公共法律服务体系，依法制定村规民约、居民公约。[1]

5. 德治系统：加强思想道德建设，提升道德素养

道德作为一种精神现象和心理力量，在社会生活中具有软性的、主要依靠自律的规范功能。它作为一种治理模式，具有低成本、潜显结合运行、持续绵久的社会特征。[2] 在新时代基层治理体系中，要加强社会公德、职业道德、家庭美德和个人品德建设，要挖掘德治资源、健全德治体系、强化德治约束、激发德治能量。

6. 智治系统：加强基层智慧治理能力建设，提升基层治理智慧化水平

随着大数据、云计算、物联网、区块链和人工智能等新兴信息技术的发展，现代科技尤其是数字技术在社会治理中发挥着越来越重要的作用。基层治理的"智治"作为社会治理体系的支撑工程，在治理体系架构、运行机制、工作流程等方面都发挥着重要作用。基层治理体系中的智治系统要提高基层治理数字化、智能化水平；统筹推进智慧城市、智慧社区基础设施、系统平台和应用终端建设，强化系统集成、数据融合和网络安全保障；健全基层智慧治理标准体系，推广智能感知等技术；整合数据资源，

---

[1] 《中共中央 国务院关于加强基层治理体系和治理能力现代化建设的意见》，《中华人民共和国国务院公报》2021年7月30日，2021年第21号。

[2] 刘东超、闫晓：《城乡基层治理体系中的德治》，《行政管理改革》2021年第12期。

建设基层治理数据库，推动基层治理数据资源共享。①

7. 人才保障系统：加强基层治理队伍建设，提升基层治理专业化水平

基层治理队伍建设在加强和创新基层社会治理中占有十分重要的位置。基层治理人才队伍包括基层治理的决策者、组织者、执行者以及参与者，他们是直面基层治理种种琐碎复杂工作和任务的一线工作人员。当前，中国基层治理特别是社区治理队伍并不能很好地适应形势发展的要求，基层治理面临人员配置不足、专业性不强、积极性不高等问题。要提升基层治理的专业化水平，需要完善基层治理的人才保障系统，加强基层党务工作者队伍建设，加强对基层治理人才的培养使用，加强城乡社区服务人才队伍建设，等等。

8. 评价系统：加强基层治理监督评价体系建设

科学合理的评价体系对提升基层治理效能、推进基层治理能力现代化具有重要指引作用。当前，中国基层治理存在的诸多问题，与长期以来基层考核评价体系的不完备有较大关系。基层治理的评价系统是基层治理体系的重要组成部分，基层治理的监督评价要以矛盾问题是否得到解决或缓解，变革是否符合人民群众利益、是否符合社会进步方向、是否得到人民群众认可等为原则，解决谁来评价、怎样评价、结果反馈等基本问题，建立评价结果结论鉴定、发布、使用等制度。建立围绕社会治理主体、社会治理决策、社会治理执行和社会治理效果四大维度的评价体系，全方位考察社会治理实践的每个环节，全面系统把握社会治理的执行过程及其效果，建立起有效信息不断更新的反馈系统。基层治理的评价系统，从具体操作上，主要体现为城乡社区治理的评价，是对社区治理主体、决策、执行和治理效果的评价。

综上所述，新时代基层治理体系包括的八方面具体内容，回答了"谁来治理"的问题，即治理主体包括党组织、政府、各类组织和群众；回答了"怎样治理"的问题，包括治理主体间的关系，如党组织的领导地位，政府依法履行的职责，各类组织协同，群众参与，以及治理需要依靠自治、法治和德治相结合，需要依靠专业化的基层治理人才队伍；回答了"治理效果如何"评价的问题，即要建立完善的基层治理评价体系。

---

① 《中共中央 国务院关于加强基层治理体系和治理能力现代化建设的意见》，《中华人民共和国国务院公报》2021 年 7 月 30 日，2021 年第 21 号。

三　新时代基层治理体系愿景展望

前文简要探讨了为什么要研究新时代基层治理体系、什么是新时代基层治理体系两个层面的问题。接下来，简要探讨现在与将来应该怎样进一步建立健全新时代基层治理体系的问题。展望新时代基层治理体系的美好愿景，需要由当下的此岸到达未来的彼岸，现在大致可以概括为"努力使每个社会细胞都健康活跃""建成共建共治共享高效治理共同体"两大方面。"优化基层治理体系的战略路径"，便是我们需要探究的从此岸向彼岸奋进的通途。

（一）努力使每个社会细胞都健康活跃

2020 年 8 月，习近平总书记在经济社会领域专家座谈会上强调，"一个现代化的社会，应该既充满活力又拥有良好秩序，呈现出活力和秩序有机统一。要完善共建共治共享的社会治理制度，实现政府治理同社会调节、居民自治良性互动，建设人人有责、人人尽责、人人享有的社会治理共同体。要加强和创新基层社会治理，使每个社会细胞都健康活跃，将矛盾纠纷化解在基层，将和谐稳定创建在基层。要更加注重维护社会公平正义，促进人的全面发展和社会全面进步"①。从总书记的话语中，我们看到中国基层治理的未来图景，我们建构的理想基层治理体系将激活社会参与的所有主体，带来和谐稳定的社会基础，推动人的全面发展和社会的全面进步。针对要如何实现这样的基层治理，习近平总书记也提出了方法和建议。

1. 党建引领基层治理方面

2015 年 3 月，习近平总书记在十二届人大三次会议上指出，"城乡社区处于党同群众连接的'最后一公里'，要把加强基层党的建设、巩固党的执政基础作为贯穿社会治理和基层建设的一条红线，深入拓展区域化党建。要调整和完善不适应的管理体制机制，推动管理重心下移，把经常性具体服务和管理职责落下去，把人财物和权责利对称下沉到基层，把为群

---

① 习近平：《论把握新发展阶段、贯彻新发展理念、构建新发展格局》，中央文献出版社，2021，第 376 页。

众服务的资源和力量尽量交给与老百姓最贴近的基层组织去做，增强基层组织在群众中的影响力和号召力"①。2016 年 6 月在贵州调研时，习近平总书记指出，"要重点加强基层党组织建设，全面提高基层党组织凝聚力和战斗力"②。2020 年 7 月在吉林考察时，习近平总书记指出，"要加强党的领导，推动党组织向最基层延伸，健全基层党组织工作体系，为城乡社区治理提供坚强保证"③。

2. 政府履责方面

2015 年 6 月，在贵州调研时，习近平总书记指出，"要高度关注基层政权组织、经济组织、自治组织、群团组织、社会组织发展变化的特点，加强指导和管理，使各类基层组织按需设置、按职履责、有人办事、有章理事，既种好自留地、管好责任田，又唱好群英会、打好合力牌"④。2020年 9 月 17 日，在基层代表座谈会上，习近平总书记指出，"要加强和创新基层社会治理，坚持和完善新时代'枫桥经验'，加强城乡社区建设，强化网格化管理和服务，完善社会矛盾纠纷多元预防调处化解综合机制，切实把矛盾化解在基层，维护好社会稳定"⑤。2020 年 9 月，在湖南考察时，习近平总书记强调，"要把村为民服务中心作为基层治理体系的重要阵地建设好，完善充实服务事项，提高为民服务水平，增强为民服务的精准性和实效性"⑥。

3. 自治和社区建设方面

2019 年 1 月，习近平总书记在中央政法工作会议上强调，"要完善基

---

① 《VW001.044 习近平论社会建设和保障民生（2015 年）》，学习强国网站，2022 年 9 月 5 日，https://www.xuexi.cn/lgpage/detail/index.html? id =17069159862576394046&amp；item_id =17069159862576394046。

② 《习近平在贵州调研》，学习强国网站，2015 年 6 月 18 日，https://www.xuexi.cn/d2bd3ac 9e60fd3669acbbead0653b8cd/e43e220633a65f9b6d8b53712cba9caa.html。

③ 孟海鹰、郑智文：《人人都是主人翁，共同把家园建设得更加幸福美好（践行嘱托十年间）》，《人民日报》2022 年 5 月 31 日，第 2 版。

④ 《习近平在贵州调研》，学习强国网站，2015 年 6 月 18 日，https://www.xuexi.cn/d2bd3ac 9e60fd3669acbbead0653b8cd/e43e220633a65f9b6d8b53712cba9caa.html。

⑤ 《习近平：在基层代表座谈会上的讲话》，学习强国网站，2020 年 9 月 19 日，https://www.xuexi.cn/lgpage/detail/index.html? id =2805328962934749254&amp；item_id =280532 8962934749254。

⑥ 杜若原等：《在推动高质量发展上闯出新路子（沿着总书记的足迹·湖南篇）》，《人民日报》2022 年 6 月 14 日，第 1 版。

层群众自治机制，调动城乡群众、企事业单位、社会组织自主自治的积极性，打造人人有责、人人尽责的社会治理共同体"①。2019 年 1 月，在天津考察时，习近平总书记指出，"社区工作是具体的，要坚持以人民为中心，摸准居民群众各种需求，及时为社区居民提供精准化精细化服务"②。2019 年 2 月，在北京看望慰问基层干部群众时，习近平总书记指出，设立"小院议事厅"，"居民的事居民议，居民的事居民定"，这有利于增强社区居民的归属感和主人翁意识，提高社区治理和服务的精准化、精细化水平。③ 2020 年 3 月，在浙江考察时，习近平总书记指出，"基层是社会和谐稳定的基础。要完善社会矛盾纠纷多元预防调处化解综合机制，把党员、干部下访和群众上访结合起来，把群众矛盾纠纷调处化解工作规范起来，让老百姓遇到问题能有地方'找个说法'，切实把矛盾解决在萌芽状态、化解在基层"④。2021 年 2 月，在贵州看望慰问各族干部群众时，习近平总书记指出，"要坚持为民服务宗旨，把城乡社区组织和便民服务中心建设好，强化社区为民、便民、安民功能，做到居民有需求、社区有服务，让社区成为居民最放心、最安心的港湾"⑤。2022 年 6 月，在湖北武汉考察时，习近平总书记指出，"要加强社区党组织建设，强化党组织的政治功能和组织功能，更好发挥党组织在社区治理中的领导作用，更好发挥党员先锋模范作用。要把更多资源下沉到社区来，充实工作力量，加强信息化建设，提高应急反应能力和管理服务水平，夯实城市治理基层基础"⑥。2022 年 8 月，在辽宁考察时，习近平总书记再次提到，"要加强社区基层党组

---

① 《习近平在中央政法工作会议上强调 全面深入做好新时代政法各项工作 促进社会公平正义保障人民安居乐业》，央视网，2019 年 1 月 16 日。

② 乔杨等：《全面建设社会主义现代化大都市（沿着总书记的足迹·天津篇）》，《人民日报》2022 年 5 月 24 日，第 1 版。

③ 《习近平春节前夕在北京看望慰问基层干部群众》，学习强国网站，2019 年 2 月 2 日，https：//www. xuexi. cn/ae85c087212f49aea12999ee66abb8ad/e43e220633a65f9b6d8b53712cba9caa. html。

④ 李中文等：《践行"八八战略" 打造"重要窗口"（沿着总书记的足迹·浙江篇）》，《人民日报》2022 年 6 月 3 日，第 1 版。

⑤ 《习近平2021 年 2 月 3 日至 5 日赴贵州看望慰问各族干部群众 向全国各族人民致以美好的新春祝福》，学习强国网站，2021 年 2 月 6 日，https：//www. xuexi. cn/lgpage/detail/index. html？id=12905383978908811375&amp；item_id=12905383978908811375。

⑥ 《VW001. 004 习近平论社会建设和保障民生（2022 年）》，学习强国网站，2022 年 11 月 6 日，https：//www. xuexi. cn/lgpage/detail/index. html？id=3796732805106783006&amp；item_id=3796732805106783006。

织建设，加强和改进社区工作，推动更多资源向社区倾斜，让老百姓体会到我们党是全心全意为人民服务的，党始终在人民群众身边"①。

4. 法治和德治方面

2020 年 2 月，在中央全面依法治国委员会第三次会议上，习近平总书记指出，"要教育引导农村广大干部群众办事依法、遇事找法、解决问题用法、化解矛盾靠法，积极推进法治乡村建设"，"要加大全民普法工作力度，弘扬社会主义法治精神，增强全民法治观念，完善公共法律服务体系，夯实依法治国社会基础。要坚持依法治国和以德治国相结合，把社会主义核心价值观融入法治建设，完善诚信建设长效机制，加大对公德失范、诚信缺失等行为惩处力度，努力形成良好的社会风尚和社会秩序"。②2020 年 10 月，习近平总书记在深圳经济特区建立 40 周年庆祝大会上指出，"要强化依法治理，善于运用法治思维和法治方式解决城市治理顽症难题，让法治成为社会共识和基本准则"③。

5. 智治方面

2022 年 4 月，在中央全面深化改革委员会第二十五次会议上，习近平总书记指出，"要全面贯彻网络强国战略，把数字技术广泛应用于政府管理服务，推动政府数字化、智能化运行，为推进国家治理体系和治理能力现代化提供有力支撑"④。在中国共产党第二十次全国代表大会上，习近平总书记指出，"健全网络综合治理体系，推动形成良好网络生态"⑤。

6. 人才队伍建设方面

2015 年 3 月，习近平总书记在参加十二届全国人大三次会议上海代表

① 《奋力开创辽宁振兴发展新局面——习近平总书记辽宁考察回访》，学习强国网站，2022 年 8 月 21 日，https://www. xuexi. cn/lgpage/detail/index. html？id = 11256170809710570362&amp；item_ id = 11256170809710570362。

② 习近平：《推进全面依法治国，发挥法治在国家治理体系和治理能力现代化中的积极作用》，《求是》2020 年第 22 期。

③ 《习近平：在深圳经济特区建立 40 周年庆祝大会上的讲话》，学习强国网站，2020 年 10 月 14 日，https://www. xuexi. cn/lgpage/detail/index. html？id = 15893681691260127916&amp；item_ id = 15893681691260127916。

④ 苏德悦：《深化数字技术应用 加速推进数字政府建设》，《人民邮电报》2022 年 4 月 25 日，第 1 版。

⑤ 《VW001. 041 习近平论互联网建设与管理》，学习强国网站，2022 年 12 月 28 日，https://www. xuexi. cn/lgpage/detail/index. html？id = 17661509119698306366&amp；item_ id = 17661509119698306366。

审议时指出，"基层社会治理成效如何，基层干部是决定性因素。要统筹考虑基层干部队伍建设，逐步建立一支素质优良的专业化社区工作者队伍。要把基层'强身'和机关'瘦身'有机结合起来，把精干力量下沉，完善有序流动的机制，推动服务和管理力量向基层倾斜。要把基层党组织书记队伍建设抓实抓好。要转变思维方式，实现从管理向治理转变，坚持系统治理、依法治理、综合治理、源头治理，激发基层活力，提升社区能力，形成群众安居乐业、社会安定有序的良好局面"①。

（二）建成高效的"共建共治共享"治理共同体

2015年，党的十八届五中全会提出，"构建全民共建共享的社会治理格局"；2017年，党的十九大报告指出，"打造共建共治共享的社会治理格局"；2020年，习近平总书记在主持召开经济社会领域专家座谈会时，提出"十四五"时期要"以共建共治共享拓展社会发展新局面"；党的十九届四中全会提出，"坚持和完善共建共治共享的社会治理制度，保持社会稳定、维护国家安全"；《中共中央国务院关于加强基层治理体系和治理能力现代化建设的意见》指出，"坚持共建共治共享，建设人人有责、人人尽责、人人享有的基层治理共同体"。2022年，党的二十大报告指出，"完善社会治理体系，健全共建共治共享的社会治理制度，提升社会治理效能，畅通和规范群众诉求表达、利益协调、权益保障通道，建设人人有责、人人尽责、人人享有的社会治理共同体"。从国家政策文本中，我们发现，社会治理或基层治理通常与"共建共治共享"同时出现。

"共建共治共享"体现了基层治理的内在逻辑，从主体、路径、目标三个维度揭示了基层治理制度体系的要素构成。"共建"反映主体维度，通过"党委领导、政府负责、社会协同、公众参与"的多元组织协调，回答了基层治理依靠谁的问题。"共治"反映机制维度，通过"民主协商、法治保障、科技支撑"探索"硬治理"与"软治理"结合，"元治理"与"协治理"互动，"智治理"与"善治理"兼具，"精治理"与"微治理"相融，回答了基层治理怎么办的问题。"共享"反映价值维度，通过基层

---

① 《VW001.044 习近平论社会建设和保障民生（2015年）》，学习强国网站，2022年9月5日，https://www.xuexi.cn/lgpage/detail/index.html?id=17069159862576394046&amp；item_id=17069159862576394046。

治理实现群众安居乐业、社会安定有序、人人幸福安康的目标，回答了基层治理为了谁的问题。① 因此，新时代基层治理体系的未来走向应该是建成高效的、现代化的"共建共治共享"的社会治理共同体。而构建社会治理共同体的重点，是建立基层治理中各主体新的整合与联结机制。

（三）优化基层治理体系的战略路径

基层治理是一个可持续的过程，包括学习模仿、试点改革、经验扩散、优化提升的成长周期。因此，我们既要系统谋划基层治理的发展战略、发展目标、实现路径、资源保障，保障基层治理体系的持续生命力，也要健全基层治理的服务标准体系、主体职责体系、绩效评价体系、质量监测体系，着力提高基层治理社会化、法治化、智能化、专业化水平。

一是坚持以人民为中心的发展思想，将促进人的全面发展和社会全面进步作为基层治理的主要目标。习近平总书记在十九届中央政治局第三十七次集体学习时讲到，"我们不断发展全过程人民民主，推进人权法治保障，坚决维护社会公平正义，人民享有更加广泛、更加充分、更加全面的民主权利。我们推动实现更加充分、更高质量的就业，建成了世界上规模最大的教育体系、社会保障体系、医疗卫生体系，大力改善人民生活环境质量。我们坚持人民至上、生命至上，有力应对新冠肺炎疫情，最大限度保护了人民生命安全和身体健康"②。2022 年 6 月，在四川考察时，习近平总书记再次强调，"中国共产党执政，就是要把中国特色社会主义事业一步步向前推进，全心全力把老百姓的事一件一件办好，让老百姓过上更加美好的生活"③。基层治理并不是为了治理而治理，其最终目标是让老百姓过上更加美好的生活。因此，构建基层治理体系需要坚持"以人民为中心"的发展思想。

二是推进基层党建和基层治理的全面深度融合。党建引领基层治理，是坚持和加强党对一切工作的领导的题中应有之义，是中国基层治理最鲜明的特点，也是深入推进基层治理的最大动力源。中国的基层治理最大的

---

① 赵东来、李德：《基层治理要突出系统性》，《人民论坛》2022 年第 3 期。
② 习近平：《坚定不移走中国人权发展道路 更好推动我国人权事业发展》，《求是》2022 年第 12 期。
③ 《习近平在四川考察时强调 深入贯彻新发展理念主动融入新发展格局 在新的征程上奋力谱写四川发展新篇章》，《人民日报》2022 年 6 月 10 日，第 1 版。

特色和优势，就是党的领导与基层治理的有机统一。提升基层治理效果，关键在于发挥广大党员的先锋模范作用、基层党组织的战斗堡垒作用，把党的领导落实到基层治理实践中，使基层党组织建设与基层治理工作有机衔接、良性互动，把党的建设贯穿基层治理全过程。

三是坚持资源整合与协同治理。新时代的基层治理体系是系统性和全面性的，迫切需要破解基层治理碎片化问题。因此，在治理实践中，要注重对经济资源、社会资源、技术资源以及治理主体的整合利用。特别是要提升政府对资源力量的整合运作能力，提高跨部门调动资源力量、横向联动各类行动主体协调处置问题的能力。要构建多元共治协作平台，优化治理流程。

四是培育多元且富含公共精神的参与主体。基层治理的终极目标是满足人民群众对美好生活的向往。新时代的基层治理需要依靠最广大人民群众和各类社会参与主体的力量。因此，要充分激发各类治理主体的参与活力，提升参与主体的治理意识和治理能力。对于公众而言，要通过社会宣传和教育，引导他们以主人翁的态度自动自觉地参与基层治理。对于群团组织、社会组织等，要从准入门槛、资金支持、规范引导、管理监督等方面，激励它们更加规范有效地参与治理。① 在培育多元参与主体的同时，要注重人才队伍的建设，培养一批业务能力强、专业素质高的基层治理工作人员。

五是充分发挥法治与德治的重要保障作用。基层治理是政治制度框架或政治结构之中最基层的权力运作形式，是国家治理的基础和重要组成部分。基层政府也是连接国家与人民的纽带，承担着管理地方事务的重要职责，是体现人民政府形象的窗口，是社会转型期各种矛盾的交汇点。大量的行政执法活动在基层，大量的矛盾纠纷也发生在基层，法治和德治是有效规范基层治理主体的重要保障。只有充分发挥法治和德治的作用，将自治、德治和法治相结合，才能推进基层治理体系和治理能力现代化进程。

六是充分发挥现代信息技术手段的作用。坚持问题导向，抓住社会治理领域的突出矛盾和问题，深度开发各类便民应用软件。要促进智能治理深度应用，推进基层治理精细化。依托数据共享平台，针对不同场景，搭建智慧辅助决策、智能监管、智能服务等应用模块并优化相应工作流程机制，促进横向打通、纵向贯通、内外融通。

---

① 陈朋：《寻求基层治理体系的有效突破》，《学习时报》2020年6月17日，第7版。

第一章
根本保障：党建引领基层治理

基层治理是中国特色社会主义国家治理体系的重要组成部分，党和政府历来十分重视基层治理工作。新中国成立以来，特别是党的十八大以来，党和政府着眼于国家长治久安、人民安居乐业和建设更高水平的平安中国，不断完善治理体系，健全党组织领导的自治、法治、德治相结合的城乡基层治理体系，推动治理重心向基层下移，建设共建共治共享的基层治理制度，建设人人有责、人人尽责、人人享有的基层治理共同体。总的来看，中国现在基层治理的理论基础较为丰富，展开形式较为多样，实践方向也趋于多元化。无论国际风云如何变幻，无论时代如何变迁，无论社会怎样发展，坚持党建引领基层治理这一根本始终没有变化，也不会发生变化。

一 党建引领基层治理具有必然性

习近平总书记指出，"一个国家治理体系和治理能力的现代化水平很大程度上体现在基层。基础不牢，地动山摇。要不断夯实基层社会治理这个根基"①。基层治理效能的提升，根本在于党的全面领导。将党组织向基层延伸，把基层的工作做好，才能"任凭风浪起，稳坐钓鱼船"。良好的基层治理主要取决于两重因素。一是社会稳定和社会秩序优化，稳定是发展的前提，只有基层稳定和社会有序，才能为发展创造条件。在党的十六大和十六届三中、四中全会上，胡锦涛同志就提出"构建社会主义和谐社会，把提高构建社会主义和谐社会的能力作为加强党的执政能力建设的重

---

① 习近平：《坚持和完善中国特色社会主义制度推进国家治理体系和治理能力现代化》，《求是》2020年第1期。

要内容"①。这表明，稳定的基层与和谐的秩序，有助于巩固党执政的社会基础，有助于实现党执政的使命任务。二是管理权的争夺，即基层治理的主导权和控制权掌握在谁的手里，要么是党和基层政府主导基层治理秩序，要么是其他力量占领，在基层治理过程中，还面临政府与民众的分权问题，政府多得或民众多得都是无法避免的问题。② 习近平总书记认为，"一个现代化的社会，应该既充满活力又拥有良好秩序，呈现出活力和秩序有机统一"③。同样，现代化的基层治理也面临稳定有序与发展活力之间的紧张关系，而党建引领是基层治理有序与活力并存的根本所在。

（一）回眸历史，仅仅因袭传统没出路

基层治理始终面临如何将冲突、无序转化为稳定、有序这一基本命题。④ 政治社会学认为，共享的意义和价值体系、社会规范、权力和权威、社会组织、社会互动网络等影响着社会秩序的构成，⑤ 决定着基层社会的稳定。在 2021 年 7 月 1 日庆祝中国共产党成立 100 周年大会上的讲话中，习近平总书记指出，"1840 年鸦片战争以后，中国逐步成为半殖民地半封建社会，国家蒙辱、人民蒙难、文明蒙尘，中华民族遭受了前所未有的劫难"⑥。其重要表现就是国家四分五裂，社会一盘散沙，个体原子化，基层社会处在无组织的混乱状态和无发展的落后状态。旧中国的基层治理并不缺乏共享的意义和价值体系，也不缺乏成熟完善的社会规范和制度，皇权具有绝对权威，但缺乏深入基层社会、稳定持久、活力有效的组织化体制机制。

费孝通先生指出，"从基层社会来说，中国社会是乡土性的……那些被称为乡土脑袋的乡下人，他们才是中国社会的基层"⑦。从中国社会的乡

---

① 胡锦涛：《在省部级主要领导干部提高构建社会主义和谐社会能力专题研讨班上的讲话》，《人民日报》2005 年 6 月 27 日，第 1 版。

② 张静：《中国基层社会治理为何失效？》，《文化纵横》2016 年第 5 期。

③ 《习近平谈治国理政》第 4 卷，外文出版社，2022，第 338 页。

④ 张静：《利益组织化结构：非同质性内聚》，载潘维主编《中国模式：解读人民共和国的 60 年》，中央编译出版社，2009，第 287 页。

⑤ Michael Hechter, Christine Horne, eds., *Theories of Social Order: A Reader* (Stanford University Press, 2003), p. 185.

⑥ 习近平：《在庆祝中国共产党成立 100 周年大会上的讲话》，《求是》2021 年第 14 期。

⑦ 费孝通：《乡土中国 生育制度》，北京大学出版社，1998，第 6 页。

土性和中国基层人群的特征中可以发现，中国的乡土社会也好，基层社会
也好，本质上不是由精英社会所主导的。同时，费孝通先生还指出，"乡
土社会的生活是富于地方性的……他们活动范围有地域上的限制，在区域
间接触少，生活隔离，各自保持着独立的社会圈子"①。乡土社会的地方
性，再加上弱流动性，使人们成为分散的、原子化的存在。进一步来看，
中国的基层社会属于"并没有具体目的，只因为在一起生长而发生的"礼
俗社会，而非西方国家的"为了要完成一件任务而结合的"法理社会。因
此，在费孝通看来，传统中国社会的治理是通过两条平行的轨道进行的：
一条是自上而下的中央集权的专制体制的轨道，它以皇帝（君主）为中心
建立起一整套的官僚体系，由官员与知识分子来具体治理，最后可以到达
县这一层（"皇权不下县"）；另一条是基层组织自治的轨道，它由乡绅等
乡村精英进行治理，绅士阶层是乡村社会的实际"统治阶级"，而宗族是
士绅进行乡村治理的组织基础。② 然而，很多学者并不赞成"皇权不下县"
的这一说法，认为这种上下分合的"双轨政治"与具体的历史并不全然契
合；③ 吉尔伯特·罗兹曼认为，"十九世纪以来某些西方观察家提出：中国
的村社是'地方自治主义式的民主'或者是一种'自由的、自我管理的社
团'。这种想法已绝对不可信"④。秦晖认为，中央集权国家控制下的乡村
社会是"编户齐民"社会，或者说是一种非宗族的"吏民社会"。⑤ 项继
权指出，传统的乡村治理的常态既非"自治"，也非"专制"，而是实行
"官督绅办"的体制。⑥ 瞿同祖则明确指出，"在清代中国，地方权力只在
官吏与士绅之间进行分配"⑦。虽然，有关中国传统社会的基础社会治理结
构，不同学者有不同的看法和观点，但可以肯定的是，"皇权不下县"不
能简单地以"下县"或"不下县"来简要概括，这不是一个"是否"问
题，而是程度问题，也是动态调整的问题，本质上是政府给地方自治让渡

---

① 费孝通：《乡土中国 生育制度》，北京大学出版社，1998，第 9 页。
② 费孝通：《乡土中国》，上海人民出版社，2007，第 275 ~ 293 页。
③ 渠敬东：《中国传统社会的双轨治理体系——封建与郡县之辨》，《社会》2016 年第 2 期。
④ 〔美〕吉尔伯特·罗兹曼主编《中国的现代化》，陶骅等译，上海人民出版社，1989，第
　78 页。
⑤ 秦晖：《传统中华帝国的乡村基层控制：汉唐间的乡村组织》，载黄宗智主编《中国乡村
　研究》（第 1 辑），商务印书馆，2003，第 39 页。
⑥ 项继权：《中国乡村治理的层级及其变迁》，《开放时代》2008 年第 3 期。
⑦ 瞿同祖：《清代地方政府》，范忠信等译，法律出版社，2011，第 319 页。

了多少管理权的问题，让渡的管理权有的时候多，有的时候少，不同时代，不同阶段，会存在差异，但从不存在百分之百"下县"的皇权，也不存在一点都不"下县"的皇权。

从治理的效果来看，在传统的农村社会治理中，"皇权不下县"，连接政府和基层的税收捐客、地方乡绅就成为协助官方治理基层的重要力量，作为中央政权和基层治理之间的中间力量与公共权力和乡土社会之间的乡土精英，他们既可以是"代表社区的利益，并保护自己的社区免遭国家政权的侵犯，为乡民争取利益的保护型经纪"，也可以是"国家收税的中间代理人，完成上级任务同时获取利润，榨取乡民的赢利型经纪"。[①] 但随着国家政权建设的内卷化和中央政府对基层攫取的日益加剧，介于国家和基层之间的保护性力量消失，农村社会陷入被掠夺、被忽视的境况，处于无序崩溃的边缘。

因此，抛弃皇权下不下县的争议，单从治理的效果来看，不管是乡村精英主导的基层治理，还是皇权对基层治理的渗透，都没有改变几千年来农村凋敝、农业落后和农民贫困的基本面貌。"十月革命一声炮响，给中国送来了马克思列宁主义。在中国人民和中华民族的伟大觉醒中，在马克思列宁主义同中国工人运动的紧密结合中，中国共产党应运而生。"[②] 中国共产党领导下的工农革命改变了中国基层社会治理的方式，也改变了中国基层社会治理的方向。1949 年，新中国成立后，中国共产党重建了基层社会治理的基础秩序框架，形成了将党组织建立在基层、具有高度组织化的总体性治理格局，才从根本上改变了几千年来中国基层社会治理无序低效的面貌。

（二）放眼世界，完全照搬西方行不通

从中国的基层治理实践来看，基层治理始终需要处理好两个层面的关系：一个是以民主集中为特征的自上而下的权威关系；另一个是以横向多元为特征的由内及外的协商关系。[③] 自上而下的权威关系和横向多元的协商关系并非天然拟合的，而是使基层治理处在平衡与失衡、稳定与风险、

---

① 〔美〕杜赞奇：《文化、权力与国家：1900—1942 年的华北农村》，王福明译，江苏人民出版社，1996，第 87 页。

② 习近平：《在庆祝中国共产党成立 100 周年大会上的讲话》，《求是》2021 年第 14 期。

③ 李威利：《新单位制：当代中国基层治理结构中的节点政治》，《学术月刊》2019 年第 8 期。

合作与冲突等的秩序变动中。因此，面对失败的国家和溃败的基层社会，要改进社会治理和优化社会秩序，通常面临两种道路。一是找回传统资源，将传统力量、资源等植入现代基层治理过程；二是借鉴西方法治和社会自治经验，借鉴西方国家的先进做法，进行本土化改造使之适用于中国基层社会。①

新文化运动以后出现的思想精英与政治精英，对一盘散沙式的传统中国社会痛心疾首，他们认为中国在由传统皇权专制王朝向近代民族国家转型过渡的进程中，只有通过构建带有强烈组织化特征的单位体制，才能实现社会的根本改造，②才能改造中国。然而，他们的方案无一不因失败而告终。如果不对社会进行根本性改造，不对国家政权进行根本性重构，中国传统的"皇权不下县"和所谓的"基层自治"，就只不过是将基层社会治理权让渡给宗族、绅士、地主等地方精英，基层治理虽然有序但要以老百姓受剥削和压迫为代价，基层社会的不平等格局将长期存在，基层社会发展将长期处于停滞、落后状态。

西方国家和学者推崇"国家—社会"二分法基础上的多中心主义治理架构，暗含着弱化政府权威，甚至是"没有政府"的多元主体治理方式。③马克斯·韦伯指出，在近代欧洲理性资本主义兴起的因果链中，自由的劳动和市场是欧洲理性资本主义崛起的深层次要素；④唐纳德·萨松认为，"相对繁荣的市场经济，自由或半自由的社会制度，诸如民选的议会、相对独立的司法体系等"⑤是资本主义社会治理框架的基本特征。这一社会治理框架和体系强调分权和民众自决，认为通过自由讨论和多重力量博弈，能够实现基层社会的有效治理。然而，源于西方的治理理论和社会治理实践未经改造便被引入中国并没有触及中国基层治理的真正症结，在原本原子化、分散落后、缺乏内生发展力量的基层社会，不经过大规模的社会革命和组织化改造，简单套用和引用所谓的多元力量合作共治，最终也

---

① 郭忠华：《20世纪上半期的"人民"语义与国家建构》，《政治学研究》2016年第6期。
② 田毅鹏、薛文龙：《"后单位社会"基层社会治理及运行机制研究》，《学术研究》2015年第2期。
③ 鄢一龙：《党的领导与中国式善治》，《行政管理改革》2020年第1期。
④ Randall Collins, "Weber's Last Theory of Capitalism: A Systematization," *American Sociological Review* 45 (1980): 931.
⑤ 〔英〕唐纳德·萨松：《欧洲社会主义百年史》，姜辉等译，社会科学文献出版社，2008，第35页。

会不可避免地走向失败。同时，西方国家的多元主义和多中心治理逻辑天然认为小政府和弱政府的治理是有序的，但这种建立在多中心主义和均衡理念上的治理有序并不必然导致治理高效，其受制于多元主义的博弈，甚至会导致治理停滞，不仅未能推动基层社会的良性发展，反而导致基层社会的混乱和无序。

因此，回归传统和借用西方的选择，都存在本土适应性的问题，使基层社会秩序或社会整合面临适应性难题和治理困境，不能从根本上提升基层社会治理效能，从源头上改变基层社会治理格局。

（三）正视现实，唯有党建引领最有效

西方的政权体系不会到达基层，典型例证是一般西方国家没有居委会。在中国，党组织成为社会有效运行的细胞，是社会的有机构成部分，并不外在于社会。党员和党组织分布在社会每个角落，关键时刻号召党员，社会就可以实现自我循环。

中国基层治理的本质实际上就是通过社会的组织化来实现公共事务的管理，要解决公共问题，就需要相应的组织来接应；要实现高水平的基层治理，就需要有强有力的组织来主导。一个完全原子化的社会是没有能力来承担公共事务的治理责任的，因为公共事务本身具有极强的外部性，不可能通过个人来完成。当然，社会的组织有多种类型，最常见的是由国家建构的行政化组织。另外，也存在内生的社会组织，如宗族组织。因此，"社会变得越来越复杂化、动态化、风险化、多样化，单一的治理模式无法应对'风险社会'，社会呼吁一种结合政府科层治理、市场治理和网络治理的新型治理方式，因此'元治理'理论作为对治理理论的批评而出现"[①]。所谓"元治理"理论，并不是对原有的各种治理理论的否定和替代，而是对其进行内容上的丰富和内涵上的扩充。杰索普（Jessop）指出，"元治理指协调三种不同治理模式以确保它们最小限度地结合"[②]。从理论上讲，"人类社会（系统）本身是自我设计和演化的，我们人类不断变革和设计我们生活和参与的社会和治理的世界。治理这些变革和设计（以及

---

① 宗世法：《"元治理"理论视阈下的基层社会治理研究——以厦门市海沧区 X 街道为例》，《中共福建省委党校学报》2017 年第 3 期。

② Jessop, B., "Capitalism and Its Future: Remarks on Regulation, Government and Governance," *Review of International Political Economy* 4（1997）.

再设计）过程乃是元治理的本质所在"①。实践也已证明，元治理理论在实际运作过程中取得了良好的指导效果。

就具体实践来讲，在中国，"元治理更强调党委政府在治理中的作用，强调党委政府是社会治理中政府、市场和社会三个主体中进行协调的主导性主体，属于'同辈中的长者'，它的责任不仅仅是作为一个权威的机构，更重要的是引导社会的行进以及为了社会运行确立行为准则。社会治理强调多元主体共同治理，但要在这种多元化的治理体系中达到一个平衡和协调，必须有一个机构来协调各方、做好相应的安排。在中国这个机构就是党委政府"②。"从本质上讲，中国共产党不是简单地为赢取选票而组织起来的政党，而是一种发挥元治理功能的治理体制。这种元治理功能体现在中国共产党以'核心'的身份介入到治理体系中，发挥着联结、统筹和引领国家与社会关系的作用。"③ 因此，党作为元治理主体在主导基层治理方面具有天然的合法性和有效性，推进基层治理的首要关键和前提就是党建引领，要"充分发挥党的领导政治优势，把党的领导落实到党和国家事业各领域各方面各环节"，建立党的领导下协同共治的动态治理体系就成为新时期重建社会秩序和重塑治理之道的重要问题。

作为社会稳定和社会秩序的基本单元，基层治理牵动着党政、社会和市场的多元力量，其治理模式的变革连接着整个组织体系的变化。④ 要推动基层治理由"乱"到"治"，再到"好"，关键在于拥有不同利益和特质的人群之间能否形成协同和统一的意见。建立起组织化的社会秩序，其根本就在坚持党作为核心的绝对领导，要将基层治理的主导权牢牢掌握在党的手里面，要建立起党建引领的基层社会治理秩序格局。因此，党在基层的影响力，就是党的生命力，更是党主导基层社会治理秩序的统治力。综览革命时期、建设时期、改革时期和新时代，广大人民群众之所以拥护中国共产党，拥护中国共产党的领导，根本在于中国共产党不断加强自身建设和发挥党领导的核心作用，"靠党组织的加强和延伸、创新，把基层

---

① 左晓斯：《中国社会治理体系及其评价研究》，《社会科学》2016 年第 4 期。

② 左晓斯：《中国社会治理体系及其评价研究》，《社会科学》2016 年第 4 期。

③ 林辉煌：《构造"核心"：村庄治理中的党组织》，《开放时代》2021 年第 4 期。

④ 吴晓林：《治权统合、服务下沉与选择性参与：改革开放四十年城市社区治理的"复合结构"》，《中国行政管理》2019 年第 7 期。

工作做好，把管理和服务工作抓好，让人民群众获得实实在在的好处"①。得益于党的坚强领导，基层社会、基层群众、基层力量被动员、被组织为夯实党的领导地位、巩固国家政权、支持国家建设的良性力量；得益于党的群众路线，党在领导团结全国各族人民建设新中国的过程中与人民形成了休戚与共的良好关系。正如习近平总书记所指出的，"党带领人民进行革命、建设、改革取得的成果，确立了在历史和人民选择中形成的中国共产党的领导地位"②。历史和人民的选择是中国共产党领导地位的最大合法性，党建引领基层治理也具有天然的合法性。

二 党建引领基层治理的历史嬗变

只有维护中央权威，才能实现治理有效和国富民强。只有坚持党的领导，才能确保基层稳定和社会有序。中国共产党百年的历史，就是党和人民紧密联系在一起的发展史；建党以来基层治理的变迁历程，就是党跟人民风雨同舟的奋斗史。

（一）民主革命时期：夺取革命胜利，建立党领导下的基层政权

新中国的基层治理肇始于新民主主义革命阶段，革命阶段的中国共产党的基层治理主要体现在有效治理乡村社会并取得全国政权的过程中，③通过政党行动和政治过程，中国共产党成功地将"差异化""碎片化""原子化"的社会力量转化成具有凝聚力、团结感和集体认同感的"政治主体"，④建立了使命型政党塑造的组织化基层治理秩序和框架。新中国成立前，党的主要任务是武装斗争夺取全国革命的胜利，党的一切中心工作都围绕革命的胜利展开。在抛弃大革命早期的城市中心道路后，中国共产党找到了"农村包围城市，武装夺取政权"的正确道路，在农村基层建立与国家政权相联结的各级党组织，完成了国民政府所未完成的"国家政权

---

① 蔡春玲、李抑嫱：《社区治理的"最美零距离"》，《求是》2022 年第 17 期。
② 习近平：《在庆祝中国共产党成立 95 周年大会上的讲话》，《求是》2021 年第 8 期。
③ 胡倩：《民主革命时期中共治理乡村社会的基本特征与历史经验》，《淮阴师范学院学报》（哲学社会科学版）2013 年第 6 期。
④ 潘泽泉：《政党治理视域下中国共产党领导的基层社会治理》，《中南大学学报》（社会科学版）2021 年第 4 期。

建设"的任务。为此，不管是在苏区、陕甘宁边区，还是在解放区，党领导下的基层治理都着眼于将广大工人、农民动员、组织起来，团结在党的周围，在党的带领下为建立新中国而奋斗。

1. 开展土地革命保障农民生存权

毛泽东同志在给中共中央的报告《井冈山的斗争》中指出，"大体说来，土地的百分之六十以上在地主手里，百分之四十以下在农民手里……在上述土地状况之下，没收一切土地重新分配，是能得到大多数人拥护的"①。因此，坚持以土地革命为中心，通过"领导广大农民'打土豪，分田地'没收地主阶级的土地归广大农民所有，从根本上解决农民的土地问题"②。在此基础上，先后出台"《井冈山土地法》、《中华苏维埃共和国土地法》与《兴国土地法》，根据形势的发展，不断让利于农民与满足其土地要求的历史进程"③。在开展土地革命和进行土地分配过程中，党并非机械执行，而是积极适应新形势、新环境，创新管理措施。例如，部分地区在革委会成立以后，开始将土地进行重新分配，将没收的地主土地和公共土地，以乡村为单位，按人口平分，土地所有权属于苏维埃政府等。当然，不同地区实际的土地分配情况存在一定差异。但是，"毋庸置疑的是，大多数的农民在土地革命中获得与以前相比更多的实际利益。不管是实行耕地仍由原佃、雇农耕种，还是实行了土地的重新分配，大多数农民的耕地状况有增多变好的情况，至差也不会更加恶化，而同时，党基本上放弃了对土地税的征收。财政主要由打土豪来维持，是各地割据的共同现象"④。因此，党"能在很短的时间内让农民人心归附，去积极地维护革命根据地的存在和发展，土地革命的作用功不可没"⑤。土地革命不仅赢得群众的真心拥护，而且为党的基层政权建设和基层治理提供了强大的民意基础。在解放战争期间，毛泽东同志指出，"减租和生产是保卫解放区的两件大事"⑥。减租使广大群众在翻身并团结起来，成为解放区自觉的主人翁。通过大生产运动，大多数生产者组织在生产互助团体中解决了生活困

---

① 《毛泽东选集》第 1 卷，人民出版社，1991，第 68、69 页。

② 贾义保：《新民主主义革命中期农村根据地干群关系述论》，《求索》2011 年第 2 期。

③ 贾义保：《新民主主义革命中期农村根据地干群关系述论》，《求索》2011 年第 2 期。

④ 黄琨：《中国共产党土地革命的政策与实践（1927—1929）》，《长白学刊》2006 年第 4 期。

⑤ 黄琨：《中国共产党土地革命的政策与实践（1927—1929）》，《长白学刊》2006 年第 4 期。

⑥ 《毛泽东选集》第 4 卷，人民出版社，1991，第 1172 页。

难问题。因此，通过实行减租和发展生产，中国共产党赢得了人民的真心拥护。"日本投降以后，农民迫切地要求土地，我们就及时地作出决定，改变土地政策，由减租减息改为没收地主阶级的土地分配给农民。"① 同时，《中国土地法大纲》规定，在消灭封建性和半封建性剥削的土地制度、实行耕者有其田的土地制度原则下，按照人口平均分配土地。土地改革的最基本任务是："第一，必须满足贫农和雇农的要求，这是土地改革的最基本的任务；第二，必须坚决地团结中农，不要损害中农的利益。"② 因此，土地政策从抗战初期的减租减息转变为"耕者有其田"，使党的群众路线在农村、基层获得持久旺盛的生命力，为党的基层政权建设和基层治理赢得最广大农民的拥护和支持，从而将基层的广大农民整合为党在解放区进行基层治理的良性合作力量。

2. 组织动员基层群众汇集革命力量

从土地革命战争开始，出于巩固革命政权执政地位和领导军事斗争的需要，党开始深化对组织化动员必要性和有效性的认识，并以此作为推进社会治理的有效途径。③ 毛泽东同志在《湖南农民运动考察报告》里就提出，"将农民组织在农会里……是所有使一切土豪劣绅贪官污吏孤立，使社会惊为前后两个世界，使农村造成大革命的原因"④。分散的农民既是基层社会治理的对象，也是基层社会治理的力量之源和动力所在。早在土地革命期间，党就将分散在农村的、原子化的农民，通过农会组织起来，他们不仅成为对抗反动政权的集体性力量，也成为党的农村包围城市革命路线取得成功的动力所在。在井冈山的政权问题上，毛泽东同志也指出，"以后党要执行领导政府的任务；党的主张办法，除宣传外，执行的时候必须通过政府的组织"⑤。这表明，党领导政府这一根本性的组织框架基本得到确认，这也是根据地政权建设和基础社会治理取得成功的关键所在。党执行领导政府的任务，使党在群众的威权，转变为基层政府动员群众、组织群众的威权，从根本上巩固了根据地革命政权，促进了党对根据地的

---

① 《毛泽东选集》第 4 卷，人民出版社，1991，第 1250 页。
② 《毛泽东选集》第 4 卷，人民出版社，1991，第 1251 页。
③ 吴超：《中国共产党百年社会治理的逻辑进程、动力机制及当代启示》，《理论导刊》2021年第 12 期。
④ 《毛泽东选集》第 1 卷，人民出版社，1991，第 22、23 页。
⑤ 《毛泽东选集》第 1 卷，人民出版社，1991，第 73 页。

有效治理。在陕北的 13 年间，中国共产党将政权建设、党的建设、军队建设与群众工作有机融合，① 使基层社会治理一改过去"军阀争夺、土匪横行、苛政如虎、烟毒遍地、民不聊生、荒凉满目"的无序溃败状态，让根据地的农民普遍"过丰衣足食、健康快乐的生活"②。主要做法有以下三点。一是强化个体动员。在动员群众加入军队、投身抗日战场时，党不仅"运用了各种宣传的武器——戏剧、歌曲、壁报、群众大会、小的飞行演讲、个别谈话等等方法，向群众说明目前形势和生路，揭露敌人的残暴。经过广泛而深入的宣传后，民众的抗日热情很快地激发起来，自动加入军队的踊跃，是远远超过强征的效果"③，而且"进行了抗日军人家属中的工作，召集了各军军人的家属开会，有可能时甚至举行会餐，向他们宣传解释各种抗日的问题，说明他们的光荣，给以光荣牌匾，并征询他们的意见。对于他们的困难，已在可能的范围内，向当地政府或民众团体提出意见，求得部分的解决。这些工作的结果，给了一切人民以抗日军人家属光荣的榜样，创造了不少妻子送丈夫、父母送儿子、哥哥送弟弟参加军队的新模范"④。二是创新集体动员。党将人民群众组织起来，成立各种团体组织，领导人民群众以团体组织的形式投身于抗战。"中国共产党要求把一切民众分别组织在农民救国会、青年救国会、妇女救国会等各种民众团体之内，采取自愿加入的方式，并经过宣传教育和实际的工作，去启发民众加入某种团体的要求。"⑤ 其中，妇联会、妇女救国会（以下简称"妇救会"）、青年团和儿童团等团体组织均在抗战中发挥了重要作用。在各种团体组织中，妇救会在抗战中发挥了极其重要的作用。中国共产党注重对广大妇女的组织和联合，通过领导成立各种妇女团体组织以开展抗战行动。"各根据地的妇联会或妇救会团结了相当广泛的农村妇女群众，1941 年，陕甘宁、晋察冀、晋冀鲁豫、晋西北等 7 个抗日根据地妇联会或妇救会会员平均占妇女总人口的 12%，到了 1942 年，根据地妇女团体的会员达 253 万人，成为仅次于农救会的第二大群众团体。"⑥ 广大妇女在中国共产党的

① 高中华：《延安时期中国共产党的革命乡村治理》，《人民论坛》2021 年第 1 期。
② 《毛泽东年谱（1893—1949）》（中册），中央文献出版社，2013，第 540 页。
③ 《邓小平文选》第 1 卷，人民出版社，1994，第 3 页。
④ 《邓小平文选》第 1 卷，人民出版社，1994，第 3、4 页。
⑤ 倪婷：《抗战时期中国共产党对根据地妇女群众的组织》，《中国妇运》2015 年第 9 期。
⑥ 倪婷：《抗战时期中国共产党对根据地妇女群众的组织》，《中国妇运》2015 年第 9 期。

领导下，积极加入抗日战争的队伍，并成为抗日战线上的一支重要力量。在晋绥边区，"各县妇救会不仅组织妇女担负站岗、放哨、盘查路人，帮助八路军做军鞋、拆洗衣服、看护伤病员等各种抗战勤务工作，还积极担负起协助政府机关执行各种新法令及参战等工作，奠定了晋西北和后来晋绥边区妇女运动的坚实基础"①。三是拓展动员边界。妇救会在党的领导和指挥下，不仅参加作战行动，还承担起生产等重要工作。在抗日战争时期的大生产运动中，"华北地区处于抗日前线，大部分青壮年参加了八路军、自卫队、民兵及抗战的后勤工作，生产任务则主要落到广大妇女身上。妇救会则发动妇女参加生产，从经济上来巩固抗日根据地，举办妇女的或妇女参加的各种生产合作社，成立妇女生产小组，发展家庭副业"②。"中国共产党高度重视发挥妇女组织的特殊优势，对农村妇女实施了最大限度的组织与动员，各种妇女团体和妇女组织纷纷建立，成为抗日战争取得最后胜利的重要保障之一。"③ 中国共产党不仅对广大妇女进行联合、团结和领导，而且对其他革命群体开展了同样的组织工作，并最终取得抗日战争的伟大胜利。在解放战争期间，党深入基层、深入农村，广泛动员和组织各类力量，为夺取全国革命的胜利动员一切可以有效组织的力量。比如，成立"姐妹会"，将各家各户的妇女组织起来，每天开会上课，教妇女认字，给妇女分派工作，为解放军准备衣鞋等；对妇女进行教育，鼓励妇女敢于反抗封建社会、家庭，让妇女团结起来，争取独立和平等；成立"儿童团"，将各家的孩子集中起来，对孩子进行教育，训练孩子站岗、放哨，为革命的胜利培养后备军。联合佃农、穷苦百姓等，帮助他（她）们认识到地主有罪，地主是无产阶级的敌人，鼓励大家联合起来打倒地主阶级。S. N. 艾森斯塔得认为，农民"通常是最为消极、最无精致目标、最少组织性的阶层"④，很少在政治上表现出积极的态度。解放区的妇女、儿童和佃农，作为农村社会的最弱势和边缘的群体，在党的领导和动员下，逐渐"孕育出革命思想"⑤，被锻炼成为党在基层治理的坚定力量

---

① 李建权、杜欣：《"战动总会"与晋绥边区妇女工作的开展》，《山西高等学校社会科学学报》2018 年第 5 期。

② 黎惠英：《略述华北妇女对抗战的巨大贡献》，《河北大学学报》（哲学社会科学版）1989 年第 1 期。

③ 倪婷：《抗战时期中国共产党对根据地妇女群众的组织》，《中国妇运》2015 年第 9 期。

④ 〔美〕S. N. 艾森斯塔得：《帝国的政治体系》，阎步克译，贵州人民出版社，1992，第 221 页。

⑤ 〔美〕费正清等编《剑桥中华民国史》（下卷），中国社会科学出版社，1993，第 309 页。

和盟友。

3. 创新基层政权建设筑牢治理根基

土地问题一直是中国革命的核心问题，但土地革命的果实需要通过党领导下的武装斗争才能保护，通过基层政权建设才能维持。因此，通过武装斗争来保卫政权、保护土地革命成果，同时通过政权自治建设来维持苏区政府的长期性、稳定性，是苏区基层治理的重要特征。在苏区时期，一方面，农村社会组织和农民被动员成为人民政权的重要力量，在井冈山，党通过发挥联结、统筹和引领的作用，在历史上第一次将农村基层社会组织起来，同时"民主集中主义的制度，一定要在革命斗争中显出了它的效力，使群众了解它是最能发动群众力量和最利于斗争的，方能普遍地真实地应用于群众组织"①。这就使民主集中制、武装斗争和土地革命实现了有机结合，广大穷苦农民被有效唤醒、动员和组织成为最重要的革命力量。另一方面，土地革命的逐步推进，不仅解决了农民最核心的利益诉求和生存问题，而且重塑了农民的身份认同和政治认同，进而改造了村庄的权力格局。村庄的权力逐渐从地主、土豪劣绅、宗族等主体中转移到党领导下的工农红军和广大农民手中，从而结束了封建土地制度下地主阶级对农民阶级的剥削和压迫，打破了长期由封建地主、土豪劣绅等掌控的政治经济结构，初步建立了党领导下工农合作的基层政权，被动员和组织起来的农民成为人民政权的主人。为了使人民政权更好地为人民服务，中国共产党在武装斗争中不断培养大批来自农村的骨干力量和地方精英，在党领导下开启乡村治理的新局面。在苏区，被动员起来的广大农民，男的参军参加武装斗争，女的纺织为革命出工出力，少年儿童在学习、劳动之余积极参与保卫新政权的各种活动。这是中国历史上广大人民群众第一次参与革命政权建设，第一次能够自治管理基层社会，其关键就在于中国共产党的领导和引领。抗日战争期间，在延安，为最大限度地凝聚各方力量、整合各方资源，为最大范围体现民主和争取团结，党领导广大军民按照"三三制"改造国家政权和乡土社会。在政权建立上，根据抗日民族统一战线政权的原则，代表最广大人民群众的根本利益。"在人员分配上，应规定为共产党员占三分之一，非党的左派进步分子占三分之一，不左不右的中间

---

① 《毛泽东选集》第 1 卷，人民出版社，1991，第 72 页。

派占三分之一。"① 同时在边区政权必须毫不动摇坚持党的领导，"必须保证共产党员在政权中占领导地位……只要有了这个条件，就可以保证党的领导权"②。在政权建设上，贯彻了让人民群众监督政府的设想，"抗日统一战线政权的产生，应经过人民选举"。针对民主人士黄炎培的"历史周期率之问"，毛泽东同志自信地回答，"我们已经找到了新路，我们能跳出这周期率。这条新路，就是民主。只有让人民来监督政府，政府才不敢松懈；只有人人起来负责，才不会人亡政息"③。在党领导下，进步的、中间的甚至保守的力量都被纳入基层政权，从制度上保证了不同阶级协商共事、团结合作，充分调动了各阶级参与政权建设和经济社会建设的积极性，有效协调了各阶级的政治利益关系，④ 形成了以中国共产党为核心的各种力量参与的治理模式。邓小平同志在《根据地建设和群众运动》中也指出，"没有坚强的党的领导和党的组织基础，没有党的一元化的领导，党的领导不贯彻于武装、政权、群众组织等各系统中，党的领导发生错误，都要影响到根据地的建设、巩固与坚持，许多例子证明了这点"⑤。根据地的建设、解放区的治理，离不开革命的武装、政权、群众组织和党等四种力量，根本则在于党领导下所形成的制度合力。同样，基层政权建设的成功，基层治理的成功，其首要责任就是"服从于党的政治路线和政策的领导，扶植群众运动和照顾基本群众利益，巩固统一战线……"⑥，得益于党的领导，基层政权和治理充分考虑和照顾群众的根本利益，从而夯实了党在群众中的基础和地位。随着革命形式和革命任务的发展变化，"三三制"的建政原则不能适应解放区的需要，以农会和贫农为基础的人民代表会议制度在解放区逐步建立。⑦ 毛泽东同志指出，"在贫农团和农会的基础上建立起来的区村（乡）两级人民代表会议，是一项极可宝贵的经验，只有基于真正广大群众的意志建立起来的人民代表会议，才是真正的人民

---

① 《毛泽东选集》第 2 卷，人民出版社，1991，第 742 页。
② 《毛泽东选集》第 2 卷，人民出版社，1991，第 742 页。
③ 黄炎培：《八十年来》，文史资料出版社，1982，第 50 页。
④ 刘正妙、黄卓然：《中国共产党延安时期社会治理研究述评》，《西南民族大学学报》（人文社会科学版）2021 年第 10 期。
⑤ 《邓小平文选（1938－1965）》，人民出版社，1989，第 65 页。
⑥ 《邓小平文选（1938－1965）》，人民出版社，1989，第 66 页。
⑦ 江燕：《试论解放战争时期的农村基层政权建设》，《学理论》2013 年第 24 期。

代表会议"①，要"建立乡（村）、区、县三级人民代表会议，并选举三级政府委员会"②。在党中央的领导下，农村基层政权的正规化开始启动，在党的领导下，团结贫雇农、妇女儿童等力量，召开区村农民代表大会，有力推动了正规化政权体制在解放区农村地区的建立。

4. 形成严密村治体系主导基层社会

农村包围城市，最后夺取全国胜利的革命道路，是以毛泽东同志为代表的中国共产党人在领导中国革命实践中逐步摸索出来的一条具有中国特色的发展道路和总战略。党领导下的基层治理也率先在农村启动，建立起深入农村、覆盖农民的严密网络和组织，实现了党领导下的政权对农村的直接控制和有效治理。党派工作组或骨干队员进入农村，通过社会动员、生产动员、土地改革等方式，对长期以来相对松散的基层社会和农村进行了组织改造。在乡村建立的村民委员会、村武装委员会和民兵治保院等机构，职权包括生产、自卫、治安、财政、文教、调解、贸易等，涵盖了农村社会生活。在乡村普遍建立党支部，依靠党的基层组织，建立起农会、工会、青救会、妇救会、儿童团、识字班、互助组等群众组织，传统的血缘、地缘关系被取缔或改造，传统的血缘、地缘组织被解散或改造，传统的宗族身份和网络被取消或改造，每个村民都依据自己的政治、经济、性别、年龄、文化程度等情况，加入党领导下的各种组织，农村社会被纳入党领导下的严密组织网络和治理体系。③ 这一严密的组织网络充分调动了农村、城市的各种资源，充分唤起了农民、工人等一切可以依靠的力量，为新中国成立以来中国社会的持续稳定、中国政权的持续巩固奠定了有效基础。正如毛泽东同志所指出的，"中国人民已经取得的主要的和基本的经验，就是这两件事：（一）在国内，唤起民众。这就是团结工人阶级、农民阶级、城市小资产阶级和民族资产阶级，在工人阶级领导之下，结成国内的统一战线，并由此发展到建立工人阶级领导的以工农联盟为基础的人民民主专政的国家"④。邓小平同志也指出，根据地建设和群众运动要重视村级工作，"一切工作的基础在村，我们必须注意村级工作的领导"⑤。

---

① 《毛泽东选集》第 4 卷，人民出版社，1991，第 1308 页。
② 《毛泽东选集》第 4 卷，人民出版社，1991，第 1328 页。
③ 王鼎钧：《关山夺路》，生活·读书·新知三联书店，2013，第 1123 页。
④ 《毛泽东选集》第 4 卷，人民出版社，1991，第 1472 页。
⑤ 《邓小平文选（1938－1965）》，人民出版社，1989，第 76 页。

村作为基层社会治理的重要单元，也是党的群众路线和群众工作的工作平台，根据地村治的工作实践和经验，构成了新中国成立以来基层治理的重要经验和工作基础，也为党群关系、干群关系和军民关系的和谐融洽提供了重要支撑。

5. 构建集体化组织机制提升治理效能

1943 年 11 月 29 日，毛泽东同志在中共中央招待陕甘宁边区劳动英雄上的讲话中指出，"把群众组织起来，把一切老百姓的力量、一切部队机关学校的力量、一切男女老少的全劳动力半劳动力，只要是可能的，就要毫无例外地动员起来，组织起来，成为一支劳动大军。我们有打仗的军队，又有劳动的军队……那末，我们就可以克服困难，把日本帝国主义打垮"①。把群众组织起来，既解决了生产和物质问题，实现了边区群众的丰衣足食，又推动了边区政府和治理，改善了基层政权的治理效能。通过政权的组织化建设和生产的组织化动员，"几千年来都是个体经济，一家一户就是一个生产单位……农民自己陷于永远的穷苦"② 状态得到改变。党通过集体化组织策略，为人民群众找到得到解放的必由之路、由穷苦变富裕的必由之路。因此，基层治理的集体化体制初步形成，其既包括以妇女联合会、青年救国会、工会及农民会（村民大会的别称）等为代表的群众性政治组织，也包括以互济会为代表的群众性经济组织，还包括以自卫军为代表的群众性军事组织，③ 它们共同构成了党在乡村的重要支柱和治理根基。党领导的各类具有现代政治意义和功能的群团组织，逐步替代了封建反动、组织化的宗族力量，从而确保了党在政治上的真正优势能够稳定转化为党在乡村治理中的真正效能。集体化生产体制不断发展。在新民主主义革命阶段，农业生产效率低、生产风险大和农民生活贫困，其中的一个重要原因就在于农业生产方式的组织化程度不高、抗风险能力差。早在1943 年，毛泽东同志就提出，"把群众力量组织起来，这是一种方针"，"目前，我们在经济上组织群众的最重要形式，就是合作社"，"除了这种集体互助的农业生产合作社以外，还有三种形式的合作社，这就是延安南区合作社式的包括生产合作、消费合作、运输合作（运盐）、信用合作的

---

① 《毛泽东选集》第 3 卷，人民出版社，1991，第 928 页。
② 《毛泽东选集》第 3 卷，人民出版社，1991，第 931 页。
③ 贺东航：《延安时期党的乡村治理经验》，《北京日报》2020 年 10 月 19 日。

综合性合作社，运输合作社（运盐队）以及手工业合作社"。① 毛泽东同志还指出，"为了发展农业生产，必须劝告农民在自愿原则下逐步地组织为现时经济条件所许可的以私有制为基础的各种生产的和消费的合作团体"②。后来，毛泽东同志又提出，"开始组织在自愿和等价交换两项原则上的小规模的变工组织和其他合作团体"③。当解放战争进入困难时期，毛泽东同志指出，"在克服困难的斗争中……尽可能地将各解放区的经济加以适当的组织，克服市场上的盲目性"④。因此，在党的领导下，以集体方式进行农业生产的互助组，不仅可以团结和组织劳动力，而且解决了一家一户面临的生产工具短缺问题，同时通过组织化的农业技术推广，降低了解放区农村和农民使用新技术的成本。⑤ 互助合作这一党领导下的组织化生产方式，从根本上破解了分散的、一家一户的小农经济的低效率困境，不仅使农民在经济生产上实现了集体化，而且为基层治理的组织化提供了重要的经济基础和组织支撑。在革命即将在全国范围内取得胜利的时候，毛泽东同志针对集体化生产体制进一步提出，"必须组织生产的、消费的和信用的合作社，和中央、省、市、县、区的合作社的领导机关。这种合作社是以私有制为基础的在无产阶级领导的国家政权管理之下的劳动人民群众的集体经济组织……单有国营经济而没有合作社经济，我们就不可能领导劳动人民的个体经济逐步地走向集体化，就不可能由新民主主义社会发展到将来的社会主义社会，就不可能巩固无产阶级在国家政权中的领导权"⑥。可见，集体化生产体制关系到党的执政地位，关系到党在基层社会治理方面的合法性和有效性，是党进行基层社会治理的重要经济制度安排。

6. 群众路线保障人民利益

毛泽东同志指出，"在我党的一切实际工作中，凡属正确的领导，必须是从群众中来，到群众中去"⑦。"我们应该走到群众中间去，向群众学习，把他们的经验综合起来，成为更好的有条理的道理和办法，然后再告

---

① 《毛泽东选集》第3卷，人民出版社，1991，第930～932页。
② 《毛泽东选集》第4卷，人民出版社，1991，第1316页。
③ 《毛泽东选集》第4卷，人民出版社，1991，第1329页。
④ 《毛泽东选集》第4卷，人民出版社，1991，第1348页。
⑤ 苏泽龙：《集体化时期农业技术与社会变迁》，《中国社会科学报》2020年8月31日。
⑥ 《毛泽东选集》第4卷，人民出版社，1991，第1432页。
⑦ 《毛泽东选集》第3卷，人民出版社，1991，第899页。

诉群众（宣传），并号召群众实行起来，解决群众的问题，使群众得到解放和幸福。"① 群众路线就是马克思主义的认识论和实践论的充分体现，也是中国共产党基层治理取得成功的关键所在。延安时期，中国革命胜利在望，党的群众路线也不断完善，具体来看有以下几点。

一是精兵简政。党作为革命斗争和边区建设的"主心骨"，通过民主集中制，以纵向的行政机构和行政权力为基础，团结各种积极力量和进步力量，共同围绕目标奋斗。精简政权，让更多的力量和资源能够深入农村、充实基层，从而最大限度地接近群众，了解群众疾苦，保护群众利益，赢得民心民意。在民主集中制下，党还主张和允许县级和县级以下基层干部有较大的自由度和协调权，坚决反对本本主义，从而确保了党的决策最大限度地反映和体现群众利益。

二是干部"下乡"。让高级干部到基层去，充实了地方领导队伍，充实了基层社会治理的力量，充实了基层发展大生产的力量，干部带头参与大生产，发展了经济，也提高了人民群众的生活水平；干部领导土地革命，解放了生产力，也建立了党同人民群众的鱼水关系；干部下乡参与基层社会治理，缓和了阶级关系，也形成了稳定的农村社会秩序。

三是多元整合。党政分开和吸收一定比例的党外人士参与政府工作、扩大群众发表政治意见和方式和渠道等，诸如此类的做法，极大地团结和聚集了各方积极力量和进步力量，充实了党在基层社会治理的领导力量，同时，自然村里的互助组和合作社都由干群共同管理，拉近了党同基层群众的距离。还有就是党领导的军队继续在非军事事务中扮演重要角色，如"三五九旅"在大生产运动中发挥了积极作用。

邓小平同志从群众运动的角度指出，群众路线的具体策略主要有："第一是发动群众，在发动群众中组织群众，武装群众；第二是在发动群众之后，立即注意整理与健全群众组织生活；第三是在发动与组织群众中注意群众的政治教育……使群众形成一个自为的阶级力量……第四是把群众的经济斗争政治斗争约束于统一战线范围之内。"② 通过动员、组织、教育和规范，党将广大人民群众有效集中，既拉近了党与人民群众之间的距离，也建立起党与人民群众的血肉之情，从而将群众路线落在实处。因

① 《毛泽东选集》第 3 卷，人民出版社，1991，第 933 页。
② 《邓小平文选（1938－1965）》，人民出版社，1989，第 67、68 页。

此，群众路线的实行，使基层行政机关、基层官员甚至普通百姓都有一定程度的政治灵活性，既调动了各方的积极性，又充分激活了各方主动性，使全党上下、干部群众的主体性得到充分释放，同时这种下有政治基础、上有政府关系的地方干部是政府与社会之间的重要桥梁，为党的有效领导和充分动员奠定了坚实基础。群众路线是毛泽东同志从革命实践中总结出来的三大法宝之一，阶级基础使共产党推翻了国民党的统治，群众路线则帮助共产党避免了内部的腐败。①

随着解放战争的胜利推进，党的执政方式逐步从农村转向城市，城市基层治理逐步提上议事议程。1949年2月8日，在中国即将解放、新中国即将成立的前夕，毛泽东同志提出，"今后将一反过去二十年先乡村后城市的方式，而改变为先城市后乡村的方式。军队不但是一个战斗队，而且主要地是一个工作队"②。在党的领导下，解放战争逐步取得胜利，党领导下的军队逐步接收和管理城市，这对党的组织和动员能力提出更高要求，也要求党领导下的军队能够善于应对和解决困难，善于团结工人和领导工会，善于动员和组织青年，善于开展和介入城市基层治理。1949年3月5日，毛泽东同志指出，"从现在起，开始了由城市到乡村并城市领导乡村的时期。党的工作重心由乡村移到了城市……党和军队的工作重心必须放在城市，必须用极大的努力去学会管理城市和建设城市"③。在城市斗争和治理中，谁是我们的朋友，谁是我们的敌人，我们依靠谁呢？毛泽东同志继续指出，"我们必须全心全意地依靠工人阶级，团结其他劳动群众，争取知识分子，争取尽可能多的能够同我们合作的民族资产阶级分子及其代表人物站在我们方面，或者使他们保持中立……"④。在取得城市胜利、开展城市建设和管理过程中，"首先使工人生活有所改善，并使一般人民的生活有所改善"⑤。不改善民生，党就不能维持新生的国家政权，党的执政地位就站不住脚，中国共产党领导的革命就要失败。党的工作重心转入城市以后，真正做到代表了广大工人和城市一般群众的利益，真正践行了改善工人和城市一般群众生活的目标，赢得了城市基层群众的拥护和支持，

① 〔美〕白瑞琪：《反潮流的中国》，王丹妮等译，中共中央党校出版社，1999，第200页。
② 《毛泽东选集》第4卷，人民出版社，1991，第1405页。
③ 《毛泽东选集》第4卷，人民出版社，1991，第1427页。
④ 《毛泽东选集》第4卷，人民出版社，1991，第1427、1428页。
⑤ 《毛泽东选集》第4卷，人民出版社，1991，第1428页。

巩固了在城市基层治理的领导地位。

（二）建设时期：推进社会改造，铸就高度集中的组织框架

新中国成立以后，面对民生凋敝、百废待兴的现实，中国共产党积极推动基层组织建设，将群众路线融入现代社会改造和基层治理全过程，建立了一种高度集中、有组织化的总体性治理框架。

1. 正向修复和逆向治理恢复基层秩序

在新中国成立初期，党受战争、国际封锁等不利因素的制约，迫切需要进行基层政权建设，建立起党领导下的基层治理秩序，如通过爱国卫生运动塑造基层的卫生治理秩序。"爱国卫生运动是党和政府根据国情需要，运用国家行政功能，发挥制度优势，以群众运动的方式，组织实施的规模宏大、卓有成效的社会卫生系统工程。"① 在爱国卫生运动中，中国共产党不仅注重科学卫生方法的普及和推广，而且将广大人民群众组织起来，让他们投身于爱国卫生运动的实践之中，发挥人民群众的积极性、主动性和创造性。各基层支部和党员干部以身作则带头实践，注重各种新的科学卫生方法的运用和实践；人民群众则热烈拥护积极响应，对各种新方法和措施进行尝试和运用。得益于党的领导，爱国卫生运动充分动员广大人民群众积极参与，不仅促进了人民群众的身体健康，而且初步形成了以人民为中心的基层卫生治理体系。正如毛泽东同志所指出的，"今后必须把卫生、防疫和一般医疗工作看作一项重大的政治任务，极力发展这项工作"②。在卫生、防疫和一般医疗工作中加强党的领导，在推进爱国卫生事业建设过程中不断提升党对基层的组织化引领能力。与此同时，党还在城市领导和开展了一系列长期困扰中国社会发展的社会问题治理，如治理娼妓问题、烟毒问题、灾荒问题等。③ 新中国成立以后，妓院就被取缔，娼妓治理达到顶点。娼妓作为旧中国最具代表性的被压迫群体，④ 在新中国成立以后得到了"解放"与"新生"。党通过封闭妓院、检查治疗、收容改造等，帮助这群不幸的妇女在新中国获得新生，也消除了娼妓问题所造成的社会

---

① 肖爱树：《20 世纪 60～90 年代爱国卫生运动初探》，《当代中国史研究》2005 年第 3 期。

② 转引自高恩显《建国初毛泽东批转的卫生工作文献》，《中华医史杂志》2000 年第 1 期。

③ 李立志：《建国初期的社会问题及其治理》，《教学与研究》2002 年第 11 期。

④ 毕向阳：《他者的历史与身体的政治——读〈危险的愉悦：20 世纪上海的娼妓问题与现代性〉》，《社会学研究》2006 年第 2 期。

危害，净化了城市基层的社会风气。禁烟禁毒运动也是新中国成立后党领导的一场全面的、有步骤的社会运动。到1952年，跟全国范围内"三反""五反"运动相结合，① 禁毒与禁娼、剿匪行动同步开展，从根本上扫清了毒品对社会的危害。声势浩大的禁烟禁毒运动，保障了广大人民群众的健康，打击了各种敌对反动势力，减少了毒品对基层治理和社会稳定的侵扰。新中国成立后，国家百废待兴，又遭遇严重灾害，治荒救灾就成为稳定基层政权、保护群众利益的重要手段。新中国的救灾策略为"消极的救灾政策与积极的救灾政策交互实行，以积极的救灾政策为主"，将灾荒赈济与恢复发展农业生产、维护广大人民群众的基本生存权、确保国家对农村的财政汲取等统筹考量，既最大限度地培养民众的价值认同感，也在此基础上整合社会资源，实现党对基层社会的有效领导和管理。② 因此，新中国成立后，在党的有力领导下，积极治理娼妓问题、烟毒问题、灾荒问题、失业问题等各类社会问题，不仅迅速改变了新中国成立初期动荡不安的局面，而且实现了对大、中、小城市基层社会的全面、高度的组织化，开辟了以全民政治运动为主要形式的政治社会化模式，为新政权的稳健运行、新中国的稳定发展，奠定了有效的秩序基础。③

　　2. 建立中央高度集权的治理模式

　　毛泽东同志在七届二中全会上说："我们不但善于破坏一个旧世界，我们还将善于建设一个新世界。"④ 新中国成立后，面对百废待兴的局面，迫切需要重建基层治理秩序和框架。因此，在党的领导下，"通过基层组织建设，以政治的基层动员把中国社会整体带进政治体制，第一次以政党力量统合了国家与社会关系，基层政党组织成为国家与社会的黏合点"⑤。

---

① 吕晨曦：《略论建国初期的城市社会问题》，《四川大学学报》（哲学社会科学版）2004年第S1期。注："三反"、"五反"运动是1951年底到1952年10月，中华人民共和国在党政机关工作人员中开展的"反贪污、反浪费、反官僚主义"和在私营工商业者中开展的"反行贿、反偷税漏税、反盗骗国家财产、反偷工减料、反盗窃国家经济情报"的斗争的统称。

② 杨丽萍：《新中国初期中共灾荒救济话语的建构及其效应——基于1949—1950年〈人民日报〉的考察》，《广东党史与文献研究》2022年第1期。

③ 高中伟：《新中国初期党对城市黄赌毒社会问题的治理》，《深圳大学学报》（人文社会科学版）2015年第5期。

④ 《毛泽东选集》第4卷，人民出版社，1991，第1439页。

⑤ 姚尚建：《从政治社会学视角看党的基层组织的功能与执政能力提高》，《岭南学刊》2009年第2期。

具体来看，新中国成立初期，党通过土地改革和合作化运动，在全国范围内建立了党组织，"组织起来"成为城乡基层治理的根本特征。在集体化道路指引下，国家在城市实行全民所有制和集体所有制，进而形成了"单位体制"，在农村实行集体所有制建立了人民公社制度，政社不分、以政代社就成为国家治理的基本模式。① 用毛泽东同志的话来说，就是"工、农、商、学、兵、政、党这七个方面，党是领导一切的。党要领导工业、农业、商业、文化教育、军队和政府"②。自此，基层社会治理被囊括进党的总体性治理框架，形成了整体性支配的治理格局。新中国成立后，为巩固新生的国家政权，党的组织逐渐向各领域、各环节全面发展。党的组织建设也从"支部建在连上"演变为"支部建在单位"和"支部建在社队"。③ 基层社会党组织的建立和运行，使党领导下相对集中的政社一体化的治理体系不断成熟。第一届全国人民代表大会的召开，标志着以人民代表大会制度为形式的代议制，以中国共产党领导的多党合作和政治协商制度以及以人民公社、单位制和街区制为代表的基层社会治理体系的形成。④ 到改革开放前，中国逐步形成以人民公社、单位制、街居制和户籍管理为核心的社会管理模式。在这期间，通过革命型的管理方式，依靠持续的政治动员，实行强有力的行政命令，中国社会实现了从"无组织"到"有组织"、从"旧组织"到"新组织"、从"弱组织"到"强组织"的转变。⑤ 可见，借助"统一战线"、"武装斗争"和"党的建设"等法宝，中国共产党将中国的基层社会统合到国家社会治理的组织框架之中，党的组织、网络和力量在社会全面发展，各种社会组织、社会力量等被政党和行政体系全面吸纳。城市单位体制建立和农村"政社合一"的人民公社制度形成，⑥ 各种社会力量基本上纳入党和国家的治理体系，体制上的党政不分、政企不分、政社不分，确保了国家力量"一竿子插到底"和对基层的全面统筹。

---

① 王思斌：《新中国 70 年国家治理格局下的社会治理和基层社会治理》，《青海社会科学》2019 年第 6 期。
② 《毛泽东文集》第 7 卷，人民出版社，1999，第 275 页。
③ 刘振杰：《党建引领基层社会治理的历程与思考》，《社会治理》2021 年第 8 期。
④ 周建勇：《新时代党建中的嵌入治理问题研究》，《上海交通大学学报》（哲学社会科学版）2021 年第 1 期。
⑤ 范逢春：《社会治理 70 年：伟大历程、基本经验与未来展望》，《人民论坛》2019 年第 32 期。
⑥ 李飞龙：《中国共产党领导乡村治理的百年探索与基本经验》，《国家治理》2021 年第 21 期。

3. 单位中国全面形成

单位作为一种特殊的组织形式和社会调控体系的构成要素，是在当代中国社会和政治生活制度化、结构化的过程中诞生的。[①] 作为社会主义中国城市中的基本社会组织和空间单元，单位在相当长的时期内主导并影响了中国社会的结构与衍变。[②] 因此，单位是改革开放前在城镇地区，基于中国社会主义政治制度和计划经济体制所形成的一种特殊组织，是"国家进行社会管理、资源分配和社会整合的组织化形式，承担着包括政治控制、专业分工和生活保障等多种功能"[③]。从基层治理的角度来看，单位既是一种组织形式，也是党进行国家政权建设、基层社会管理的治理技术，是对党在革命根据地、解放区等开展政权建设的组织化治理经验的延续，也是新中国成立后为应对国内外严峻形势、解决"总体性危机"而做出的治理选择。从经济上来看，单位是高度集中的计划经济体制；从政治上来看，单位是高度集权的政治体制；从社会上来看，单位是高度统一的社会体系。因此，单位作为基层社会主义组织的基本单元，是党进行社会动员、组织群众、促进大生产的产物，是集中力量办大事、办成事的重要基础，也是理解单位中国的重要前提。通过充分动员并有效组织，单位既可以将分散的个体、孤立的资源等有效统合使用，也可以展现全国自上而下的党的权威性和党组织的权威性，还借鉴了延安时期基层政权建设的经验，确保了中国共产党执政理念的有效传承。首先，单位跟中国传统意义上的"家"具有很大相似性，如提供就业、居住、养老等各种生活支持，也提供人情交往、日常互动、心理关怀等各种情感支持，还提供集体身份认同，承担了照顾集体成员的职责。其次，单位作为一种新的集体化形式具有坚定的革命行动目标导向，将各种阶层、各种资源力量等充分动员起来，为建设一个新社会的共同目标而奋斗，在这个过程中，单位集体的成员处在一种平等主义的结构中，从而实现了个体跟集体的统一。最后，单位作为社会主义治理的重要平台，跟计划经济和干预主义高度兼容，单位

---

① 刘建军：《单位中国：社会调控体系重构中的个人组织与国家》，天津人民出版社，2000，第97页。

② 〔澳〕薄大伟：《单位的前世今生：中国城市的社会空间与治理》，柴彦威、张纯、何宏光、张艳译，东南大学出版社，2014，第145页。

③ 李路路、苗大雷、王修晓：《市场转型与"单位"变迁再论"单位"研究》，《社会》2009年第4期。

向上承接政府的指令和国家的计划，向下组织和动员各种资源力量，在党组织的领导下，朝向国家规划的方向和目标努力。

（三）改革开放新时期：构建有序活力基层

分化与整合是社会发展的基础逻辑，也是理解基层治理的重要视角。改革开放以来，中国的市场转型和社会治理有着不同于资本主义市场经济和欧美国家治理的逻辑和实践。中国的市场转型是在基本社会体制框架与主导意识形态不发生根本变化的前提下进行的，具有政体和意识形态的连续性、正式制度的非正式运作以及在权力连续性背景下的总体性精英的出现等特点。① 中国的社会治理始终在中国共产党主导下进行，初步形成了"党委领导、政府负责、民主协商、社会协同、公众参与、法治保障、科技支撑的社会治理体系"，实现了高度总体性的国家体制与市场经济、社会治理共存共生、互为支撑和促进的关系。因此，在单一中心主义逻辑和框架下，建立起以中国共产党为核心的社会治理体系和运行机制，赋予诸领域一定程度的自主权，释放基层社会的活力，② 既确保了党领导下的社会稳定与有序，又保证了经济发展的活力和动力。

1. 适应流动社会调整基层治理思路

改革开放前，严密的组织化治理体现为双重治理结构，"一是政府，主要职能是政策决定和资源再分配，具体的工作是制定计划，下发指令（文件），审批和调拨资源；二是单位，主要职能是执行政府的指令，按照指示，实施社会治理，并提供公共品"③。这就使单位成为个体和公共的中介，成为国家整合能力存在的结构性基础。改革开放推动了高度集中、严密组织的计划体制向开放的市场经济体制过渡，也使高度一体化的社会变得更加开放、流动和多元。在开放、流动的社会中，组织化的社会治理秩序逐渐瓦解，大规模的人口流动和职业流动使中国成为一个流动社会。④ 1978 年以后，随着中国工业化、城市化和现代化的发展，以及人口政策的松绑、交通通信基础的完善，人口自由流动成为中国的社会常态。不管是

---

① 沈原、闻翔：《转型社会学视野下的劳工研究》，《中国工人》2014 年第 5 期。
② 渠敬东、周飞舟、应星：《从总体支配到技术治理——基于中国 30 年改革经验的社会学分析》，《中国社会科学》2009 年第 6 期。
③ 张静：《中国基层社会治理为何失效？》，《文化纵横》2016 年第 5 期。
④ 边燕杰、张文宏：《经济体制、社会网络与职业流动》，《中国社会科学》2001 年第 2 期。

城乡人口流动，还是城市人口流动，都保持在一个较高的状态。如图 1 - 1 所示，中国流动人口数从 2010 年到 2019 年一直维持在 2 亿人以上的水平，流动人口占总人口的比例由 2000 年的不到 10% 增长到 2010～2019 年常年维持在 15% 以上的水平。

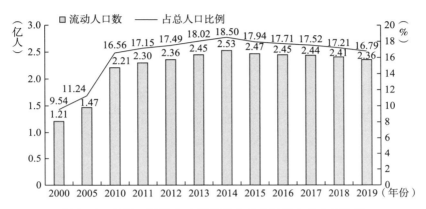

图 1 - 1　2000～2019 年中国流动人口总量及占总人口比例

资料来源：《中国人口和就业统计年鉴 2019》《中国人口和就业统计年鉴 2020》。

　　进一步来看，国家统计局历年的中国农民工监测数据表明，农民工人数自 1979 年以来直线上升，2014 年超过 27000 万人，[①] 到 2021 年，全国农民工总数为 29251 万人，比 2020 年增加 691 万人，增长 2.4%。其中，外出农民工有 17172 万人，比 2020 年增加 213 万人，增长 1.3%；本地农民工有 12079 万人，比 2020 年增加 478 万人，增长 4.1%。年末在城镇居住的进城农民工有 13309 万人，比 2020 年增加 208 万人，增长 1.6%（见图 1 - 2、图 1 - 3）。

　　人口的大规模流动，改变了改革前总体性控制的社会治理模式，推动基层社会治理迈入了新阶段。与此同时，农村的村庄和城镇的单位逐渐剥离社会职能，演变为纯粹的经济机构，村民和职工的生老病死、福利待遇必须靠个人花钱购买。[②] 不管是国家还是个体，不管是城镇还是农村，不管是国有企业还是民营经济，都需要重视效率和管理。"时间就是金钱，

---

① 张广胜、田洲宇：《改革开放四十年中国农村劳动力流动：变迁、贡献与展望》，《农业经济问题》2018 年第 7 期。

② 王绍光、潘毅、潘维、贺雪峰、强世功、张静、单世联等：《共和国六十年：回顾与展望》，《开放时代》2008 年第 1 期。

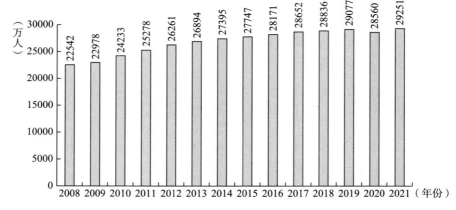

图 1-2 2008~2021 年中国农民工总数

资料来源：国家统计局发布的历年《农民工监测调查报告》。

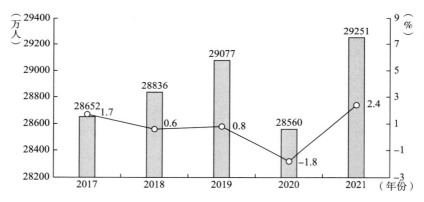

图 1-3 2017~2021 年农民工规模与增速

资料来源：国家统计局发布的历年《农民工监测调查报告》。

效率就是生命"的口号，伴随着单位制变革、人口流动等逐渐被国人接受。有学者就指出，中国的国家治理迎来了新的局面，开始进入管理型的国家治理时期。[1] 邓小平同志也指出，"当前大多数干部还要着重抓紧三个方面的学习：一个是学经济学，一个是学科学技术，一个是学管理"[2]。社会的多元化和人口的高流动性，不可避免地导致治理资源的分散化和治理机制的碎片化。同时，自延安时期以来延续至今的总体性治理框架逐渐解

[1] 许耀桐：《新中国的国家治理和 70 年的发展》，《中国浦东干部学院学报》2019 年第 4 期。

[2] 《邓小平文选》第 2 卷，人民出版社，1994，第 153 页。

体，在治理转型过程中，多元共治的基层社会治理框架逐渐形成。多中心治理逻辑源于社会的多元化和治理主体的多样性，在埃莉诺·奥斯特罗姆看来，社会的治理并非简单的国家－市场二分逻辑，在公共领域和基层社会治理中，存在各种机构、组织、社团、个体等多样化力量，这就使利益冲突和矛盾在所难免，也使利用不同参与人和机构之间的利益竞争来达成某种事项的治理既是有效的，也是可能的。① 这表明，好的社会治理在于治理本身的演变能力和自适应能力强，在于充分调动了各方力量积极参与治理。党领导的基层社会治理，充分调动了各方力量积极参与，从而聚集了治理的多方主体，也有效回应了不同利益主体的诉求，从而确保了社会秩序的稳定和有序。

基层社区形态的转变和多样化对基层治理提出了新要求。在转制社区中，"人员混居，矛盾易发。农转居社区人口结构具有复杂性，是农民与市民、本地与外地、流动与常住等多类人群的融合，他们在思想观念、生活习惯、经济条件、社会关系等诸方面差异明显，在一些生活细节处理上容易冲突，进而引发矛盾。（笔者）从调查中也发现，农转居社区矛盾纠纷要比非混合型的社区矛盾纠纷多，解决好邻里矛盾纠纷是农转居社区亟须解决的问题"②。农转居社区、新型商品化住宅小区、单位制社区的混居等各种形态社会空间的出现，改变了基层社会的关系和利益格局。"随着改革开放不断推进，社会利益格局和社会结构发生着深刻变化。传统封闭的社会结构快速向现代开放的社会结构转型，城市规模和人口数量都日益庞大，各种社会利益矛盾逐渐凸显，这都加大了城市社会治理的难度。"③住房的商品化改革，使"'社区制'取代'单位制'，使得国家力量逐渐从城市基层社会中退出，市场力量、社会力量成为城市基层治理中的重要角色"④。这就使"基于不同的社区类型、权利主体针对不同的居住问题采

---

① 〔美〕埃莉诺·奥斯特罗姆：《公共事物的治理之道：集体行动制度的演进》，余逊达等译，上海译文出版社，2000，第120页。
② 刘玲：《农转居社区治理的现实困境与破解》，《人民论坛》2020年第15期。
③ 黄意武、李露：《城市基层党建与社会治理创新的互动关系研究》，《中州学刊》2017年第10期。
④ 田先红、张庆贺：《再造秩序："元治理"视角下城市住宅小区的多元治理之道》，《社会科学》2020年第10期。

取差异化的行动策略和社区治理体制"①。因此，社区形态转变、社会关系和利益诉求逐渐多样化，试图用模式化的统一管理方式和治理途径对基层社会进行治理已不合实际，亟须创新城市社区的基层治理方式、形式和模式。

2. 单位制的延续与新发展夯实基层治理根基

诞生于延安时期的单位及单位制，随着党的组织系统向一切国家机构、社会组织、社会团体的延伸而不断定型和演变，构成了中国城市社会基础的组织制度和社会秩序。改革开放以来，随着市场体制的转型和社会治理的变革，单位和单位制也发生了深刻的变化，② 为了延续单位制或后单位制③、新单位制④而存在的组织化形态和整合性力量构成了中国社会稳定的关键基础。基于此，就中国国家治理的实践来看，理顺关系直接影响中国国家治理体系的推进。现实中，国家治理体系的落实需要理顺四对关系，分别是政府与市场、中央与地方、经济与社会、政府与社会，⑤ 其中，政府与社会的关系直接影响国家治理的社会秩序基础。正确处理政府与社会的关系，就是要弄清楚哪些社会治理事务需要政府和社会各自分担，哪些需要政府和社会共同承担。在国家和社会之外，计划经济时代单位制消失的同时，一种新的建立在组织化基础上的治理单元，即"新单位制"应运而生。在李威利看来，这一"新单位制"具有以下特点："一是在中国的国家治理中存在双轨制结构，二是在体制外领域的基层政府（主要是街镇），作为治理的核心承担着兜底责任，三是基层政府在通过'空间单位化'机制推动单位与社区的联结，四是单位和社区'双通道'联结通过党组织发挥联动、整合和吸纳的作用，五是基层政府、单位和党组织在社区空间中的作用是不均等的，单位在体制外空间中发挥的作用主要是配合和支持。"⑥ 可见，新单位制构成了高度组织化的体制内和分散化的体制外之

① 郭于华、沈原、陈鹏主编《居住的政治——当代都市的业主维权和社区建设》，广西师范大学出版社，2014，第 1 页。

② 李路路、苗大雷、王修晓：《市场转型与"单位"变迁 再论"单位"研究》，《社会》2009年第 4 期。

③ 张秀兰、徐晓新：《社区：微观组织建设与社会管理——后单位制时代的社会政策视角》，《清华大学学报》（哲学社会科学版）2012 年第 1 期；何艳玲：《后单位制时期街区集体抗争的产生及其逻辑——对一次街区集体抗争事件的实证分析》，《公共管理学报》2005年第 3 期。

④ 李威利：《新单位制：当代中国基层治理结构中的节点政治》，《学术月刊》2019 年第 8 期。

⑤ 何艳玲：《理顺关系与国家治理结构的塑造》，《中国社会科学》2018 年第 2 期。

⑥ 李威利：《新单位制：当代中国基层治理结构中的节点政治》，《学术月刊》2019 年第 8 期。

间的有效勾连，最大限度地发挥了党的核心、引导、中介等功能，最大限度地确保了社会的稳定和有序。

3. 项目制提升基层社会治理效率

回应型政府是集中力量办大事的重要体现。回应型政府包括正反两方面，正向的回应是指回应发展的诉求，如企业发展的诉求、行业困境的诉求；反向的回应是指回应再分配的诉求，如上访、集体性行动等。在政府积极回应民众利益和诉求的实践中，项目制作为一种基层社会治理机制，开始广泛地存在于党和国家对于基层社会的治理实践中。渠敬东认为，"当前中国的项目制……更是一种能够将国家从中央到地方的各层级关系以及社会各领域统合起来的治理模式"[①]。"随着项目制的运行发展……已经产生了一整套成熟、稳定、系统的运作机制。"[②] 具体来看，改革开放以来形成的项目制具有以下特征。首先，遵循"一事一议""专项专款"的原则，有助于聚焦处理基层社会治理的重大议题，精准回应核心关切和重要议题。其次，目标设定相对明确，竞争机制主要发生在项目承包之前的申报阶段，有助于充分调动和激活基层政府的治理积极性和主动性，有助于推动基层社会治理由点向面的联动发展。再次，能够绕开分包性的常规科层体制，具有治理目标专项化、权责运作条线化、程序规范技术化特征，能够将中央地方纳入更专业、更规范的技术治理过程，建立起中央政府和地方政府之间高效的"首-地对接"关系，有助于实现部分地区的跨越式发展。最后，项目制明显加强了国家治理的条线管理能力和部门思维。[③] 因此，在项目制和技术治理驱动下，各种项目、资金、人才等开始向基层下沉，这种情况不仅改进了基层社会治理中公共服务的工程设施，而且增加了基层社会治理中公共服务的内容项目，实现了部分公共服务设施和内容向基层的扩散和覆盖。项目制还提升了政府在基层社会治理中进行社会动员、宣传党的政策等方面的重要示范作用。项目制能够绕开基层政府治理过程中的常规决策机制，将上级部门，尤其是中央政府的项目支持跟地方

① 渠敬东：《项目制：一种新的国家治理体制》，《中国社会科学》2012 年第 5 期。
② 陈家建：《项目化治理的组织形式及其演变机制——基于一个国家项目的历史过程分析》，《社会学研究》2017 年第 2 期。
③ 渠敬东：《项目制：一种新的国家治理体制》，《中国社会科学》2012 年第 5 期；陈家建：《项目化治理的组织形式及其演变机制——基于一个国家项目的历史过程分析》，《社会学研究》2017 年第 2 期。

政府的工作重点相结合，在较短时间内把资源集中在某项公共议题的处理和解决上，从而起到快速提升基层社会治理的效率，快速改善基层社会治理面貌的作用。

4. 多尺度技术治理撬动基层格局

改革开放以来，从总体性支配向技术治理的转变，既展现了改革开放以来社会多元化发展和民众多样化诉求的变迁，也推动了基层社会从政治整合向利益整合，再向社会整合的转变。在这个过程中，党建引领的基层技术治理越来越稳定，基层治理效能不断提升。基层社会治理理念不断完善，为技术治理推动治理创新提供了科学指引。2003 年党的十六届三中全会将"社会建设和管理"列入贯彻落实科学发展观的"五个统筹"，2004年党的十六届四中全会提出"加强社会建设和管理，推进社会管理体制创新"，2007 年党的十七大提出加强和创新社会管理、健全社会管理体制。制度、范式变迁推动基层社会治理技术不断创新。比如，分税制改革充分释放了地方政府开展基层社会治理的积极性①，晋升锦标赛充分调动了地方政府创新基层社会治理的主动性②，基层运动型治理机制在一定程度上弥补了常规治理的不足并推动了基层新的组织治理模式出现③，同时有助于提升基层政府自身的有效性④。

制度、范式变迁推动面向全球竞争的基层社会治理不断成形。随着全球化发展，基层社会治理的层级逐渐从地区、国家上升到全球高度，全球治理体系和规则的形成在一定程度上会形塑中国的基层社会治理和区域治理。David Harvey 指出城市出现了从"管理型政府向企业家型政府的过渡"⑤，"经营城市"和"社区营造"开始成为城市治理的潮流。在不断融入全球化的过程中，中国的基层社会治理出现了面向全球竞争需求效率的改变，吸引和争取跨国资本投资成为地方政府治理的重心。⑥ 在资本、权

---

① 周飞舟：《分税制十年：制度及其影响》，《中国社会科学》2006 年第 6 期。
② 周黎安：《中国地方官员的晋升锦标赛模式研究》，《经济研究》2007 年第 7 期。
③ 周雪光：《运动型治理机制：中国国家治理的制度逻辑再思考》，《开放时代》2012 年第 9 期。
④ 欧阳静：《论基层运动型治理——兼与周雪光等商榷》，《开放时代》2014 年第 6 期。
⑤ David Harvey, "From Managerialism to Entrepreneurialism: The Transformation in Urban Governance in Late Capitalism," in Peter Gowld, Forrest R. Pitts, eds., *Chapter in Geographical Voices: Fourteen Autobiographical Essays* (Syracuse University Press, 2002).
⑥ 柏兰芝、潘毅：《跨界治理：台资参与昆山制度创新的个案研究》，北京大学中国经济研究中心讲座，2003 年 9 月 19 日。

力、技术和信息等因素的作用下，期望在经济竞争中取胜的地方政府逐渐建构出基于发展主义逻辑的社会治理逻辑。一方面，充分融入全球化和积极参与世界分工体系，在参与中推动地方经济发展和不断增强地方经济实力；另一方面，在发展经济的同时不断改进和完善基层社会治理，营造良好的社会环境和营商环境，以便于更好地吸引外来投资和实现更高水平的经济发展。信息技术构建基层社会治理的技术框架。随着科学技术和互联网技术的快速发展，越来越多的现代科技和手段被用于基层社会治理，比如网络技术的使用，即基层的信息化治理；再比如大数据的使用，即天眼系统的使用、身份的信息化等，极大地提升了基层社会治理的信息化水平及效果。

（四）中国特色社会主义新时代：打造现代化基层治理体系

加强和创新基层治理，既是推进国家治理体系和治理能力现代化的应有之义，也是夯实党的执政基础、巩固基层政权的必然要求，关乎党长期执政、国家长治久安和广大人民群众的切身利益。党的十八大以来，以习近平同志为核心的党中央高度重视基层治理，推动基层治理能力和水平不断提升。习近平总书记就加强基层治理现代化提出一系列新思想新理念新要求，指导基层治理现代化实践不断取得新成果，持续夯实国家治理的根基。

1. 党在基层的"再组织化"筑牢基层治理的稳定性

党的十八大以来，面对社会"去组织化"的趋势，党和党员通过"再嵌入"的方式实现"再组织化"，不仅是党引领基层治理的战略选择，也是未来构建中国基层治理的核心路径。① 进入新时代，中国社会的主要矛盾转变为人民日益增长的美好生活需要和不平衡不充分的发展之间的矛盾。原有多元分散的基层社会治理体系，难以适应人民群众多样化、个体化的利益诉求，难以化解人民群众日益复杂化、关联化的矛盾冲突，难以破解跨领域、跨部门、跨区域的公共问题，这就迫切需要整合基层治理资源，建立多元力量统一联动的治理体系。新时代的"枫桥经验"在延续党建引领基层治理的成功经验的基础上，通过"整合党政组织、规范村级组

---

① 祝灵君：《再组织化：中国共产党引领基层治理的战略选择》，《长白学刊》2016年第6期。

织、发展社会组织"三种途径实现基层社会再组织化，并通过互联网科技手段把三种基层组织的力量有机整合，从而实现了高水平的基层治理。①中国不仅存在一个强大的、有效的现代化政府，而且这一强大的、有效的现代化政府是在一个严密组织化、高效运行的党的领导下开展工作的。正如塞缪尔·P.亨廷顿所指出的，对于后发现代化国家来说，政党在政治秩序建构和社会团结生成方面扮演着不可替代的关键性角色。②中国共产党在应对突发性公共卫生事件和推动长周期的经济社会发展上，具有更大的组织优势，也具有更强的社会动员和整合能力。

在提升基层治理的组织化过程中，要始终坚持以党建把控大局和引领方向。这既是时代和社会对中国共产党和党建工作提出的要求，也是确保基层治理工作能够顺利开展的重要原则。"只有将党的领导贯穿始终，才能确保基层社会沿着正确方向健康发展。"③以党建把控大局和引领方向要体现在基层治理工作的方方面面，要在思想上指引，要在事务上指导，要在原则上规定，要将这一重要原则贯穿到基层治理的全过程之中。在提升基层治理的组织化实践中，始终坚持党统筹资源和协调各方的作用，对不同治理主体进行沟通和协调。在基层治理的资源和力量整合方面，"党建联结机制可具体化为组织纽带、共享资源、共建活动，即以开放式组织助推街道社区党建、单位党建、行业党建互联互动，形成党建工作联动、思想工作联做、社区服务联办，实现对社会资源的整合利用"④。可见，只有始终坚持中国共产党在基层治理工作中的核心领导地位，始终坚持以党建把控基层治理的大局，引领基层治理的基本方向，才能保证中国的基层治理工作坚定有序地朝着预期的发展方向稳步推进。

2. 以人民为中心的发展思想提升基层治理的合法性

王晓升认为，国家治理包括有效性和合法性两个维度。在政府治理的行动中，人们往往关注政府治理行动的有效性，忽视合法性，而合法性为

---

① 刘开君、卢芳霞：《再组织化与基层社会治理创新》，《治理研究》2019 年第 5 期。
② 〔美〕塞缪尔·P.亨廷顿：《变化社会中的政治秩序》，王冠华等译，上海人民出版社，2008，第 332～382 页。
③ 陈飞：《以党建引领基层社会治理创新》，《人民论坛》2019 年第 24 期。
④ 黄俊尧、魏泽吉：《"党建"与"共建"：形塑基层社会治理格局的双重逻辑——基于杭州市 D 区的考察》，《中共天津市委党校学报》2020 年第 3 期。

治理的有效性提供基础。① 林尚立从政治发展高度指出治理的有效性与合法性之间的亲和关系，政治发展的路径选择，不存在优劣之分，只存在是否合适与有效的问题。② 李俊指出，合法性和有效性是政治现代性的两个支点，社区政治运作和社会治理需要构建有效性和合法性的统一，只有实行合法性与有效性双路径的联动，村庄的善治才能实现。③ 蔡禾则认为，"任何政府都要面对合法性问题，而且治理的有效性确实有助于治理的合法性"④。在基层治理中，"全党必须永远保持同人民群众的血肉联系"⑤，站稳人民立场，坚持人民主体地位，尊重人民首创精神，践行以人民为中心的发展思想。以人民为中心的发展理念和治理理念，充分"体现了我们党全心全意为人民服务的根本宗旨，体现了人民是推动发展的根本力量的唯物史观"⑥，有效呈现了基层治理的合法性与有效性的有机统一。

当前，不同学者对治理的合法性有不同的看法。在哈贝马斯看来，政府行动的合法性基础是商议民主，这种商议包括制度化的商议和非制度化的商议；⑦ 王晓升延续哈贝马斯的逻辑，指出借助法治化的手段和商议民主的方法是解决有效性和合法性问题的基本方法；⑧ 袁泉则认为，改革前总体性支配治理模式下庇护性质的合法性并未完全消退，同时，依法治国使法制成为政府权力施行的合法性依据和基础，基层治理需要适应上述两种并存的合法性基础，这就使非正式手段或途径具有达成合法性目标的功能；⑨

---

① 王晓升：《论国家治理行动的合法性基础——哈贝马斯商议民主理论的一点启示》，《湖南社会科学》2015 年第 1 期。

② 林尚立：《在有效性中累积合法性：中国政治发展的路径选择》，《复旦学报社会科学版》2009 年第 2 期。

③ 李俊：《协同式村级治理新机制：合法性与有效性的统合——基于成都邛崃市界牌社区的考察》，《西华师范大学学报》（哲学社会科学版）2012 年第 5 期。

④ 蔡禾：《国家治理的有效性与合法性——对周雪光、冯仕政二文的再思考》，《开放时代》2012 年第 2 期。

⑤ 《中国共产党第十九届中央委员会第六次全体会议公报》，《求是》2021 年第 22 期。

⑥ 习近平：《关于〈中共中央关于党的百年奋斗重大成就和历史经验的决议〉的说明》，《求是》2021 年第 23 期。

⑦ 〔联邦德国〕尤尔根·哈贝马斯：《交往与社会进化》，张博树译，重庆出版社，1989，第 87 页。

⑧ 王晓升：《论国家治理行动的合法性基础——哈贝马斯商议民主理论的一点启示》，《湖南社会科学》2015 年第 1 期。

⑨ 袁泉：《基层治理中的二重合法性——"非正式权力运作"的一种解释》，《浙江社会科学》2013 年第 2 期。

阎云翔认为，除了国家、政府主导下的乡土秩序或治理的合法性建构外，作为乡土社会主体的农民，也会自下而上建构出他们"广为接受"的合法性规则。① 由于现实复杂和历史发展的惯性，政府经常会面临"追求有效性和合法性共赢过程中面对两者背离或紧张时，如何获得合法性"这一现实难题，基于行动的分析框架，国家政体背后的意识形态逻辑，尤其是教化逻辑，是获得人民广泛认同和对行政官僚进行有效规训的合法性基础。②

可见，虽然学者的观点和立场不同，但本质上都重视人民利益，都强调人民立场，这跟中国共产党以人民为中心的发展思想没有本质差异。因此，"人的问题，是检验一个政党、一个政权性质的试金石"③。始终同人民在一起，为人民利益而奋斗，是马克思主义政党同其他政党的根本区别。党建引领基层治理之所以具有天然的合法性，就在于党始终坚守"为人民而生，因人民而兴，始终同人民在一起，为人民利益而奋斗"的初心使命，始终将人民利益、人民立场、人民感受作为立党、兴党、强党的根本出发点和落脚点。

3. 多元协同治理机制增强基层治理的有效性

效率逻辑是衡量基层治理有效性的重要原则。对治理的成本与收益进行对比和考量，可以考察是否实现或达到治理的现实目标，比如是否实现秩序优化；是否降低治理成本，提升公众获得感；等等。一般来看，国家、市场和社会或三者之间的博弈构成了推动基层治理的重要力量。市场决定论认为，经济发展过程中所出现的一系列问题的根源并非市场过多，而是因为市场没有得到充分发展，国家干预过多，没有充分把权力下放给市场，优化基层治理需要进一步发展市场。社会建设论强调社会的第三方力量，认为社会自主性的提升和居民自治能力的提高，能够有效调和"市场失灵"和"政府缺位"问题，通过社会建设重塑责任共同体。

市场决定论和社会建设论，在西方国家有着很大的受众群体，两者认为自由的、自发的市场或社会力量，通过彼此的合作能够实现基层治理的

---

① 阎云翔：《私人生活的变革：一个中国村庄里的爱情、亲密关系和家庭变迁（1949—1999）》，上海书店出版社，2006，第5页。

② 冯仕政：《中国国家运动的形成与变异：基于政体的整体性解释》，《开放时代》2011年第1期。

③ 习近平：《论把握新发展阶段、贯彻新发展理念、构建新发展格局》，中央文献出版社，2021，第199页。

有序和稳定。中国的实践恰恰相反，新中国成立以前的弱政府和基层的自治，并没有实现基层治理的有序，也没有达成基层治理的有效，民不聊生、基层溃败现象比比皆是。在改革开放过程中，个别地方党组织在基层社会的退却，导致了软弱涣散村庄的存在，老百姓的合法权益得不到保障，人民群众的生命财产受到侵害。进入中国特色社会主义新时代，党建引领基层治理，"坚持党对一切工作的领导"，有效破解了基层治理结构"碎片化"难题，既保障了人民群众能安居乐业，又调动了人民群众的主体参与积极性，形成了人人有责、人人尽责、人人享有的社会基层治理共同体。在实践中，党建引领的基层治理，既在顶层制度设计上发挥政府"元治理"的作用与功能，又在基层社会自治上发挥社会自主性的作用与功能。[1] 基层治理通过有限分权、有序参与、利益整合与风险化解等手段可以在提升有效性的同时积累合法性[2]，还通过国家汲取能力[3]、政府能力[4]和政府回应能力[5]等建设，充分回应社会的需求[6]，通过福利建设缓解社会紧张度，提升社会团结度、社会认同度和信任度[7]。可见，党建引领基层治理是一切基层治理工作的出发点和根本原则，党建引领也是中国基层治理持续有效、中国社会长期稳定的根本所在。中国特色社会主义最本质的特征是中国共产党的领导，中国特色社会主义制度最大的优势也是中国共产党的领导。得益于党领导下的基层社会建设和社会治理，得益于党领导下的基层治理改革和创新，基层治理的框架、体系和措施不断完善。中国特色社会主义建设事业进入新的历史阶段，也对党建在基层治理中的引领作用提出新的更高的要求，只有始终坚持党的领导地位，牢牢把握党的引领作用，才能不断提升基层治理效能。

---

[1] 陈亮：《治理有效性视域下国家治理的复合结构与功能定位》，《求实》2015年第11期。

[2] 匡亚林：《城市治理的有效性探微：有限分权、有序参与、利益整合与风险化解》，《云南行政学院学报》2015年第6期。

[3] 王绍光：《国家汲取能力的建设——中华人民共和国成立初期的经验》，《中国社会科学》2002年第1期。

[4] 江秀平：《提高政府能力与治理有效性》，《中国行政管理》2001年第2期。

[5] 卢坤建：《回应型政府：理论基础、内涵与特征》，《学术研究》2009年第7期。

[6] 王家峰：《国家治理的有效性与回应性：一个组织现实主义的视角》，《管理世界》2015年第2期。

[7] 景天魁：《源头治理——社会治理有效性的基础和前提》，《北京工业大学学报》（社会科学版）2014年第3期。

三　多举措助推党建引领基层治理

习近平同志在党的十九大报告中提出，要"打造共建共治共享的社会治理格局"。这为新时代新征程基层治理的理论建设、制度建设、机制建设和体系建设奠定了基础，为新时代新征程基层治理的实践路径和行动策略指明了方向。新时代新征程，要准确把握新发展阶段，深入贯彻新发展理念，加快构建新发展格局，推动高质量发展，必须多措并举把党建引领社会治理落到实处、见到实效。

（一）不断增强引领力

党建引领基层社会治理是历史的选择，是现实的需要，是人民的选择。"在基层社会治理体系中，无论存在多少主体和力量，无论是在国家还是在地方和基层，中国共产党都是社会治理的核心主体，中国的基层社会治理一定是在党的领导下推进和运作的，党在国家治理体系中是起引领作用的。"[①]《中国共产党章程》第三十三条指出，"街道、乡、镇党的基层委员会和村、社区党组织，领导本地区的工作和基层社会治理，支持和保证行政组织、经济组织和群众自治组织充分行使职权"[②]。因此，党建引领基层社会治理具有天然的合法性和合理性，也具有历史和时代的必然性。

1. 党建引领基层治理是全方位引领

党建引领基层治理工作，最重要的就是要"将党的思想、路线、方针、政策融合到社会治理创新中，将党的政策方针与具体工作实践结合起来，使其扎扎实实地体现在社会工作的方方面面，让群众真正了解和理解党的路线、方针、政策，并支持党的工作"[③]。要将党的领导贯穿基层治理体系和治理能力现代化的各方面，要把基层党组织建设与基层治理有机结合起来，真正把党建工作融进去，把服务资源带出来，实现党建全面引领，提升基层治理效能。把党建引领贯穿于基层治理全过程和各方面，通过组织引领、能力引领、机制引领，使党的建设融入基层治理、保障基层

---

① 布成良：《党建引领基层社会治理的逻辑和路径》，《社会科学》2020年第6期。

② 《中国共产党章程》，人民出版社，2017，第22、23页。

③ 黄意武、李露：《城市基层党建与社会治理创新的互动关系研究》，《中州学刊》2017年第10期。

治理、引领基层治理，构筑好基层治理"桥头堡"，打通每一个"神经末梢"，真正把基层党建的政治优势转化为基层治理的工作优势。①

2. 党建引领基层治理是全过程引领

"十九大把'党是领导一切的'写进党章。党的十九届四中全会进一步将党的领导制度明确为中国根本领导制度，强调要坚持和完善党的领导制度体系，把党的领导落实到国家治理各领域各方面各环节。"② 这既体现在思想观念意识的规范中，也体现在相关重大事项的决策中，还体现在具体实践活动的开展中。在其他社会力量参与基层治理过程中，也要发挥党建的引领作用。《中国共产党支部工作条例（试行）》指出，"社会组织中的党支部，引导和监督社会组织依法执业、诚信从业，教育引导职工群众增强政治认同，引导和支持社会组织有序参与社会治理、提供公共服务、承担社会责任"③。党建引领基层治理"不仅仅是简单地维护社会秩序，而是要把党的基本路线和各项方针政策贯彻到基层，是将党的领导和执政为民的理念融入基层治理的全过程"④。

3. 党建引领基层治理始终坚持群众路线

群众路线和群众工作方法是党建引领基层治理的方法论基础，也是中国共产党与人民群众及其他社会治理主体共建共治共享的方法论原则。中国共产党与人民群众本身就是一体的。毛泽东同志指出，"我们共产党人好比种子，人民好比土地。我们到了一个地方，就要同那里的人民结合起来，在人民中间生根、开花"⑤。中国共产党开展各方面工作能够顺利，与人民群众的支持和帮助是分不开的。因此，要始终坚持群众路线和群众工作方法，将群众路线和群众工作方法融入党建引领基层治理的过程，从而确保基层治理的方向正确。

（二）不断增强组织力

党的建设关乎中国共产党党员自身和党组织的建设和发展，更对整个国家和民族的建设和发展起着至关重要的作用。党建引领基层治理突出体

---

① 郑建鹏：《党建引领凝聚基层社会治理合力》，《人民日报》2020 年 7 月 10 日。

② 《毛泽东思想和中国特色社会主义理论体系概论》，高等教育出版社，2021，第 321 页。

③ 《中国共产党支部工作条例（试行）》，人民出版社，2018，第 12、13 页。

④ 布成良：《党建引领基层社会治理的逻辑与路径》，《社会科学》2020 年第 6 期。

⑤ 《毛泽东选集》第 4 卷，人民出版社，1991，第 1162 页。

现在党组织的自身建设和人才队伍建设上，这本质上事关党的先进性建设，既要不断实行自我革命、自我净化和自我完善，不断提高政治判断力、政治领悟力、政治执行力，又要以自我革命推动社会革命，带领和影响其他主体积极参与基层社会治理的建设和发展。

1. 加强党的自身建设

加强党的思想建设，关键在于保持党的先进性和纯洁性。党员干部要加强自身的思想建设，加强自身的党性修养，还要加强学习。坚定"活到老，学到老"的信念，树立为社会主义建设事业奋斗终生的伟大理想。同时，在基层党建和社会治理工作中，党员干部还要顺应时代和社会发展，转变工作思路，学习新知识以适应新形势。"基层党建的工作理念要从线性思维转变到'互联网＋'思维，工作重心由自上而下变为从上到下转移、向基层下沉，工作范围由单位党建向区域党建、由地域空间向虚拟空间转变，工作方式由传统手段向信息化、智能手段转变等。"① 党员干部及基层党组织只有始终保持先进性和纯洁性，才能更好地在基层社会治理工作中发挥党建的引领作用。

加强党的作风建设。要坚持群众路线，改善干部工作作风，密切干群关系。持续推进反腐败建设，坚持"打老虎"和"拍苍蝇"一体推进。要加强党的组织建设，提升基层党组织的战斗堡垒功能。党的基层组织是党的全部工作和战斗力的重要基础。习近平总书记强调，"要把加强基层党的建设、巩固党的执政基础作为贯穿社会治理和基层建设的一条红线"②。当前，"之所以要强化基层党组织建设，是因为部分农村的党组织呈现软弱涣散、无力领导村庄治理的问题，有些党组织则陷入官僚化和形式主义的泥潭，严重损害党的社会形象和组织权威"③。同时，"由于社会自主性的成长和对发展经济的重视，党在基层的领导出现了一定程度的弱化、虚化、边缘化问题，尤其是来自乡村社会的人情关系等非制度性因素与来自市场社会的经济利益等诱致性因素的叠加，出现部分党的基层组织协调性

---

① 布成良：《党建引领基层社会治理的逻辑与路径》，《社会科学》2020 年第 6 期。
② 中共中央党史和文献研究院编《习近平新时代中国特色社会主义思想学习论丛》（第三辑），中央文献出版社，2020，第 92 页。
③ 林辉煌：《构造"核心"：村庄治理中的党组织》，《开放时代》2021 年第 4 期。

功能有余而领导能力相对不足的困境"①。不仅农村地区基层党组织如此，城镇社区基层党组织同样存在类似的问题。

加强党建阵地和载体建设。党建阵地和载体是宣传中国共产党先进的思想、展现党新时代风采风貌的重要空间和场域，对人民群众的社会生活有着潜移默化的影响。例如，各地党群服务中心能够为人民群众提供多种多样的专业化服务，同时可将党组织建设与阵地建设结合起来，不断提升党组织在基层的动员能力、组织能力和发展能力。

2. 加强党的人才队伍建设

人才是第一资源。不仅基层治理工作需要大量人才，党的建设工作也需要大量优秀人才。随着时代和科学技术的迅速发展，从事党建和基层治理工作的人员在工作过程中需要具备越来越高的素质和能力。要加强人才队伍的培训培育。一方面，需要对原来的工作人员加强培训，使其掌握新的技术，提高工作能力；另一方面，需要培养更多优秀的新生力量，使其参与到党建引领基层治理工作中来，从而建设起一支高素质的人才队伍。要不断创新人才培养方式，聚焦问题、适应对象，采取针对性的培养方式，如在大学设置党建引领基层治理的相关专业，还可与党史、社会工作和社会保障等专业相结合，培养高素质人才。要加大财政投入力度和各种资源的投入力度，建设起高素质的师资队伍，加强党建引领基层治理的课程体系建设，促进党建引领基层治理工作人才培训和培养体系的制度化和规范化。要储备、培育、选好、用好基层党组织带头人。坚持政治标准、道德水准和能力水平相统一，不拘一格选拔村党组织部书记，不断提升村（居）"两委班子"的经济发展能力和社会治理能力。

（三）不断增强凝聚力

党建引领治理，实际上就是把坚持党对一切工作的领导的方略贯彻到治理中去的一种生动鲜明的具体说法，要对治理中的各种资源进行充分挖掘、盘活和集约化使用。② 显然，在党建引领基层治理工作中，需要吸纳

---

① 岳奎：《从一元治理到党领导下的乡村自治——中国乡村治理七十年》，《国家治理》2019年第28期。

② 薛小荣：《党建引领的治理逻辑》，《前线》2020年第2期。

各种各样的资源，需要吸纳各种各样的治理主体，形成多元协同共治的良性格局。

1. 注重对经济资源的整合利用

在基层治理实践中，经济资源是基础，"经济基础决定上层建筑"。只有拥有足够强大的经济实力，才能够为党建引领基层治理工作提供有力的财力支撑。发展是第一要务，要将经济发展放在重要位置；同时，要开辟多元化的经济资源筹措渠道，通过多种方式吸纳经济资源进入党建所引领的基层治理空间。要加大对基层治理工作的财政投入力度，鼓励企业捐赠，鼓励社会个人捐赠，加强不同主体之间的资源流通和共享等。党建引领基层治理的实践，通过多样化的激励方式和举措，不仅可以充分利用现有的经济资源，还可以盘活存量经济资源。

2. 注重对社会资源的整合利用

以不断加强党的基层组织建设、巩固党的执政地位为主线，充分发挥基层党组织组织群众、宣传群众、凝聚群众、服务群众的作用，着力把党的政治优势转化为社会治理优势，把组织活力转化为社会治理活力。发挥党组织总揽全局、协调各方的引领作用，在社会主体的利益分化中提升党的整合功能，注重发挥党的组织优势。创新搭建党组织领导下的协商议事机制，把党组织的意图变成各类组织参与治理的举措，引领各类组织做好服务群众工作并在服务中凸显党组织的地位。要善于通过政府搭台、企业和社会组织唱戏、社会各界多元参与的方式，用党的资源来撬动社会资源，用体制内组织带动体制外组织，构建"人人参与、人人尽力、人人共享"的格局，形成"多元共治、多方受益"的局面。

3. 注重对技术资源的整合利用

坚持"党建＋智能化"的理念，强化基层党组织对技术资源、智慧治理、数字治理的引领能力，通过各种信息化社会交往工具，搭建便捷畅通的群众利益诉求表达和信息反馈渠道，在广大村民与党员干部之间架起点对点、心贴心的沟通桥梁。建立健全基层线上参与社会治理行为规范、网络议事协商制度等，推动信息技术更好应用于治理实践。要充分利用现代智能网络技术的数据共享机制和弹性机制，将治理主体、治理客体、治理资源、治理工具等有机联合，建立基于技术支撑的合作治理模式。

4. 注重对治理主体的整合利用

优化社会治理组织架构，完善治理的工作流程、沟通机制等，建立常态化的治理主体联动工作机制。有效激活基层治理多元主体的参与积极性和主动性，促进不同主体之间相互配合、互相合作，形成治理的协同力量。牢牢坚持以党的领导为核心，在辖区广泛吸纳驻区机关事业单位、社会组织、企业等主体单位，建立健全党群服务中心、城市基层党建联动中心等平台，发动"两新"组织①、社会组织、公民个人等多元主体有效有序共同参与，营造党组织统一领导、各类组织协同、广大群众参与的共建共治共享治理格局。

（四）不断增强执行力

中国共产党及其组织在中国各项社会事业的发展中，"除了联结和表达功能，还在国家与社会之间发挥统筹组织功能，使两者尽可能保持一致的行动目标，并在该行动目标的指导下调整各自的策略"②。因此，要不断加强党建引领基层治理的制度、法律和规则建设，不断加强党对基层治理效果的督查督办，真正实现对基层全过程、全链条的有效治理。

1. 加强立法和制度建设

要深入开展相关立法工作，以法律的形式明确党建引领基层治理工作的相关的权利和义务，并保障实施。要加强党建引领基层治理的相关制度建设，以政策制度的形式对相关问题做出规定和说明。完善基层公共法律服务体系，加强和规范村（社区）法律顾问工作，提升基层治理的法治化水平。乡镇（街道）指导村（社区）依法制定村规民约、居民公约，健全备案和履行机制，确保符合法律法规和公序良俗。

2. 不断强化监督考核

整合监督力量，优化监督体系，充分发挥各类监督在基层治理中的重要作用。严格执行公示制度，全面落实党务、政务、财务公开等制度，不断完善公开事项目录，提升公示制度的效力。贯通组织监督、巡察监督、审计监督、群众监督，推动监督关口前移、触角延伸，多管齐下抓好基层干部管理。充分利用互联网信息技术，构建党员干部权力监督平台，不断

---

① "两新"组织，是对新经济组织和新社会组织的简称。新经济组织是指私营企业、外商投资企业、港澳台商投资企业、股份合作企业、民营科技企业、个体工商户、混合所有制经济组织等各类非国有集体独资的经济组织。新社会组织是社会团体和民办非企业单位的统称。

② 林辉煌：《构造"核心"：村庄治理中的党组织》，《开放时代》2021 年第 4 期。

强化网络监督水平。按照国家考省、省考市、市考县、县考乡、乡考村的原则，细化、量化、优化考核内容和分值权重，划分结果等次。强化考核结果运用，通过"奖优罚劣"推动"优进绌退"，形成"能上能下、能进能出"的干部任用格局。

第二章
责任担当：基层治理体系中的政府

基层是国家治理的权威空间从科层式的纵向等级结构、扁平式的横向网状结构及两者纵横叠加的结构扩散时所形成的治理场域。基层政府和其他的治理行动主体，镶嵌在多层次的组织架构和治理体系中。基层政府与其他的治理行动主体长期、持续开展协作、博弈，呈现多层叠加、动态治理的混合结构，形成治理场域空间中独特的复杂化场景。本章力图在厘清政府在基层治理体系中的角色、定位和作用的基础之上，提出促进基层治理体系和能力现代化的策略。这个策略包括三个核心内容：一是推动基层政府资源力量整合运作，二是构建基层治理多方协作平台，三是以网格化推动基层治理体系与治理能力现代化。

一 政府在基层治理体系中的角色

当前学术界和政策实践部门对基层治理存在不同程度的误解，认为基层治理就是社会自治，只要社会强化内生能力，就能应对自身产生的问题与挑战。为此，应当减少政府干预，发挥社会机制在治理中的基础性作用，对应的策略就是通过体制机制改革向基层放权、赋能、增量。然而，现实中中国社会内生力量相对脆弱，以基层自治的"一己之力"难以有效应对基层治理的老问题和新挑战。因此，党的十九大报告将"党委领导、政府负责"放在构建共建共治共享社会治理格局的核心位置，强调党委对基层治理的引领作用，强调政府在基层治理中的主导地位。

基层治理场域中的政府，不仅包括基层政府，也包括在治理事务中与基层政府持续互动的上级政府。它们和其他行动者在基层治理场域中长期持续进行的沟通、协作甚至博弈，构成了政府治理在中国情境下本土化表达的外部形貌。而形成这种本土化表达和政府在基层场域的特殊形构的内在因素，与政府在基层治理中的角色变迁密切相关。因此需要从为什么、是什么、怎么做三个层次，说明基层治理体系中的政府角色。

（一）基层政府治理体系能力提升的动因

基层政府治理体系能力提升，既肇因于基层治理中政府角色的历史变迁，也根植于新时代基层治理复杂化的现实需求。

1. 基层政府治理体系能力提升，肇因于基层治理中政府角色的历史变迁

改革开放以前，中国采取的是国家全面干预基层治理的模式。在计划经济时期，国家高度垄断政治经济制度模式，在农村表现为人民公社，在城市表现为街居制和单位制。① 中国社会的组织化经历了从单位制走向公共社会的过程。在单位制时期，单位垄断了个人与公共社会的连接通道。对普通人而言，有了单位，才有了与组织对话、寻求组织帮助的通道。单位是个体和公共社会的中介，是国家"整合能力"存在的结构性基础。这一结构成功消解了社会冲突进入公共领域的动力。单位制消解之后，中国社会从单位制模式走向公共社会模式，大量社会成员离开单位、走入社会，他们失去了公共事务的代表人、回应人和协调者，寻求组织体制庇荫和帮助的通道也因此堵塞。为了解决单位制消解后的基层治理缺位问题，20世纪90年代以后，政府从制度和政策执行方面重新塑造了基层治理组织体系。当时，基层治理组织体系的在地化目标是，将政府治理主体嵌入地方社会的结构网络。其具体做法是：强化和提升政府派出机构和基层自治组织的职责与能力，将掌握更多职权的基层行政机构和地方力量嵌入本土化社会的结构网络，让游离在体制之外的原子化个体通过国家层面的正式制度渠道和地方层面的社会等组织渠道被吸纳到组织化体制中。以上的各种努力被称为"行政吸纳社会"②。

行政吸纳社会的过程分成两个阶段。首先，政府组织结构的触角进一步延伸至县（市、区）、街道层级，部分职能部门以派驻、派出机构的形式落户在基层政府，作为基层政府派出机构的街道办事处以及作为自治组织的村（居）委会的基层治理职能得到强化。其次，大量吸纳社会人员进入行政架构，大量受聘的社会人员作为基层治理的补充力量进入街道、居

---

① 王志民：《中国共产党领导新中国社会建设实践与启示》，《学习时报》2021年6月9日，第A1版。
② 康晓光、韩恒：《行政吸纳社会——当前中国大陆国家与社会关系再研究》，《中国社会科学》（英文版）2007年第2期。

委会和村委会等治理末梢，解决了基层政府的人手短缺问题，补足了单位制消解后基层公共管理的缺位。在行政吸纳社会的格局下，社区作为单位制替代单元、补充单元，弥补了单位作为公共事务代表人、利益诉求倾听者与回应人和矛盾纠纷协调者的缺位，弥补了个人和公共社会中介与桥梁的缺失。①

改革开放以来，市场化改革除了为中国带来经济上的繁荣以外，也带来贫富分化加剧、区域经济发展不平衡、城乡收入差距过大等问题。为应对这些问题，中国政府出台了一系列政策，基层逐步成为政府积极应对社会问题的"主战场"，基层治理、社区建设日益受到重视。然而，由于社会发育不足和行政科层制下政府功能分散，政府与社会在双向互动中出现了问题，在基层治理中表现为政府功能与社会结构双重碎片化的问题。一方面，社会结构碎片化使社区无力组织自我服务，基层治理职能只能依靠行政力量、行政资源和行政方式填补；另一方面，政府功能的碎片化、部门的条块分割使基层治理资源和力量无法得到有效整合，造成基层行政化与负担不断加重。② 单单依靠政府来推动治理特别是基层场域的治理，已经难以适应现实需求。

2. 基层政府治理体系能力提升，根植于新时代基层治理复杂化的现实需求

改革开放40多年铸就的中国经济飞跃式增长，得益于孜孜不倦的体制改革及其释放的活力。市场化力量对地方的渗透改变了地方与基层原有的秩序和权威，也改变了原有的利益和观念体系。政府尝试通过更为市场化的方式来提供住房、医疗等公共服务，同时通过购买服务、项目制等方式，培育社会组织，推动社会再组织化，解决政府公共服务和公共管理的缺位问题。另外，地方因素与政府治理的互动也带来了机遇。原来被国家权威所掩盖的传统价值观念、基层关系网络、宗族等地方因素以各种形式"浮出水面"，成为辅助政府治理的力量。在基层场域，政府权威与地方因素彼此相遇、交织渗透而又微妙互动，上下结合的两股力量所形成的合力将推动社会治理共同体的形成。

基层治理的"难题化"和"泛化"给基层政府带来了严峻的挑战。市

---

① 张静：《社会治理为何失效？》，《复旦政治学评论》2016年第1期。
② 尹浩：《碎片整合：社区治理的整体性治理之道》，社科文献出版社，2019，第26、27页。

场化所带来的高度流动性对地方和基层原有关系与结构进行了重新塑形（shape）。流动性催生的"高度复杂性和高度不确定性"，形成了对既有社会结构的冲击，使原来受到社会结构束缚的要素得到解放，也使社会问题的非结构化（non-structured）、结构不良化、抗解化和跨边界（cross-cutting）问题陆续出现，层出不穷，为基层治理平添许多变数。[①] 地方和基层政府在改革开放 40 多年后的今天，承担了越来越重的秩序重建和利益整合职能。基层治理事务越来越多，基层的社会问题越来越难处置，被学者以"难题化"和"泛化"来概括。[②]

基层治理的空间碎片化导致政府治理难题化。政府治理在组织体系构建、运作流程和资源力量调度模式上，没有跟上治理发展需求。随着城镇化率的不断提升，基层民众的居住空间发生了重大变化，由乡到城、由村到镇，流动性加快，居住多元性增强。原来游离于总体性社会的"脱嵌"的个体在新的居住空间或公共空间中重组或重聚，形成种类繁多、规模不一、形式多样的居住共同体。"城中村""物业小区""传统屋村""出租屋"等性质不同的居住单元混杂在一起，将城市空间切割为成分不一、治理需求不同的"碎片"。租客、房东、二房东，本地人、外乡人、务工者，身份、阶层、诉求、利益相异的群体排列组合，形成城市治理的复杂图景，总体性社会在其深层结构层面逐步切割、演化为碎片化的社会。碎片化的空间特征带来了治理难题化，政府无法掌握基层发展动向，无法以较为统一的组织化体系应对基层多样化的治理需求。在农村，"候鸟式"往返城乡的就业形式使农民常住空间与户籍空间之间产生"断裂"。这种"断裂"使农民融入城市变得困难，基层治理难以有效开展，同时夹杂着农村空心化、老龄化等治理难题。

基层组织体系不适应性增强。基层政府位于行政体制的末梢，同时处于国家与社会的节点，面对的是人们日常生活的各类小事。这种独特性使基层治理的目标、路径和方法与国家治理有着本质区别。基层社会由种类繁多、不太引人关注、鸡毛蒜皮的"小事"组成。自上而下的科层制组织体系和运行机制，均是围绕"办大事"而设立的，而非为"小事"而设。

①　门洪华主编《多层次治理理论与实践》，上海人民出版社，2019，第 30 页。

②　葛天任：《中国基层社区治理的实践探索与理论思考》，载门洪华主编《多层次理论与实践》，上海人民出版社，2019，第 106 页。

科层制组织具有固有的惰性及过于功能化、职业化、专门化的特点，难以应付基层日常中杂乱无章的"小事"。这种组织体系的不适应性在利益结构多元化、治理空间碎片化、跨域治理常态化情境中越发显著。

（二）基层治理体系中的政府角色

基层治理中政府角色是什么？与基层治理中政府角色相关的理论概念是政府治理。政府治理（government governance）一词是中国学者 20 世纪 90 年代末引入治理（governance）概念后频繁使用的概念，在中国语境下有特定的含义。简而言之，政府治理是指政府对社会公共事务的治理，是以政府行政系统为治理主体对社会公共事务的治理。

政府治理有广狭两义。广义的政府治理依照治理主体的不同分为三种：第一种是纯粹由政府担当的管理模式，政府作为唯一主体，实行封闭和单向度的管理模式；第二种是政府和社会行动者共同作为治理主体，协作联动完成的治理，该模式具有半封闭和单向度的特性；第三种由开放的公共管理与公众参与这两种基本元素结合而成，其特征是开放性和双向度。[①] 狭义的政府治理仅指第三种模式，是指政府由管制走向善治过程中的政府治理。

如何诠释中国语境下基层治理中的政府角色？在中国的语境下，政府治理不仅包括在中国共产党领导下以政府为治理主体的行政管理、政府与社会行动者共同参与的公共治理，还包括在党和政府引导下的基层自治。政府治理根植于中国国情，在中国共产党人治国理政的话语和理论意义层面，政府治理指的是在中国共产党的领导下，国家行政体制和治权体系遵循人民民主专政的国体规定性，基于党和人民利益的一致性，维护社会秩序和安全、供给多种制度规则和基本公共服务，实现和发展公共利益的治理过程。[②] 它包含治理理念、治理结构、治理过程所构成的三位一体的框架和网络；就其治理对象而言，它包含政府对自身、对市场及对社会实施的政府公共管理活动；就其治理内容而言，它包含政府内部治理、政府对经济活动和市场活动的治理、政府对社会事务的治理。由政府治理的理论

---

① 王浦劬：《国家治理、政府治理和社会治理的含义及其相互关系》，《国家行政学院学报》2014 年第 3 期。

② 王浦劬：《国家治理、政府治理和社会治理的基本含义及其相互关系辨析》，《社会学评论》2014 年第 3 期。

阐述可知，政府对社会公共事务的治理，是政府治理的重要内容，而维护和保障公民权利，完善社会福利，改善社会民生，化解社会矛盾，促进社会公平正义，推动社会有序和谐发展，是政府治理中基层治理职能的集中体现。

基层治理中的政府大致有三种治理角色或三个方面的治理内容。从中国治理的实践来看，基层治理过程呈现三种基本状态，即政府对基层社会的治理、政府主导下的多方合作共治、政府引导下的社区自治。政府在基层治理中的角色和定位，与三种不同形式的治理过程有着密切的关系。

一是政府对基层社会的治理。这是政府在基层治理行动中的主体形式和主要内容。党的十八届三中全会《关于全面深化改革若干重大问题的决定》论及的社会治理创新，无论是改进社会治理方式、激发社会组织活力，还是创新有效预防和化解社会矛盾的体制、健全公共安全体系，都是政府在基层治理工作中的重要内容。政府与多个治理主体间的合作共治以及政府引导下的社区自治，在广义上也是与政府治理密切相关的内容。

二是政府主导下的多方合作共治。政府治理是在一元主导下，多方参与、民主协商、各司其职的共同治理。① 在这个层面上，基层治理活动涉及的社会关系和社会联系，既包括政府行政机关与行政相对人之间的关系，也涵盖社会组织、公民等治理主体和准主体之间的关系，其内容涉及社会公共服务、社会安全秩序、社会福利保障、社会组织和社区管理等。

三是政府引导下的社区自治。从本质上来讲，政府引导下的社区自治是基层社会的公民作为基层治理的运行主体，在政府引导下实施自治活动的过程。其治理活动涉及的社会关系，主要体现在公民之间的政治、经济、社会、法律、文化联系上。而党和政府对基层自治的引领和引导作用，也使基层政府和辖区居民之间产生社会关联，其中包括社会关系调节、矛盾纠纷调解、社区事务参与等。

（三）促进政府基层治理体系与治理能力现代化的路径策略

随着经济社会的飞速发展，公共服务和民生事业在中国整个国民经济和社会发展中的地位与作用越来越突出。这反映了党对新发展阶段社会发

---

① 刘志昌：《打造共建共治共享的社会治理格局》，中国社会科学网，2019 年 11 月 27 日，https://baijiahao.baidu.com/s? id = 1651320133367866895&wfr = spider&for = pc。

展特点和规律有更加深刻的认识。以往的公共服务和社会管理，主要解决社会问题，化解社会矛盾，保持社会稳定有序。新发展阶段的社会主要矛盾转变为人民日益增长的美好生活需要和不平衡不充分的发展之间的矛盾。这类矛盾问题不能单靠经济建设、提供公共服务解决，而是要在两者基础上，营造社会关系和谐、利益格局合理、社会交往畅通、人们心情愉快的社会氛围，实现高质量发展所要求的社会建设，或者说更高层次上的社会治理。① 这些问题的解决需要在基层治理改革创新和社区建设中完成。

　　新中国成立后"发动和依靠群众，就地化解矛盾，坚持矛盾不上交"的"枫桥经验"形成并在全国推广②，以数字技术融入为特征的"新枫桥经验"又将基层治理推向新发展阶段。基层治理存在三个面向的转型：从过去科层制的垂直管理向多元主体参与的扁平化治理发展，从人的治理走向技术参与治理，从"九龙治水"的部门碎片化治理到多层次、多部门、跨领域的整体化治理。这反映了党的治理思想不断深化，实践不断深入，政策不断成熟。旧时的"枫桥经验"，谈到"小事不出村、大事不出乡镇"，讲的还是科层制治理的问题，背后体现的是行政层级治理，反映的是社会结构、行政结构的层级化。现在依靠互联网平台、采用网格化方式推动基层治理，背后体现的是群众路线作为党的根本路线、基层社区作为空间治理的核心阵地、平台网格化作为基层治理能力提升的主要手段。③新时代基层治理就是以构建扁平化的网络治理体系、整体性的治理思维、无缝隙的治理目标为指引，扎根社区，发挥群众的首创精神，便利化、智慧化、数字化的源头治理。

　　1. 提升政府对资源力量的整合运作能力，加强政府内部治理

　　在社会流动性增强、治理复杂性提升的背景下，大量的基层治理事件具有跨部门、跨领域、多主体参与的特性。这些事件的快速解决，需要多主体迅速调集力量、跨界协商共议和协同作战。跨部门调动资源力量、横向联动各类行动主体、协调处置问题成为基层治理的"新常态"。因此，

---

①　丁元竹：《构建中国特色基层社会治理新格局：实践、理论和政策逻辑》，《行政管理改革》2021 年第 11 期。

②　蔡长春、王春：《发动群众预防和化解矛盾维护社会治安稳定"枫桥经验"穿越时空历久弥新》，《法制日报》，2021 年 6 月 26 日，第 4 版。

③　丁元竹：《构建中国特色基层社会治理新格局：实践、理论和政策逻辑》，《行政管理改革》2021 年第 11 期。

政府在基层场域中治理整体性和协调性的提升是资源力量整合的重要方面。若将"基层"看作以政府为主导的多元力量发生互动博弈的"载体"和"容器",那么除了市场和社会主体,参与互动的组织和机构还包括来自政府内部不同层次、领域和部门的主体。因此,协同治理能力的提升包括纵横两个方向,纵向是指不同层级的政府主体之间协同共治能力的提升,横向包括跨领域(不同职能)、跨类别(机关、事业单位和人民团体等)的机构主体之间协作联动能力的提升。如何强化政府在基层治理中的作用,如何提升政府在基层治理各个环节中独自治理和联合多方力量共同治理的能力,如何从组织结构、机制模式等治理体制方面确保协同联动效率和质量,是政府在基层治理中需要关切的重要问题。其中,基层政府内部的赋能提升是关键。基层政府内部治理能力提升包括两个面向。一是基层政府内部管理的效率提升,即基层政府履行自身职能的能力提升,包括资源提取能力、政策规划能力、行为规制能力、服务提供能力等的提升。二是基层政府对社会治理的有效性提升,包括有效运用治理思维、执行政府治理制度和运用治理工具,协同上级政府、社会市场多元主体共同治理的能力提升。

2. 构建多元共治协作平台,推动治理流程优化再造

当前,基层治理仍存在资源碎片化、力量分散化,甚至是日常性治理缺失等问题。传统科层制上传下达的信息沟通系统已备受诟病,层层传递导致的信息失真、延误以及由此造成的决策、执行等活动的官僚主义已成为群众诟病基层治理的主要方面。事实上,现代信息技术对科层制信息传递模式的改造和优化,一度使行政体系扁平化和科层制效率得到提升。但随着大数据等网络技术工具的推陈出新,特别是自媒体出现后,群众对治理响应的及时性、事件处置的有效性、舆情回应的及时性的需求越来越高。一方面,新媒体的开放性和隐匿性创造出新的信息传播方式,使基层权力运行留下技术痕迹,信息自由流通为权力双向监督提供了可能。另一方面,网络舆情对社会矛盾的放大效应,使基层治理的复杂度大幅提升,基层事务处置的时效性要求近乎苛刻,必须依赖高效、灵活的治理体系和制度,而智慧化的基层治理平台作为多元共治协作机制和制度的集大成者,是新时期基层治理机制制度建设的必备项和必需品。

3. 以基层治理网格化,推动治理的精细化、规范化、高效化

党的十八届三中全会提出的国家治理体系与治理能力现代化的改革命

题，第一次从全国政治高度明确了未来国家治理建设的任务，而网格化正是将国家治理体系与治理能力现代化的改革命题落实到基层治理场域的重要抓手。首先，网格化推动政府在基层治理中的流程再造。基层治理网格化打破了部门的职能边界，突破了层级节制的组织结构，通过对空间网格的无缝隙划分，将网格内部基层治理事项精细化界定至行使职能的部门、部门内部科室甚至具体到人，由此大幅度推动了治理精细化、治理流程规范化、治理能力高效化。其次，网格化治理强化以服务为导向的治理理念。网格化治理通过进一步吸纳治理理念，强化服务为导向的治理理念，将多方合作共治、权力多维度阳光运行等理念嵌入网格化的结构体系，深度契合党的十八届三中全会提出的治理现代化理念。[①] 最后，网格化是整合基层资源和力量的有效手段。网格化通过迅捷灵动地整合共享基层治理资源，实现对多领域基层事务的有效治理与公共服务的有效供给。

下面将系统论述资源力量整合、协作平台建设和网格化治理的三个路径策略，着重在为什么、是什么、怎么做三个维度阐释三大策略，在对内在动因、理论阐释和现实基础研判中提出思路对策。

二 推动基层政府的资源力量整合运作

完善政府内部治理、提升政府对资源力量整合的运作能力，是政府治理的首要任务，也是基层治理的关键。提升政府治理能力，指的是优化提升组织结构、改进运行方式和流程、强化治理主体的能力，从而使治理模式、治理结构、治理手段、治理机制和治理工具等实现全面的现代化。

（一）资源力量整合的内在动因

由国情和历史发展进程所决定，基层治理呈现明显的碎片化特征。促进资源力量的整合运作是缝合碎片化治理、提升治理整体性的内在需求。在中国经济社会发展的具体情境下，碎片化治理主要表现为部门分割、条块分割和地方分割。

1. 基层治理的部门分割导致"政出多门、九龙治水"

基层治理的部门分割指按单一职能进行专业化部门划分的科层制组织

---

① 徐敏宁、陈安国、刘东杰：《地方治理制度创新：从网格化管理到治理现代化》，《行政管理改革》2014 年第 11 期。

体系在不同层级、不同程度同类异质部门分割的现象。政府机构遵循行政职权的法定原则，在各自职权范围内活动，越权无效；在纷繁芜杂的治理情境下，若机械地按照其法定职权范围运作，结果必然是各自为政、难有建树。这种基层治理力量资源的部门分割状况随着"条条"一直延伸到基层，给基层带来诸多困扰。例如，同样是治理，不同部门的提法各不相同，在实际操作层面也各有侧重。民政部门的提法是社区治理，政法部门常用的是社会治理，组织部门则强调党建引领的基层治理。无论是社区治理、社会治理，还是基层治理，均与"治理"有关。在省域、市域等较为宏观的层次，其概念边界较为清晰，理解区分较为容易；但落到基层，在同一个治理场域中运用时，如何理解区分、如何融合落地成为基层治理的棘手问题。此外，经费使用上的部门分割也给基层政府带来问题。例如，囿于部门预算对财政绩效的要求，民政的经费只能用于民政对象，但基层治理面对的人群是多样化的，提供服务的对象也不仅限于民政对象。部门分割带来了服务对象窄化、服务的排他性等问题，这与整体性治理的理念相冲突。

2. 权力体系的条块分割带来治理缺位

基层治理的权力体系由专业主管部门的垂直业务指导和行政区划内的属地归口管理两部分构成。条状的垂直业务指导和块状的属地归口管理交织形成的权力分割，及其造成的治理体系碎片化的结果，令位处权力金字塔底端的基层政府倍感压力。基层政府是政府治理迈向善治最为重要的一环。基层政府是政党与民众、国家与社会连接的节点，是政令传导、落地、见效的关键一环。作为落实上级工作任务的在地宣传者、贯彻者和执行者，即使是行使专业性较强的职能、执法权，在落实工作任务的过程中，也需要职能部门、属地政府和基层治理主体的协同配合。职能设置、职责分工、任务分解、人在组织机构中的行为态度等多种因素的共同作用，将不可避免地导致"看不看得见"和"管不管得了"的现实偏差。

3. 属地保护主义造成的地方分割导致治理失灵

在城镇社区，面临"行政化困境"的居委会并非基层治理的唯一主体，它与街道派驻机构、社区社会组织等治理主体处于同一治理场域之中，但它们各自"心有所属"。居委会由民政部门和街道共同管辖，街道派驻机构听命于上级职能部门，共青团、妇联、残联等群团组织有严密的垂直管理机制，社区社会组织对项目购买方负责。由于缺乏基层治理的统领力量、缺少资源整合平台和沟通协作机制，各主体各自为政、多头服务，项目之间交叉重复，甚至"相互打架"的情况时有发生。在乡镇社区，自上而下的行政触角延伸至基层，使农村基层自治行政色彩渐浓。在某些地方，新型农村社区与原本扎根于乡土社会的宗族、经济社、民兵等组织之间张力十足。

（二）资源力量整合运用的内涵与概念源流

针对治理体系的分割和碎片化，中国已经进行几轮大部制改革。新一轮党和国家机构改革向市县级及以下的行政单位延伸。重构政府组织体制、提升政府事务综合管理和协调能力，是应对治理碎片化问题的重要手段。但改革是有周期、底线和成本的，应该思考的是，在机构改革之外，是否还可能存在资源力量的整合运作机制？应对基层碎片化治理和选择性治理，是否有其他路径和选项？

事实上，碎片化并不是中国特有的治理难题。20 世纪 70 年代，西方发达国家为应对新公共管理运动在强调分权、竞争、激励的同时所加剧的治理过程碎片化，开始尝试以整体性治理（holistic governance）理论引领政府治理改革。整体性治理理论的要义体现在三个方面：一是在相同或不同层级治理主体间的横连纵合，二是治理功能内部的协调整合，三是公共部门与非公共部门的内外整合。从整合的工具和手段来看，技术整合成为其中的主流思想。所谓的技术整合，指的是依靠现代信息通信、传感器、大数据等技术手段，通过虚拟化的网络平台，对分散在各处的资源力量进行虚拟化的整合。不同于大部制改革，技术整合并不触动组织体系方面的制度性改革，只是在保持现有治理主体、层级和组织模式不变的基础之上，对现有的治理流程和机制进行重构，因此成为整体性治理改造的重要手段和工具。利用技术手段对基层治理流程进行改造的创新案例像雨后春笋一般兴起，基层治理"技术至上"或工具理性主义抬头。学界和实践部门中的许多人认为，基层治理创新仅仅或主要依靠技术手段即可，运用技术手段即可精准地发现问题、诊断问题和预测风险。的确，在短期内，技术能够提高政府的治理能力，给民众带来极大的便利。然而，基层治理在本质上是在做人的工作，仅仅依赖技术带来的短期能力提升是不够的，还需要依赖全域全要素综合治理能力的持续提升——治理主体的动员参与、技术资源力量的配合、体制机制改革和治理流程的再造均是其中重要方面。

资源力量需要在哪个平台聚集、在哪个层级进行统筹安排，涉及资源力量下沉的层级问题，也涉及统领资源力量调配运用的评价主体问题，这些均为基层资源力量整合运用的关键所在。

（三）资源力量整合运用的思路策略

基层资源力量如何整合，必须优先解决以下几个基本问题。目前基层有哪些资源和力量？哪些资源和力量可以整合、需要整合？推动资源力量整合的主体应该是谁？这些就是基层治理资源力量整合对象、范围和主体的问题。这三个问题不解决，就难以在持续推动整体性治理中有所作为、有所突破、有所创新。下面对这三个问题分别进行讨论。

一是整合对象。关于整合对象的层次，即在哪个层次上进行资源力量整合，现实中的基层治理创新实践给出了答案。全国各地在区县、街道、社区三个层次均有成功案例，深圳宝安区福城街道和海裕社区、珠海高新区、上海徐汇田林的案例尤为成功。关于整合对象的类别，基础治理资源力量包括以下六类："上级政府下沉""职能部门派驻""基层政府自有""属地社会资源力量""驻地共建企业单位""编制外专业资源力量"。其中，"属地社会资源力量"包括各类非政府组织如群团组织、社会组织、社区组织、互助性组织、社区基金会等，也包括志愿者、义工、义警等。整合对象应该与基层治理需求充分结合，根据不同的治理情境进行选择。

二是整合范围。各地在"整合范围"和"整合对象"方面不尽相同，与治理域内的"主要矛盾"和"治理目标"高度相关，其类型主要包括：城市小区、老旧屋区、管理空白片区（城中村）、功能区（高新区、工业园区）等。城市小区的主要矛盾是物业纠纷、邻里矛盾，因此整合目标对象是业委会、物业公司等；老旧屋区的治安保洁、老旧设施改造（社区微改造）是重点，目标是城管、城建、公安等职能部门的下沉资源力量以及居民议事会等社会力量；管理空白片区如深圳宝安区福城街道的目标是解决防火防盗等公共安全问题，着重整合的目标是公安、群防群治的力量；功能区有一定的特殊性，如珠海高新区以驻区单位为主要整合对象，该区技术力量比较雄厚，比较适宜通过技术治理路径对区内资源力量进行整合。整合范围要充分考虑域内基层治理的主要矛盾和治理目标，针对不同的矛盾和目标，对经济基础、技术手段和政策目标进行理性选择。

三是整合主体。在基层治理资源力量整合方面有所建树的职能部门，即组织部门、民政部门和政法委。它们会从对"治理"概念内涵的不同理解出发，根据不同法定职责对基层治理资源力量进行整合：组织部门以"党建引领下的基层治理"为重点，通过党建引领完善基层治理的组织体系；民政部门以"社区治理"为"自留地"，根据中央与地方加强和完善城乡社区治理的相关文件开展社区治理，在社区治理中起主导作用；政法委则依托基层综治中心整合治理资源，是治理资源力量整合的统筹部门和法定主体。根据 2019 年 1 月发布的《中国共产党政法工作条例》中第四章的规定，省、市、县、乡镇（街道）社会治安综合治理中心是整合社会治理资源、创新社会治理方式的重要工作平台，各级党委、政府的治理力量整合应该以各级政法委为主体进行。[①]

推动基层治理体系整体化治理，实现从条块分散治理向条块联动治理的变革，正在成为基层治理创新的重要方向。在解决整合对象、整合范围和整合主体的思路问题之后，以现实案例为基础，策略措施着重在以下几个方面着力。

1. 把基层街道村居作为资源力量整合的主战场

上海通过"加减乘除"法四项动作，着力推动基层大改革，打造部门协同发力、上下联动融合的基层治理整合运作模式。所谓"加"就是赋权增能，推动资源、服务和管理下沉，使离人民群众最近、熟知基层事务、灵敏感知基层动向、响应处置快速的基层部门"有职有权有物"。[②]"减"就是减负减压，取消招商引资，使街道回归管理服务本位。所有街道取消招商引资职能及考核奖励，原招商人员、招商资源剥离，将主要力量投入社会治理和民生服务。同时严把村居协助行政事务的关口，减少村居行政相关的协助事项，尽最大努力减重复劳动、减不必要的形式、减隐性负担。"乘"就是科技赋能，利用社区云、大数据平台和手机小程序等，进一步整合资源和治理要素，提升基层事务处置的效率，提升社区服务需求的精准匹配度。"除"就是革除弊端，包括两方面的内容：一是基层治理

---

① 《中共中央印发〈中国共产党政法工作条例〉》，求是网，2019 年 1 月 18 日，http://www. qstheory. cn/yaowen/2019 - 01/18/c_1124012027. htm。

② 张俊：《上海进一步提升社区治理规范化精细化做好"加减乘除"法》，中华人民共和国民政部网站，2020 年 6 月 19 日，https://www. mca. gov. cn/article/xw/mtbd/202006/20200600028329. shtml。

结构调整，将社区的管理机构按照基层治理工作实际设置岗位，不简单对应上级条线部门，由原来"向上对口"转变为更加注重"向下对应"①；二是推进执法体制改革，推动与基层管理事项和场域密切相关的城管执法、房管、绿化市容等力量下沉至街镇，赋予街镇对这些力量的管理权、指挥权、考核权，使更多的管理力量在街镇得到统筹调度。按照"有职有权有物"的基本要求，大力推动执法管理的重心下移、力量下沉、权力下放。通过人事考核权和征得同意权、规划参与权、区域内重大决策和重大项目建议权以及综合管理权在基层街道落地，促使街道党工委统筹资源能力明显增强。

2. 利用综合网格推动资源力量在治理网格中的整合利用

网格将治理资源力量按照地理空间位置投放在网格中，从而形成资源与位置的一一对应关系，是促进基层治理资源力量整合的重要工具。然而，囿于部门分割，在治理的实际情境中，每个部门都按自身职能和治理事项需要设定网格，每个部门网格边界不重合、大小不一致、标准各不相同。虽然都叫网格，但事实上其空间范围、边界划定、任务内容差距甚大，无法形成对资源力量的统合，更不用说调度和运用了。因此，解决七网八网、各自为政的问题，是统筹基层治理资源力量的首要方面。具体策略如下。一是重划边界、合并规整、分级分类，即将网格分为基础网格、专业网格两种类型。基础网格即按照基层治理空间场域划分的最小治理单元，对应村居网格员的基层管理事项；专业网格的边界与基础网格重合，由若干基础网格叠加而成，对应职能部门的专业化治理事项。二是科学管理网格，将网格处置的事项列成任务清单，以事项带动资源力量入格，使人力、地域、物资和事项在网格中汇聚。三是形成多网合一的全科网格。一网整合各类社会治理数据和公共服务资源，实现全域治理一张图指挥、调度、决策、分析。

3. 把智慧化的治理平台作为资源力量整合的技术承载

将分散式的各类平台重组成为互联互通的综合性治理平台，将分散的区域要素集合转化为全域综合治理资源库。例如，浙江省通过建立基层社会管理综合信息系统，重构基层管理架构，重组基层治理流程，将平台融

---

① 上海市委政法委：《创新理念 完善机制 积极推进市域社会治理现代化》，《人民法院报》2018年11月14日，第2版。

合、数据汇合、力量融合、流程整合四个方面作为资源整合的四个抓手。再如，杭州市建成"全域治理综合信息系统"，其中包括"城市大脑·社会治理系统""应急指挥集成系统""协同指挥系统""公众服务系统"等，建成集成管理平台、社会治理数据智能库，推进社会治理智能应用，最终实现融合共享。利用智慧化的系统对各层级的治理资源和要素实现虚拟化的整合利用，如图 2-1 所示。基层治理资源力量整合在县（市、区）、镇街、村社、网格四个层次同时展开。网格一级通过全科网格"1（专职）+1（专业）+N"网格员模式，即一个专职网格、一个专业网格、配备N个基础网格的形式汇聚人、财、物、事等治理的相关要素，实现治理资源在全科网格汇集。村社一级主要将自治资源和组织力量汇聚在一起，如乡贤、志愿者、义工等力量和资源。镇街一级是基层治理的运行主体，体制内外的资源力量将在该层级汇聚，该层级的整合任务为统筹协调调度各个部门下沉的执法力量和资源要素。县（市、区）层级展现"城市大脑"的指挥协调功能，是信息采集汇聚、调度指令下达的"中枢神经"。

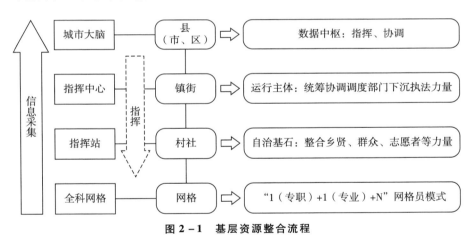

图 2-1 基层资源整合流程

三 构建基层治理多方协作平台

基层治理事件在本质上具有多环节、多任务和多维度的特征，需要以跨尺度的视角来进行分析。基层政府面对的治理问题，既包含非结构的社会问题，也有结构不良的社会问题，无法通过现有的制度框架和政策机制依程序解决，具有典型的跨尺度、多线程和复杂化特性，需要在垂直和平行两个方向上得到同级别不同职能、不同级别相同职能治理主体的共同参与，这使整个体系具有混合（hybrid）治理的特征。[1] 因此，必须构建一个多方协作的平台，让基层治理的人、财、事、物在一个平台上运作，形成一体化的合力。

（一）基层治理平台构建的动因

1. 建设统一的指挥决策平台，实现党对基层治理的统一领导

一方面，依靠治理平台在真正意义上实现党对基层治理的统一领导。建设统一的指挥决策平台，使党的领导深入基层的"毛细血管"，使基层党组织获得对基层"人、事、物"的管理权、指挥权和决策权，使党组织成为对各级平台资源力量整合调配、指挥协作的"主脑"和核心主体，使党组织成为统领基层治理的"智慧之脑"。另一方面，依靠治理平台实现党建引领社区建设。依靠基层治理合作共治平台，将基层党建与基层治理密切结合起来。运用平台聚拢吸纳"人气"，将基层治理相关的利益主体和行动者聚拢在党的周围，使平台成为党建统领多元治理力量的媒介和手段，形成整合汇聚资源力量的机制和动员发动群众的"利器"。

2. 构建多方合作共治的平台，以整合基层场域的碎片化治理

现代社会的合作共治，涉及多个社会行动主体、多项社会公共事务、多种治理机制，需要政府跨部门协调联动、多领域资源力量参与。合作共治的有效开展，需要从多元协作共治平台构建着手。首先，共治平台推动多元主体在基层治理中互动合作。借助平台的力量，在多元主体间建立沟通联络、协同联动的机制，通过提高治理事件的统筹层级，提升解决问题的效率和能力。其次，共治平台通过汇聚资源力量，重塑基层治理运作模式。只要平台建设起来，信息流、人才流、数据流等资源力量就能在平台中汇聚、整合、调拨、使用，基层缺人缺物的状况就能得到改善，基层治理的运作模式就能得到根本性的转变，就能进一步提升基层政府组织结构的扁平化、网络化和智慧化水平，提升治理现代化水平。最后，共治平台构建推动基层治理的流程再造。借助虚拟化平台建设，重新理顺治理事件

---

[1]　Carina Wyborn, R. Patrick Bixler, "Collaboration and Nested Environmental Governance: Scale Dependency, Scale Framing, and Cross-scale Interactions in Collaborative Conservation," *Journal of Environmental Management* 123 (2013): 58 – 67.

处置的标准化流程，形成事前分析预警、事中介入处置、事后评估反馈的闭环，实现治理流程的优化再造。

3. 建设智慧化大数据平台，打通数据壁垒和信息孤岛

新时代的基层治理建立在现代化信息技术基础上，要实现部门之间的协调联动，基础治理信息数据融通共享是首要条件。要打破政府内部、政企之间的数据壁垒和信息孤岛，实现"一网铺开、多网融合、互联互通"。基础设施建设固然重要，因为要打造智慧化大数据网络，需要"天上有云、地上有网"，但除此以外，关键是将各个部门的数据"接入云端、连入网络"，打通政府部门之间的数据壁垒和信息孤岛，以互联网、人工智能为新动能，以数字化路径推动整体性政府构建，以整体性治理和网络治理理念重塑政府传统治理范式，实现基层治理现代化。

（二）基层治理平台建设的思路策略

基层治理平台怎么建，牵涉的理论问题和策略路径包括以下几个方面。一是基层治理平台由谁来建，即基层治理平台建设的主体问题。而与这个问题密切关联的是第二个问题——基层治理平台应当建在科层制网络的哪个层次，即在跨尺度治理框架中基层治理平台所在的层次问题。三是运营模式，即不同层次间的沟通协作模式和运作机制问题，包括横向和纵向的指令传导机制、信息上报机制和横向联动机制三个方面。

1. 跨尺度治理视角下的基层治理平台建设策略

学术上所谓的尺度（scale）指的是衡量和研究特定现象的空间、时间、数量或者分析维度。而跨尺度分析理论强调，治理事务若具有多层次、多维度的特征，那么，对其治理机制的考察则不能停留在单一尺度，需要从跨尺度的视角对该事务进行治理分析。[①] 像垃圾分类这样单一的治理事件，涉及收集、集中、转运和处理等多个环节，其本质是一个多环节、多任务和多维度的复杂系统[②]，其他的治理事件也是如此。在公共政策研究中，尺度是根据分析需求而构建的，往往与行政管辖范围相对应。基层治理涉及的是社会治理在基层场域之中发生发展的事件，政府在其中

---

① 曾云敏、赵细康、王丽娟：《跨尺度治理中的政府责任和公众参与：以广东农村垃圾处理为案例》，《学术研究》2019 年第 1 期。

② 赵细康、曾云敏、吴大磊：《多层次治理中的向下分权与向外分权：基于农村垃圾治理的观察》，《中国地质大学学报》2018 年第 5 期。

的角色、任务和行动逻辑不仅取决于基层政府，也取决于上级政府。跨尺度治理分析的核心逻辑是，每个尺度、层级上的治理需对应行动主体角色、行动边界等的不同，在不同尺度上，同时考量行动者结构、政策工具选择和操作工具。一般地，在较高层级和较大尺度上，治理事务具有"规模经济"特征，治理重点在于解决一般性或普遍性问题，对制度、规则和权威性要求较高，更适合于较高层次政府主导；贴近基层、较小尺度的事务则需主要考虑情境特定因素，由基层政府处置会比较合适。在有些情况下，政府扮演着重要的角色，需要以政府为主导（无论是基层政府还是较高层次政府）；而在另外一些情况下，社会公众的作用更大。在基层场域发生的常常是鸡毛蒜皮的小事，以非结构性的事件为主，是适合基层政府和社会公众主导的小尺度事务，而镇街－社区作为解决问题的关键结点，成为信息流、指令流、资源力量汇聚的焦点所在，是搭建平台的最佳处。

2. 搭建智慧管控微中心，解决多层次治理资源力量调度难题

深圳市宝安区新安街道海裕社区通过在社区层次搭建智慧管控微中心，构建了基层治理横连纵合的治理体系。通过构建"一办两平台"组织体系，即社区综合办公室、党群服务平台与综合治理平台，海裕社区重新梳理社区原有机构、职能和权责，重组社区党委、行政专干力量和街道下沉力量，统筹党群共建、政务服务、民生服务、安全生产、城管市容、治安维稳等工作。同时，依托社区智慧管控微中心，海裕社区构建纵向合力机制，统筹街道城管、安监、执法、网格 4 部门的 38 名下沉人员与 35 名社区工作人员，共同负责辖区 28 个网格 14 类 165 项事件的巡查、整治；与市场监管、环境水务、交警、交管等区直属部门驻街站所捆绑建立联动机制，开展联合执法，如图 2－2 所示。社区综治中心融合了街道网格中心的下沉力量与街道城管、安监和综合执法力量，智慧管控微中心处于核心地位，负责受理、登记、分拨、建档社区微事项，平行"派单"给社区综治中心的巡查组和整治组；向上与交警、交管、环境水务和市场监管部门联合执法、协调整治；遇到社区层面无法处置的事件，智慧管控微中心负责将信息报送至街道智慧管控分中心和区智慧管控中心，形成纵横交错、多层治理的基层治理格局。

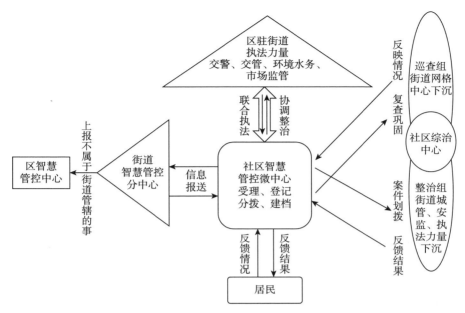

图 2-2　深圳市宝安区新安街道海裕社区纵向合力机制

资料来源：深圳市宝安区新安街道海裕社区委员会。

3. 建设以街镇–社区为中心的"横连纵合"的平台体系

深圳市宝安区新安街道借助治理平台，实现了党建统领社区协商共治的局面。新安街道将社区党委当作中坚力量，调整至社区治理第一线，使街道所属的社区直属党支部涵盖所有居民小区、商业园区、社会组织和驻社区单位，让党的力量深入基层治理单元。同时，在街道一级设立社区协商共治联合会，按照住宅小区、商业园区、社团组织、驻社区单位 4 大板块，分别开展邻里互助、行业自律、专业服务、协商共治等治理行动。设立非公募吸取社区基金支持基层社区建设，解决社区协商共治的资金问题。深圳市龙华区福城街道双核两翼治理平台推动了空白片区的整治工作。福城街道位于深圳市龙华区西北部，地处深莞交界处，是治安消防形势严峻、管理空白片区林立之地。应治安消防治理的需求，街道党工委出台《福城街道管理空白片区协同共治工作方案》，通过重组社区组织架构、全面下沉人员力量资源等方式建立协同共治平台。街道安排 5 名干部脱产担任社区党委第一书记，社区警长兼任社区党委副书记，选派"三员"（党建指导员、治理指导员、文体指导员）助阵，并从街道安监、网格、市政等部门中安排 1029 名非编人员到社区，归社区党委统一调配。同时驱动"街道+派出所"双核心和"社区+警区"两翼，联合辖区各单位自建保安队、社工、义工、义警、楼栋长、志愿者等社会力量，推动空白片区的联防联治。

四 以网格化推动基层治理体系与治理能力现代化

自党的十八届三中全会明确将网格化管理、社会服务上升到国家战略以来，网格化作为一种以信息化为基础的高效管理方式不断被应用于党建、公共服务与管理、服务队伍建设等各个领域，服务方式不断优化，服务内容不断拓展。从基层党建来看，中共中央办公厅印发的《关于加强基层服务型党组织建设的意见》明确提出，"推行区域化党建，可以由街道、社区党组织与辖区内单位党组织共同组建区域性党组织，也可以依托居民区、商务区、开发区等组建区域性党组织，合理划分服务网格，组建网格服务团队，做到有群众的地方就有党组织提供服务"①。从综合信息管理服务平台建设来看，《国家新型城镇化规划（2014—2020年)》、《关于加快构建现代公共文化服务体系的意见》、《关于加强和完善城乡社区治理的意见》、党的十九大报告等政策文件都明确提出在治安、城建、工商、文化、环保、社会服务等领域实施网格化管理的要求。

（一）基层治理网格化的动因所在

1. 网格化是实现党委领导多方合作治理的现实路径

党委领导、政府负责、社会协同、公众参与的制度建设是中国特色社会主义治理的现实要求。② 要想在现实场域实现党对基层治理的领导，除了依靠治理平台聚拢汇聚多元行动主体、建立统一指挥决策体系之外，还需要借助网格化的手段和方式，推动并确保党的领导贯彻到基层治理的全过程。首先是党的领导和基层治理深度融合，在网格化治理的指导思想、制度供给、组织设计、政治方向等方面突出党委总揽全局、协调各方的宏观功能。其次是党的建设与网格治理的深度融合，在基层治理工作中，利

---

① 《中办印发〈关于加强基层服务型党组织建设的意见〉》，人民网，2014年5月29日，http://politics.people.com.cn/n/2014/0529/c1001-25078054-2.html。

② 张景先：《合力打造社会治理新格局》，人民论坛网，2018年12月19日，http://www.rmlt.com.cn/2018/1219/535560.shtml。

用党建入格，进一步整合基层的党建资源，激发基层治理的"红色动能"。最后是党的领导与社区服务的深度融合，即将社区党组织设置与网格化服务有机融合在一起，通过发挥社区网格中党员先锋队的示范引领作用，把党建引领社区治理落实到最小的组织单元。①

2. 网格化治理是政府转变职能、构建服务型政府的内在需求

党的十九届三中全会通过的《中共中央关于深化党和国家机构改革的决定》特别强调，构建简约高效的基层管理体制，实行扁平化和网格化管理，推动治理重心下移，尽可能把资源、服务、管理放到基层。网格化治理的亮点是最大限度地减少组织层级，实现组织扁平化，将原有部门与行政人员同基层网格进行对接，让管理服务下移。突破传统科层制度的层层限制，基于治理场域和空间网络实现多部门、多机构、多主体在同一场域中的协调联动和资源共享，使服务者直接与群众、责任区形成对应关系，使治理边界更清晰、无缝隙，从而实现组织的扁平化和去行政化。②

3. 网格化治理是重塑治理流程和权力多维度运行的关键

网格化通过对横向部门的整合、多元主体的对接，重塑治理流程，解决传统基层治理中因归属定性复杂、协调监管困难、紧急状况突发而产生的治理主体各自为政、互相推诿和治理失灵问题。③ 过去，传统治理核心驱动力是政府，从发现问题、处置结案到评价反馈，都是政府在主导推动，权力主要是自上而下运行的。而网格化治理体现了权利多维度、双向运行：网格内部的权力运作既包括上级党委政府与网格化组织之间的纵向流动、同层党委政府与基层民众和社会自治组织之间的纵向流动，也包括基层自治组织与自治组织之间、市民与社会组织之间的横向流动。这使网格化治理既突出党委和政府的主导作用，又突出民众的主体地位。④

（二）网格化治理的概念源流与基本特征

党的十八届三中全会通过的《中共中央关于全面深化改革若干重大问

---

① 李萌：《把社区网络党建落到实处》，人民网，2020年4月15日，http://theory.people.com.cn/n1/2020/0415/c40531-31673957.html。
② 徐敏宁、陈安国、刘东杰：《地方治理制度创新：从网格化管理到治理现代化》，《行政管理改革》2014年第11期。
③ 康涛：《服务型政府视域下网格化管理的演化逻辑》，《党政论坛》2020年第7期。
④ 徐敏宁、陈安国、刘东杰：《地方治理制度创新：从网格化管理到治理现代化》，《行政管理改革》2014年第11期。

题的决定》提出，要改进社会治理方式，创新社会治理体制，以网格化管理、社会化服务为方向，健全基层综合服务管理平台。根据党的十八大以来的发展经验，可以进一步促进网格化管理向网格化治理进发。

网格化治理是运用智慧化手段，以街道、社区、网格等空间为治理场域，以治理事件为主要处置内容，通过智慧化的信息管理平台，实现管理主体纵向联动和横向协同、资源力量协调运作的基层治理模式。它依托统一数字化、信息化、智慧化治理平台，将管理辖区（空间）按照一定的标准细分为元治理单元——网格。按照空间投放的治理资源力量，加强对单元网格的部件和事件巡查，使监督和处置互相分离，形成精细化、全覆盖、高效率的基层治理模式。

网格化治理旨在针对感知发现问题与处置解决问题脱节、"条块分割"与"碎片化"、责任关系不清、回应民众需求不力及治理绩效低下等当前社会治理的问题，借助技术赋能，使分散的条块、层级组织、部门乃至社区、社会组织等多元治理主体在虚拟化的平台上实现协同共治。网格化治理通过技术赋能，体现出技术理性所追求的精准、高效、务实的特点，具有以下特征。一是用技术手段优化重构治理事件处置的流程。网格化治理形成的"问题发现—指挥调度—责任划分—联动处置—反馈评估"闭环，将事件处置流程通过程式固定下来，使治理事件处置操作化、规范化和标准化，优化了流程，提升了处置效率。在实际操作中，网格充当了治理相关情报收集的基本单元，将采集的问题信息进行分类，通过制定任务派发、责任归属、执行流程和绩效结果的标准与依据，实现精细处置。二是大数据平台使跨部门、跨层级调动成为可能。大数据平台作为数据、信息的"集散地"和配置中心，推动指挥中心形成联动枢纽，成为基层政府对管辖地中部件、人户、组织、业态、事件等信息进行收集、整合、控制的基础集散地。政府作为治理的责任中心主体，发挥着指挥、动员、统筹、集成的重要作用。围绕公共问题和治理事件，基层政府对治理资源力量进行指挥调度，使不同层级的部门、行政人员共同参与、协同作战，将情境化的信息、虚拟化的治理事件转化为现实组织化的行动。三是以网格这一元治理单元构建基层治理的责任体系。网格作为基层微观的元治理单元，以户数编组和"包片包组"为设立基础，其横向到边、纵向到底的特点，去除了管理的盲区和死角，使无缝隙治理得以可能。掌握工业片区、居民社区等不同网格的类型和特性，可使治理需求和服务匹配更为精准，基层治理功效更为显著。

（三）基层治理网格化的思路策略与地方实践

1. 以数据化路径构建整体性政府是基层治理网格化的基础

统一、整合、集中、共享是公共部门数字治理进程中不可逆的大趋势，利用信息技术，打破过去各部门资源分散、各自为政的局面，以数据化路径构建整体性政府。如深圳依托"块数据"进行全科综合网格化治理。在推进基层社会治理改革中，深圳市委、市政府把握大数据时代背景下社会建设及政府职能转变的新契机，采用"互联网＋"的思维方式，将大数据的手段和方法引入社会治理领域，开展以网格化管理、社会化服务为基础的"织网工程"建设。一方面，编织一张"块数据"底板。运用云计算及大数据技术，将各部门服务、管理的数据与网格员眼见为实采集的数据进行比对清洗，以政务资源信息中心为交换平台，实现大数据的动态管理、互联互通和共建共享。为此，深圳出台了《社会管理要素统一地址规范》，由政法委联合规划国土、住建、公安等部门和水、电、气、快递物流等领域企业共同建成动态更新的"一码多址"的统一地址库；以统一地址为"基"，以人口、法人、房屋、通信、事件等五大要素为"柱"，按照市、区、街道、社区、网格五个层级精准划分"责任田"，将各相关部门"条"数据进行大数据清洗关联比对，封装成"块"，与电子地图结合形成市级基础数据底板。另一方面，依托"基础网格＋专业网格"，推动全域化网格治理。将全市划分为 1.8 万个基础网格，整合出租屋、计生、城管等基层信息采集力量，推动警务、消防、安全生产、市场监管等部门专业网格与基础网格的无缝对接；通过"块数据＋综合网格＋部门应用"，打通数据和业务两个闭环。将职能部门的业务数据附上标准地址标签，精准"进格"；网格员或物管人员按"拿单作业"方式，对"进格"的数据进行核实，并将结果实时返还各部门，实现数据闭环。同时，网格员在日常巡查中发现各部门问题，并将相关线索及时提供给部门进行执法处置，实现基层巡查和部门执法的联动。

2. "一张图"构建网格化智慧指挥体系，实现全科网格统一调度

一是通过"一张图"构建基层治理时空大数据。以图层方式叠加规划、建设、教育、环保等各种数据资源，新建设地下管网、地质灾害、避护场所、公交车、智慧消防、遥感监测等图层，通过"一张图"对不同专

题领域的业务与部件数据进行分析和展示。二是通过"平台＋网格"方式，实现网格资源力量的统筹调度。如珠海高新区依托区（镇）和社区综治中心两级平台，整合基层治理各项职能和政府下沉力量资源，通过平台和区（镇）综治中心整合 13 项社会综合治理职能，通过社区综治中心整合综合治理、警务、调解、治保、劳动、网格服务、治安巡逻等职能。三是依托综合化的全科网格，对整合资源进行统一指挥调度。将辖区 139 平方公里划分为 142 个"格"，成立由专职网格员和社区网格员组成的网格员队伍。如表 2－1 所示，珠海高新区在数字城管巡查职责基础上制定了数字高新事（部）件权责清单，将网格内事（部）件划分为 11 大类；建立现场处置、社区内协调解决和责任部门处置的"三级互动式"服务机制，通过社会治理终端程序动态发布工作信息，统一指挥调度，实时预警处置，做到小事不出网格、大事不出区。

表 2－1　珠海高新区社区数字高新事（部）件权责清单

	类别	事项
1	综合管理	调解民间纠纷、业主物业投诉
2	宣传教育	宣传法律法规和国家的政策
3	联系居民	政策法规、办事指南等咨询；收集居民对党委、政府和居务管理等意见、投诉
4	国防建设	自觉履行拥军优属的职责和义务，做好优抚对象的优待、服务和管理工作
5	文体教育	配合政府对历史文化保护对象做好保护工作
6	安全保卫	安全生产、突发事件应急演练、防灾减灾、防火安全检查、安全生产、反走私综合治理、禁毒、查赌、社区矫正、精神病管制、食药监督、流动人口出租屋管理等
7	社会保障	社会救助、残疾人服务、精神病患者帮扶
8	权益保障	法律服务
9	卫生计生	公共卫生、精神卫生、垃圾清理清运、疫情信息收集、社会抚养费征收、计生登记
10	农业工作	动植物疫病防治
11	统计普查	统计、人口普查、经济普查、土地调查

3. 构筑社区大党建网络，以社区大党建引领基层资源整合

网格治理不是新事物，但每个部门都有自己的网格，大小不一，标准不同。针对七网八网、各自为政的问题，上海、浙江等地探索以全域党建

引领，统筹整合社会治理"一张网"，形成"上面千根线、下面一张网"的工作格局。一方面，推动党组织下沉至微型网格。延伸工作触角，通过网格党建、楼宇党建、区域党建等形式，实现基层党建由垂直管理向区域整合转变。上海着力构建市、区、街镇、村（居）党组织四级联动体系，在社区实施"1＋5＋N"资源整合型党建运行机制，充分发挥党建的领导核心作用，推进社会组织、乡贤会、网格的党组织建设，做到党员工作生活在哪里，党的组织和工作就覆盖到哪里，党的宗旨和作用就体现到哪里，不断厚植基层党建优势。另一方面，推动形成"基层党建＋社会治理＝红色网格"工作模式。把党的建设贯穿于基层社会治理的各方面和全过程，推进党组织网格化管理，落实党员网格责任制。浙江金华在已有的网格化管理基础上，把基层党组织和党员纳入网格化管理，这种党建模式能确保"每个网格都有党组织、每名党员都在网格中"。该地常态化开展民生服务、矛盾调处、隐患排查等工作，形成以"小网格推动大党建、带动大治理"的工作格局，形成党员带头、集体参与，引领群众合力共建的"一核多元"基层治理格局。

第三章
协商共治：基层治理中的自治

党的十八大以来，中国的经济、社会发展都取得巨大成就，中国共产党以宽广的理论视野、深邃的历史眼光回应时代要求，坚持和发展中国特色社会主义，使基层自治的内容、形式、保障等都上升到一个新的高度，为新时代继续踏上新征程奠定了坚实的基础。但高速发展中必然会出现许多新情况、新问题，如社会异质性增强、个体化程度逐渐提高、价值观多元化等，这些因素使中国既有的基层自治实践面临全新的挑战。本章立足新时代基层自治的理论和实践，探讨新时代自治的内涵和目标任务，探索新时代自治强基的有效路径。

一　新时代基层自治的理论、历史与现实逻辑

随着中国特色社会主义进入新时代，中国特色社会主义道路、制度、理论和文化不断发展，发展中国家全面走向现代化的途径被有效拓宽。中国为世界上其他国家和民族，尤其是那些既希望保持自我独立，又希望加快自身发展的国家，贡献了中国的智慧和方案。进入新时代，中国共产党的理论创新实现了飞跃，中国是世界和平的建设者、全球发展的贡献者、国际秩序的维护者，中国共产党展现了全新的面貌，党和国家发出向"两个一百年"奋斗目标进军的号召。①

（一）理论逻辑：国家与社会持续互动

中国基层社会自治的基本模式与西方基层自治具有根本性的不同。西方基层自治是要形成一股力量以与国家政府抗衡，而中国语境中的自治是以人民为核心的基层自治，是人们为了共同的利益和价值诉求进行自我管

---

① 中共中央宣传部：《习近平新时代中国特色社会主义思想学习问答》，学习出版社、人民出版社，2021，第37～41页。

理、自我服务、自我教育、自我监督。因此，在实践的过程中，基层自治不仅体现了传统中国乡土社会中地缘、血缘、业缘共同体的内在价值，还在当代中国体现了习近平新时代中国特色社会主义思想。

首先，从社会的起源来说，人作为社会主体，其内在的力量决定了社会自治存在的必要性。从社会的词源来说，在西方，英语"society"源于拉丁语"socius"，意为自发的结伴、结群等，由日本学者翻译为汉语"社会"。汉语中"社会"一词最早出现于《旧唐书·玄宗上》："礼部奏请千秋节休假三日，及村闾社会"，意为村民集会。① 不论是英语还是汉语，社会的本意都为人们通过自由交往、自愿结合而形成的群体。从产生与发展的历史来看，社会是基于人的需要而产生的，是人类历史的共同体，是人的基本存在形式，而国家是社会发展到一定时间段，基于社会维护和整合的需要而产生的。因此在学理上，社会相对于国家更居于决定性地位。② 因此，自治能够维持社会的基础秩序。

社会是人类生活的共同体。自近代以来，社会秩序何以可能？或者说"社会"如何治理？这两个问题一直是社会学研究的核心议题。从治理的主体来看，对社会的治理包括自治和他治，自治即人的自我治理，他治是指除了自我以外的他者治理，自治的概念是相对于他治而存在的。人类诞生时，类似部落的自我治理是占据主要地位的治理方式，当人们的需求不断增长并产生冲突时，就会出现国家这种外部性治理模式。③ 即便国家出现以后，自治也是国家治理的基础，自治也恰恰反映了国家和社会之间的互动关系。

国家与社会的关系始终是社会学领域的核心议题，也是社区治理研究中的重要理论范式。虽然学者对国家和社会的关系进行了多种反思，但是这二者作为分类框架是目前研究的共识。在国家和社会关系的研究中，存在两种取向。其中，多元主义认为，国家和社会是分离并且二元对立的。这种看法遭到许多批评，进而有学者认为国家和社会是相互融合的，国家是处于社会之中的，如民间自治的社会组织会主动归入国家行政体系的行

---

① 郑杭生主编《社会学概论新修》，中国人民大学出版社，2019，第55页。
② 吴克昌：《中国城市社区民主自治的理论与实践研究》，人民出版社，2009，第48页。
③ 徐勇、赵德健：《找回自治：对村民自治有效实现形式的探索》，《华中师范大学学报》（人文社会科学版）2014年第4期。

列。① 国家和社会往往在社区这一微观层面相遇，并且发生互动，因此在治理实践中，民主自治的培育和行政管理的强度往往能够印证理论中社会和国家的关系。② 在这一微观层面上，自治不仅是现代国家治理的基础，而且相对于国家体系这种外部性整合的治理模式来说，自治这种自组织性的治理模式能够最大程度降低治理成本。③

基于此，传统社会的共同体精神得以延续。"共同体"是由德国社会学家滕尼斯首次提出并加以分析的社会学概念。在共同体的学术逻辑中，血缘共同体能够发展为居住在一起的地缘共同体，后者又能够发展成为精神共同体，在相同的方向上和相同的意义上可以纯粹相互作用和支配。它们关系本身即为结合，可以被理解为有机的生命，这就是共同体的本质。共同体中的基本意志是各个关系之间的默认一致，整体力量方面较为和睦。不论是家庭、乡村社区，还是城市，都是共同体生活方式的普遍基础。④ 现今共同体已经不局限于血缘、地缘和精神层面，而是出现了脱域的共同体和开放的共同体。社区自身则具有本体论和方法论两个不同层面的研究取向。从本体论来说，滕尼斯所指的由自然意志为联系的组织方式，是一种有机共同体，在此基础上进行的社区讨论是受到上述国家和社会关系理论影响的讨论，是将社区视为客观存在的实体性概念。而作为方法论所讨论的社区研究，是将社区作为了解社会的方法论单位和认识论单位。在这种方法论语境下，社区具备能够分类比较的属性，能够被用来观察和了解社会。⑤ 作为学术概念的社区，逐步转变为基层自治组织，并且取代了计划经济时期的居民区，成为社区居民委员会，同时具有了实体特征和科层特征。⑥ 这种以居委会和村委会为基础的基层自治组织在社区建设

---

① K. W. Foster, "Associations in the Embrace of an Authoritarian State: State Domination of Society?" *Studies in Comparative International Development* 35（2001）: 84 – 109.

② 肖林：《"社区"研究与"社区研究"——近年来我国城市社区研究述评》，《社会学研究》2011年第4期。

③ 徐勇、赵德健：《找回自治：对村民自治有效实现形式的探索》，《华中师范大学学报》（人文社会科学版）2014年第4期。

④ 〔德〕斐迪南·滕尼斯：《共同体与社会——纯粹社会学的基本概念》，林荣远译，商务印书馆，1999，第65页。

⑤ 肖林：《"社区"研究与"社区研究"——近年来我国城市社区研究述评》，《社会学研究》2011年第4期。

⑥ 张翼：《全面建成小康社会视野下的社区转型与社区治理效能改进》，《社会学研究》2020年第6期。

中具有双重属性，即一方面代表了基层自治能力，另一方面具备他治的特征。作为社区治理共同体而存在的社区是一个具有明确目标导向的价值共同体①，其共同体建设的社会化活力来自社区居民自觉自愿的参与与对共同体目标的认同和价值追求。因此，基层自治是社区共同体内在价值的体现。

党的十八大以来，以习近平同志为核心的党中央坚持把马克思主义基本原理同中国具体实际相结合、同中华优秀传统文化相结合，回答了新时代坚持和发展何种中国特色社会主义，以及如何发展的问题，形成了新时代中国特色社会主义思想。社会治理是国家治理的重要领域，加强和创新社会治理，必须夯实基层基础，打造共建共治共享的社会治理格局。共建的力量来自人民，共治的智慧出自人民，共享的成果为了人民。2018年中央政法工作会议指出，坚持自治、法治、德治相结合是新时代"枫桥经验"的精髓，也是新时代基层治理创新的发展方向。《乡村振兴战略规划（2018—2022年）》也在"健全现代乡村治理体系"部分对"三治融合"做出进一步定位，强调"坚持自治为基、法治为本、德治为先，健全和创新村党组织领导的充满活力的村民自治机制，强化法律权威地位，以德治滋养法治、涵养自治，让德治贯穿乡村治理全过程"②。对于基层群众自治，习近平总书记强调，"要完善基层群众自治机制，调动城乡群众、企事业单位、社会组织自主自治的积极性，打造人人有责、人人尽责的社会治理共同体"③。一个现代化的社会，应该既充满活力又拥有良好秩序，呈现活力和秩序的有机统一。要完善共建共治共享的社会治理制度，实现政府治理同社会调节、居民自治良性互动，建设人人有责、人人尽责、人人享有的社会治理共同体。基层群众自治是伴随着新中国发展历程而成长起来的最广泛、直接和有效的民主实践，因此需要在社会治理方式现代化中探析以自治为基础的必要性。

（二）历史逻辑：基层治理结构变迁

在传统中国的治理逻辑中，早有基层群众自治的具体实践，这一实践

---

① 文军：《直面新冠肺炎：风险社会的社区治理及其疫情防控》，《杭州师范大学学报》（社会科学版）2020年第2期。

② 《乡村振兴战略规划（2018—2022年）》，中国政府网，2018年9月26日，http://www.gov.cn/zhengce/2018 - 09/26/content_5325534.htm。

③ 习近平：《论坚持全面依法治国》，中央文献出版社，2020，第247页。

在基层治理结构变革后以不同的形式在城市和乡村中得以保存。例如，在传统中国，中上层治理体系由皇权控制，而基层治理体系由不具备官方身份的乡绅、族长控制。基层社会的实际掌控权由在地方具有声望、资产、较高社会位置的乡绅控制，在这种情况下，皇权对基层社会的控制更多的是一种文化上的象征意义，基层社会能够对抽象的皇权控制和管理进行合理改造，以匹配地方社会的实际。又如，20世纪50年代中国社会治理结构重组之后，社会成员被安放在各种国家行政组织、企事业单位、农业生产组织和群众组织之中，这些"单位"在城市中是事业单位或企业机构，在乡村中是生产大队、行政村和人民公社，"单位"不仅承担了生产的责任，还负有社会治理的责任，人们依靠单位和正式组织建立一定的联系并实现对自我的管理。① 下文对传统中国与新中国的基层治理结构变迁依次做简要回顾和分析。

传统中国治理体系的特点是"皇权到县，乡绅治乡"，乡村的事务主要靠乡村的力量自我处理，但是传统的乡村自治只是一种自然的原生形态，是国家统治下治理成本过高的领域，同时是一种长老统治，并非每一个村民都能平等地参与乡村治理活动。虽然如此，但是古代中国仍然有广阔的自治空间。各类组织不在国家政权体系之内，但蕴含着基层社会的自治元素，体现了中国人民的自治精神，其实践形式主要包括以下三种：乡里组织、乡绅乡治、协作互助的民间组织。乡里组织萌生于商周时期，定型于春秋战国时期，秦汉时期确定了乡里制度，宋代乡官制转变为职役制。乡里组织的职责是管理乡里的公共事务，主要借助道德力量的支撑，如汉代的三老制和明代的老人制，这种以道德力量管理乡村的传统也能够在宗族组织和族田中体现。明代的族田除了具有养育族人的功能外，还具有负担公益事务经济支出的功能，而宗族组织的族规族约则是以儒家伦理约束族人行为，为自治提供行为准则。宋代出现的乡约也是由民间士绅制定的，使乡里社会能够拥有共同的生活准则和道德规范。清代形成的乡绅乡治则是特殊的自治形式，乡绅作为基层社会的组织者能够组织处理乡里公共事务，同时调解乡里纠纷，具有较强的自治色彩。协作互助的民间组织主要包括隋唐时期的私社、唐代的行会和明代的商人会馆。这三种自发性的民间组织都具有自己的组织活动形式，其活动方式具有自发性和自愿

---

① 张静：《社会治理——组织、观念与方法》，商务印书馆，2019，第3、4页。

性的特征，同时能够制定自我管理规则，具备明显的自治特征。[1]

与上述古代基层自治不同，20 世纪 80 年代以来，中国在农村实行村民自治，其重要特点就是赋予每一个村民平等参与公共事务的权利，村民自治能够进入法定状态，摆脱其原有的自然状态。20 世纪 80 年代以来，村民自治已有几十年历史，大致可以归纳为四个历史阶段。国家在 1982 年将村民委员会和居民委员会写入《中华人民共和国宪法》，村民自治拥有了合法性，农村经历了从生产大队到村民委员会的过渡。1987～1998 年，中国颁布实施了《中华人民共和国村民委员会组织法（试行）》和配套的相关法律，使村民自治初步成型。1998～2010 年，中国明确了村民自治中有关民主选举、民主决策、民主管理和民主监督的规定，这标志着村民自治逐步走向完善。2010 年至今，修订后的《中华人民共和国村民委员会组织法》进一步细化了村民自治中的权利，同时结合了农村发展现实。自此，村民自治进入一个全新的阶段。

城市是聚集现代文明的场域，是整个社会的政治经济文化中心。城市社会的治理方式伴随着城市的产生而产生。在中国不同的历史时期，城市的治理方式呈现不同的特点。简单来说，在 1949 年以前，中国城市主要依靠保甲制进行社会基层治理；在 1949 年之后，在整个计划经济时期，城市实行以单位制为主、街居制为辅的基层治理体制；改革开放后，逐渐采用社区居民自治的模式。[2]

保甲制是封建社会中晚期长期存在的基层管理制度，主要利用家族伦理观念对人民进行管理。在保甲制中，最小的组成单位是"户"，一定数量的"户"组成"甲"，一定数量的"甲"组成"保"，设有户长、甲长、保长，下级需要向上级负责。保甲制通过层级负责的方式，实现了封建社会对城市居民的有效管理。

1949 年以后，国家通过单位这一基本组织管理职工，通过街道办事处和居民委员会管理社会无单位人员和需要救助的对象。[3] 单位制的管理方式是为了应对新中国成立后的严峻形势，对于整个社会秩序的整合发挥了

---

[1]　薛冰、岳成浩：《古代中国基层自治实践对现代公共管理的意义》，《西北大学学报》（哲学社会科学版）2009 年第 2 期。

[2]　章敏敏：《我国城市社区社会组织自治性研究》，天津人民出版社，2017，第 37 页。

[3]　郝彦辉、刘威：《制度变迁与社区公共物品生产——从"单位制"到"社区制"》，《城市发展研究》2006 年第 5 期。

有效的功能，但是也不可避免地产生了一些后果，如总体性社会①，即结构分化程度较低的社会，在这种社会中单位的组织系统较为严密，国家具有很强的动员能力，能够较快达到发展目标，但是高度组织化的单位会让社会生活呈现行政化的倾向，社会子系统缺少独立运作的条件，也会导致单位成员形成依赖性人格。在基层社区管理中，街居制大致经历了三个发展阶段。第一，很多城市在新中国成立后成立了街道一级组织和居民委员会。1954 年，第一届全国人大常委会第四次会议制定并通过了《城市街道办事处组织条例》和《城市居民委员会组织条例》，确立了居民委员会的任务和工作内容。第二，1958 年兴起的"大跃进"、人民公社运动使街道的机构和职能迅速膨胀，"文化大革命"时期街居体系遭到严格破坏。第三，1979 年街道革命委员会被撤销；1980 年，全国人大常委会重新公布了《城市街道办事处组织条例》和《居民委员会组织条例》，街道办事处和居委会的职能得以恢复，但是伴随着社会的转型，街居制存在职能超载、权责有限和角色尴尬的问题。②

20 世纪 80 年代中期，城市经济体制改革的全面推进，带来了城市流动人口的急剧增长，给原有的街居制带来了巨大挑战。单位制加快解体，"单位人"快速转变为"社会人"，大量社会问题与公共管理事务涌向街道和居委会。1994 年，住房商品化改革开始，越来越多的居民购买商品房，业主委员会这一全新的组织出现，也给社区管理带来了巨大挑战。社区制在这种背景下应运而生。社区制的发展大约经历了以下三个阶段。第一，1991 年，民政部提出社区建设的概念，上海、天津、南京、杭州等城市随后开始了社区治理模式的积极探索。第二，1995 年，上海进一步提出"两级政府，三级管理"的行政架构，随后探索出"两级政府，三级管理"的新城市管理体制。③ 1999 年，民政部开展了"全国社区建设实验区"的试点工作。④ 2000 年 12 月，中共中央办公厅、国务院办公厅转发了《民政部

---

① 中国战略与管理研究会社会结构转型课题组：《中国社会结构转型的中近期趋势与隐患》，《战略与管理》1998 年第 5 期。

② 何海兵：《我国城市基层社会管理体制的变迁：从单位制、街居制到社区制》，《管理世界》2003 年第 6 期。

③ 费孝通：《居民自治：中国城市社区建议的新目标》，《江海学刊》2022 年第 3 期。

④ 《城市基层社会管理的成功探索——全国推进城市社区建设工作述评》，光明网，2000 年 12 月 14 日，https://www.gmw.cn/01gmrb/2000 – 12/14/GB/12%5E18634%5E0%5EGMA2 – 109. htm。

关于在全国推进城市社区建设的意见》，此后中国城市社区建设有了纲领性文件。① 第三，2000 年 10 月，《中共中央关于制定国民经济和社会发展第十个五年计划的建议》中明确指出，发展社会主义民主政治就是要"加强城乡基层政权机关和群众性自治组织建设""在城市加强社区民主建设就是使广大居民能够对涉及自身切身利益的问题发表意见，真正依法管理自己的事情"②，明确了居民自治是社区建设的基本发展方向。社区居委会不仅是基层社会的自治组织，也是体现政府和街道意志的组织。在社区制的实践中，强调的是居民参与而非行政管理，社区居民是社区的主体，是社区发展和管理的源泉。面对社会发展的新形势，社会的力量也在不断发育和成长，在城市社区层面实行居民自治的模式是必然的要求。

（三）现实逻辑：新时代新挑战与新机遇

中国特色社会主义进入新时代后，基层自治所面临的复杂性、多元性逐渐凸显。尤其是新冠疫情发生之后，对于社会的治理不仅要求效率性，更加要求和谐性和民主性。在特殊的公共卫生事件面前，要想发挥各类行动主体在社会治理中的作用、激发人们的主人翁意识和社会责任感、最大限度地体现中国人民当家做主的民主意识，提升中国社会治理的科学有效性是关键。③

20 世纪 80 年代末以来，中国城市开始进行住房体制改革，房屋业主被国家法律赋予在小区内进行自治管理的权利。这改变了原有的以居民委员会为组织基础的居民自治方式，形成了全新的以业主委员会为组织基础、以业主为参与主体的业主自治方式。④ 在这种变化过程中，城市社区的结构发生了较大改变，对居民自治也提出新的挑战。社区居委会不仅是居民自治组织，也是政府和街道组织的延伸。现今社区设立了各种不同的承接机构和办事大厅，为完成日常繁重的任务，居委会及承接机构的设置都呈现科层化的特征，工作运转也逐渐行政化，而社区内社会组织等其他

---

① 转引自魏娜《我国城市社区治理模式：发展演变与制度创新》，《中国人民大学学报》2003 年第 1 期。

② 《中共中央关于制定国民经济和社会发展第十个五年计划的建议》，中国政府网，http://www.gov.cn/gongbao/content/2000/content_60538.htm。

③ 王宁等：《新时代社会治理创新》，社会科学文献出版社，2022，第 93 页。

④ 盛智明：《制度如何传递？——以 A 市业主自治的"体制化"现象为例》，《社会学研究》2019 年第 6 期。

治理主体的发育却不足。在城市社区中，居民委员会、业主委员会和物业管理公司三方有时会发生利益冲突。代表业主利益的业主委员会和物业公司在实际利益冲突前往往出现对立情况，而居民委员会无法发挥实际治理作用。同时，随着人口流动的增加，城市社区中的外地流动租户作为小区的实际居民缺乏参与社区治理资格。在城市社会的非均衡发展中，不同小区居民收入水平、物业服务水平、公共服务供给水平不同，居民对社区的要求也不同，因而会造成各个社区自治能力参差不齐。随着人口流动的增加和社区人口密集程度的增加，社区居民从原来的同质化逐渐向异质化转型，社区生活也逐渐从同质化向异质化转型，城市居民对市场的依赖程度逐渐大于对社区居民委员会的依赖程度，对社区缺乏心理上的认同，导致自身自治活力不足，参与度较低。

与此相同，20 世纪 80 年代以来，中国农村的村民自治虽然取得一定成绩，但是在某些地区依然面临较大挑战。村民自治指村民对乡村公共事务进行自我管理、自我教育和自我服务，并且实现民主选举、民主决策、民主管理和民主监督。但是，村民自治的过程中会出现一些问题，如民主选举受到外界因素干扰；民主决策缺少决策的过程性和真实性，甚至出现少数人决策的状态；民主管理缺位，无人能管或者无人想管；民主缺少实际内容。不仅如此，现今中国农村的基层治理人才短缺，人口老龄化速度加快，乡村空心化程度加剧。一些农村不仅缺少技术、资金，还缺少愿意参与社区服务工作的年轻人和带头人。社会流动所带来的结果不仅是人才的缺失，还包括群团组织影响力的减弱。同时，村民自治多呈现为村委会自治或者村党支部委员会、村民委员会"两委"自治的状态，各种利益矛盾凸显。村民自治面临严峻的挑战，需要寻找完善村民自治的新路径。

这里选用广东省 2021 年省情调研网中社会参与和基层治理部分的数据来分析基层自治的现状。① 家庭问卷回收有效问卷 809 份，数据显示，村居民平均在本社区的居住年限为 30.3 年，其中居住时间最长为 78.0 年。

---

① 广东省省情调研网数据是广东省社会科学院于 2018 年开始收集的追踪数据，根据分层随机抽样的原则，先根据经济社会发展状况（主要根据人均 GDP）抽取 4 个区县；再按照城市化率（深圳 100.00%、韶关 55.49%、江门 66.71%、梅州 49.49%）随机抽取 20 个村居作为基层调研点；再根据家庭经济和住房条件分高中低三个级别，在每个社区和村居随机抽取 14 户作为长期跟踪调查户，其中 4 户为备用调查户。同时，按照每个地市的贫困发生率选择一定比例的低保户或五保户参与调研。家庭户三年期的追踪率（三年都参与调研的家庭户占比）达到 79.00%，两年期追踪率达到 89.67%。

除去 14 人无投票资格外，88.30% 的居民参与了本居委会或村委的上一次投票选举，但是对于是否向村居委会提建议或者反映问题，56.15% 的村居民给出否定的答案。在问卷中，课题组统计了村居民愿意参与和不愿意参与社区活动的各项原因，其中参与动机最强烈的三个原因是：受到村居委会的动员（48.76%）、增进邻里感情和进行人际交往（48.38%）、为了维护社区的集体利益（35.57%）。而在不愿意参与社区活动的原因中，有63.29% 的人表示是没时间所以不参与，有 31.39% 的村居民表示是没收到通知而不参与活动，有 15.82% 的村居民因对活动不感兴趣所以不愿意参与活动，较少村居民因为无相应奖励（0.83%）或者缺少家人朋友支持（1.77%）而不参与社区活动。

党的十九届五中全会开启了全面建设社会主义现代化国家的新征程，社会治理的现代化自此进入全新阶段。要统筹中华民族伟大复兴战略全局，就要深刻认识我国现今社会主要矛盾变化所带来的新特点和新要求，同时深刻认识国内外环境变化带来的新挑战和新矛盾，探索社会治理的新路径。党的十九大报告指出，我国的经济已经由高速增长阶段转向高质量发展阶段，但是城乡区域发展仍然存在差距，民生保障存在短板，社会治理还有弱项。中国未来较长一段时间都会处于快速转型发展的阶段，其基层治理必然面对多重矛盾和张力的叠加。比如，政府主导的社会管理纵向整合机制和党领导下的多元主体参与相互依赖的横向社会协同机制之间如何有效衔接与转换的张力。以往的中国社会治理转型主要聚焦于国家和社会关系的理论预设，总是要寻找一个基本的组织形式，如单位或者社区，并且试图通过稳定的制度来重建国家和社会之间的关系，以应对市场化等挑战。但是在市域社会治理中，则是以社会治理共同体的形式来增强我国社会治理现代化的能力。从现今新型城镇化的发展路径来看，所谓的社会治理共同体是一个比社区和区镇更加灵活、更加有资源、更加有能力的共同体。①

基层群众自治制度作为中国的一项基本政治制度，是社会主义民主政治建设的基础和重要组成部分。基层群众自治制度是人民群众在城乡社区治理、基层公共事务和公益事业中依法自我管理、自我服务、自我教育、自我监督，推动基层直接实行民主自治新创造和新实践的制度。基层群众

---

① 李友梅：《中国现代化新征程与社会治理再转型》，《社会学研究》2021 年第 2 期。

自治指行政村居民和社区居民这两个基层群众层面的自治。[1] 基层社区的治理，在如今的环境下更多强调依靠多元社会主体进行自发性共治。但不论是在城市还是在乡村，自 20 世纪 80 年代以来，村民委员会和居民委员会都发挥了具有他治特征的重要作用，而居民等其他社会主体的参与积极性却没有被调动起来，可以说形成了弱自治的局面。这种局面的形成降低了居民和社会组织对于社会治理共同体的认同感，这种认同感又会反向影响他们对基层自治的参与程度，导致弱自治局面加深。因此，如何在全新的国内外社会环境中寻找自治的全新路径，对提高中国基层社会治理水平具有重要意义。

二　新时代自治的全新内涵与目标任务

"自治"（autonomy）一词源自希腊语，意为自我管理、自我管辖。西欧国家的基层自治是政府拥有独立的法律制度和强制权力；传统中国的基层自治是各类民间主体自发提供社会公共产品，并且与基层政府有序合作；当代中国的基层自治则受到党组织的领导。[2] 新时代的自治究竟是什么？本节大致从历史、现实、未来三个维度深入讨论。

（一）"自治"的学理起源与发展沿革

社会自治被马克思理解为"通过人并且为了人而对人的本质的真正占有"[3]。马克思认为共产主义社会是一个典型的自治共同体，在共产主义社会中人们能够自己管理自己，没有任何外来的强制力，在共产主义社会中人们能够自我联合，实现民主，即实现人民的自治，这种自治是和国家所对立的。[4] 但是，社会自治中的人是具体的、历史的、实践中的主体，这种社会自治必然是与历史和实践相统一的，即在现今的历史条件下，社会自治必然是与国家这种治理形态相匹配的一种补充形式。因此这种社会自

---

① 张翼：《全面建成小康社会视野下的社区转型与社区治理效能改进》，《社会学研究》2020年第 6 期。

② 龙登高、王明、陈月圆：《论传统中国的基层自治与国家能力》，《山东大学学报》（哲学社会科学版）2021 年第 1 期。

③ 马克思：《1844 年经济学哲学手稿》，人民出版社，2000，第 81 页。

④ 徐增阳：《论马克思的自治思想》，《当代世界与社会主义》2009 年第 6 期。

治必然不能超过国家权力管理形态本身，社会自治和社会治理的关系并非异质的而是包容的。

在西方手工业时期，西方社会中社区的居住模式是前店后厂、比邻而居，随着工业化的发展，生产资料和生产过程会在某一固定地域聚集，劳动力及其家庭也会因此聚集，随即产生一种全新的社区生活模式。工业化带来了西方的社会转型，在地方政治层面出现了统一的资产阶级民族国家，进而出现了一种多元地方自治的传统。这种地方自治的传统作为一种宪政安排，遍布在欧洲和北美的各大城市。最早能够在古希腊罗马的城邦治理中追溯到地方自治的形态。中世纪时，欧洲较多大城市拥有自治权。但是近代以来，由于民族国家集权体制的出现，其自治传统不断衰弱，并受启蒙运动、工业革命和资产阶级大革命的影响，近代意义上的地方自治复兴。[1] 另外，工业化过程中出现的城市各种社会群体作为主体的自治，不仅存在于城市的各居住区，也存在于各利益群体通过城市公共组织而进行的自治中。

中国是后发的现代化国家，其城市居民社区的形成和发展与西方发达国家既有类似之处，也有不同之处。中国的城市社区并非自发形成的，而是政府基于行政区划设立的，与乡村的社区自治具有本质性的区别。传统的乡村社区是乡村居民生活生产一体化的地域空间，社区居民和家庭的利益高度存在于在同一空间内部，激发了乡村居民自治的主动性。但是，在城市空间中，由于居民工作空间和居住空间的分离性，只有在涉及公共生活服务方面的共同利益时，居民自治才有出现的可能性。[2]

居民在社区或共同体的日常生活中，需要一种权力进行社会整合并且发挥作用，这种权力是共同体内部的自治权。从历史上看，中国封建时期的乡村社会具有以下三个特点：疆土面积辽阔、封建朝廷行政力量单一、交通和通信手段落后。这三个特点导致乡村社会拥有较大的自主空间，因此构建了虽然游离于国家政权之外，但是作用稳定的权力网络。这种乡村权力网络拥有天然的乡村自治体系，能够借助宗族组织和乡村能人实现乡村自治的各项功能。[3] 正如杜赞奇曾提及的，"权力的文化网络，能够由乡村社会中多种组织体系以及塑造权力运作的各种规范构成，既是地方社会

---

① 吴克昌：《中国城市社区民主自治的理论与实践研究》，人民出版社，2009，第113页。

② 吴克昌：《中国城市社区民主自治的理论与实践研究》，人民出版社，2009，第115页。

③ 王先明、常书红：《晚清保甲制的历史演变与乡村权力结构——国家与社会在乡村社会控制中的关系变化》，《史学月刊》2000年第5期。

中获取权威和其他利益的源泉，也是各种政治因素相互竞争、领导体系得以形成的舞台"①。中国传统社会的自治并非单一社会权力的作用，而是由多元社会权力构成的权力体系在不同社会空间中治理的结果。不仅在乡村社会，在城市社区也充满各种基于业缘或者地缘关系的组织形式。改革开放以来，随着社区制逐渐取代单位制，社会自治权力不仅需要填补社区居民在微观经济和社会领域的力量，还需要制定合法制度来监督和约束社会自治权力的运作。

（二）新时代自治的范围与学理价值

自治的内容较为广泛，国家自治、民族自治、地方自治和司法自治等都可以成为自治的内容。因此，首先要界定自治的范围。所谓基层，是指中国当前公共治理层级最低的村/社区，按照社会学的习惯，也统称社区，指正式的、最基层的公共治理单元，具体指农村村委会和城市居委会。②治国安邦重在基层。社会基层自治的中心，必须落到城乡社区。因此，如今我们所指的社区自治就处在行政村和城市社区这两个层面上。

社会学家滕尼斯将社区（community）定义为"基于血缘和地缘自发形成的人际关系紧密、拥有相同信仰和风俗的社会结合体"③。西方国家的社区概念可以追溯到海洋文明和城邦政治，它更多地反映聚集性的社会活动和地缘性的文化关系，因此相较于地缘性的社会联系，社区的概念会更加注重历史的渊源、社会文化属性和社会纽带关系，体现了人们对社会关系、生产方式和习惯、价值观的认同。中文的"社区"则更强调群体生活在同一地域的重要性。作为中国社会科学学科研究对象的社区与西方社区概念具有较大差异，这是因为西方社会具有和中国不同的自治传统，西方国家和地方分权体制导致研究者将城市社区界定为城市整体，而非行政居民区的对象，是以城市政府治理为对象进行研究。而中国目前的城市社区自治是国家和社会的功能性分治，面向的是居民生活中的单纯社会性事

---

① 〔美〕杜赞奇：《文化、权力与国家：1900—1942 年的华北农村》，王福明译，江苏人民出版社，1996，第 13 页。

② 陈家建、巩阅瑞：《项目制的"双重效应"研究——基于城乡社区项目的数据分析》，《社会学研究》2021 年第 2 期。

③ 〔德〕斐迪南·滕尼斯：《共同体与社会——纯粹社会学的基本概念》，林荣远译，商务印书馆，1999，第 74～76 页。

务，因此西方社区自治研究的丰富理论和成果虽然有一定的借鉴意义，但是不具有普遍意义上的适用性。[①] 乡村自治是指乡村民众对村庄事务进行自我管理、教育和服务，实现民主选举、民主决策、民主管理和民主监督，它要求作为主体的广大村民积极参与。[②]

基层自治既是基层治理的重要方面，也是社会治理的重要形式。20世纪90年代，社会科学研究中出现了关于治理的研究成果。全球治理委员会在1995年发表的《我们的全球伙伴关系》对治理进行了定义："治理是各种公共的或私人的个人或机构管理其共同事务的诸多方式的总和。""治理"与"管理"不同，治理意味着多元主体间责任边界的模糊，并非单一的群体行为，而是强调社区成员和管理组织在共同处理社区事务的配合程度，不断提高社区的治理效用。社区治理也具有静态和动态两种模式。所谓静态的治理模式，是指宏观层面的治理和作为制度安排的治理，在治理的过程中，政府要发挥主要力量，地方要执行制度和政策。动态的治理模式是指在执行的过程中，政府、企业、公民团体和公益机构等社会组织共同配合，多元主体通过协商合作、参与对话等形式实现利益诉求。[③] 党的十九届五中全会通过的《中共中央关于制定国民经济和社会发展第十四个五年规划和二〇三五年远景目标的建议》指出，"十四五"时期要努力实现"社会治理特别是基层治理水平明显提高"的目标，这是新征程下对于提升中国社会治理能力的科学指引。新征程的特殊之处在于：社会更加多元化、复杂性逐渐提升、社会中存在多重矛盾和张力，这些问题都会反映在现今社会治理转型的具体情境之中。这也意味着中国在加强社会治理现代化转型的过程中要更加具有针对性和有效性。[④]

国家和社会曾作为一组相对的概念出现，分开解释会导致其内涵和外延的不确定。从历史发展的进程来看，社会先于国家诞生，国家从社会中产生。但是，国家诞生以后，就出现了与社会分离的巨大张力，即国家成为从社会中产生但又居社会之上且日益同社会脱离的力量。[⑤] 但是，在传

---

① 吴克昌：《中国城市社区民主自治的理论与实践研究》，人民出版社，2009，第6页。

② 徐勇：《民主与治理：村民自治的伟大创造与深化探索》，《当代世界与社会主义》2018年第4期。

③ 李斌：《新型城镇化背景下的城乡关系》，社会科学文献出版社，2020，第190、191页。

④ 李友梅：《中国现代化新征程与社会治理再转型》，《社会学研究》2021年第2期。

⑤ 陈明胜：《第三领域——近代江苏地方自治研究（1905—1937）》，江苏人民出版社，2020，第23页。

统政治学的自治理论中，社区自治的核心更强调行动主体的自主权力①，在法律和政策允许的边界内发挥行为主体的参与能动性，社区组织成为单独的力量团体。

上文曾提及西方社区自治的理论在中国并不具有解释力，这是因为西方社会中的国家与社会关系预设了一种国家与社会的对立状态。因此，如果沿用西方价值化判断的讨论来分析中国社会，就会带有一定的风险。中国的社区建设由政府一手推动，因此国家权力早已嵌入其中，如果以西方的标准来衡量中国情境中的基层群众自治，那么其理论预设是自治性和行政性的二元对立，自然会轻易推论出去行政化的片面论断，然而中国基层社会的现实并非如此。如前所述，中国社区的概念和西方社区的概念存在本质上的不同，背后的理论预设也完全不同。以往中国社会的治理转型均建立在国家与社会二元对立的理论预设之上，因而致力于寻找一个如同"单位"或者"社区"的组织机构，并尝试建立起类似"职代会"或者"综治制度"这种稳固而有效力的制度，通过重建国家与社会之间制度性的联系而应对市场化或维稳的挑战。②

因此，相对于国家与社会二元对立的研究范式，现今基层社会互动关系更加偏向于二者之间互相交织而非分离、相互合作而非对立或者相互形塑而非对立。正如黄宗智曾认为，国家与社会的这种二元对立是从西方的近现代经验中抽象出来的理想构造，而中国社会则是一种三分的观念，即国家和社会之间存在明确的第三空间，国家与社会都能参与其中，这个第三空间随着时间的变化会具有不同的特征和表现形式，如中国历史上曾出现的商会和士绅。③ 在此基础上，基层国家和非政府组织（Non-Govermental Organization，NGO）之间形成了一种资源互换的互惠关系。通过二者的集合，国家的基层治理能力得到提升，而非政府组织也得以进入国家控制的领域，进而获得合法性以实现自己的组织目标。这种结合能够被视为国家与社会共同参与的第三空间的活动，模糊了国家和社会之间的界限。桂勇通过实证研究认为，目前国家与社会之间的关系并不是断裂式或者嵌入

---

① 吴法、邹静琴：《农村社区管理体制创新的理论资源与实践模式探讨》，《山东科技大学学报》（社会科学版）2007 年第 4 期。
② 李友梅：《中国现代化新征程与社会治理再转型》，《社会学研究》2021 年第 2 期。
③ 黄宗智主编《中国研究的范式问题讨论》，社会科学文献出版社，2003，第 260 页。

式的，而是呈现一种"粘连"的状态，即较为松散地结合在一起。① 王汉生和吴莹以商品房小区为案例，聚焦国家与社会的互动实践，认为国家不仅限定了空间中的业主自治，也会被社区居民自动引入社区生活，社区居民能够通过对社区事务的频繁参与和实践影响基层自治。② 马卫红等认为，社会这一概念应该从个人和组织两个方面来讨论，从个人方面是指在一定地域内享有共同价值观的一群人，从组织方面是指互动中的各种正式或者非正式组织。基层社会中的行动者不能简单地被归入社会或者国家的概念，行动者是多元化的，国家和社会是分解化和碎片化的，在邻里空间中存在的是各具利益且具有不同目标的行动者。③ 田毅鹏和薛文龙则认为，在后单位社会中，存在带有政府行政性和社会自治性双重性质的基层社会治理机制，对于中国基层社会的运行机制而言，国家与社会的力量相互交织并且在基层社会中形成了"重层结构"，让政府和自治的力量之间产生了不同程度的协作、妥协和合作，导致基层社会的运作嵌合在自治性与行政性之间。④

（三）新时代自治的内涵与目标任务

新时代的自治是有法定内容要求的自治，要在城乡社区治理、基层公共事务和公益事业中广泛实行群众自我管理、自我服务、自我教育、自我监督；自治是在村或者社区层面开展的自治，这就必须精准从群众需求角度出发，加固社会治理的根基。新时代自治一定是坚持在党的领导下的自治，要坚定不移地确保党对基层群众自治的领导，确保党的领导能够贯穿基层群众参与自治的全过程和每个方面，这是新时代自治的根本前提、主要特色和最重要内涵。党领导基层群众自治是由党的性质、根本宗旨和执政地位决定的。党的领导是基层群众自治的前提和保障，这也是由中国民主建设的特殊进程所决定的。中国经历过封建社会，近代以来西方民主思

① 桂勇：《邻里政治：城市基层的权力操作策略与国家－社会的粘连模式》，《社会》2007年第 6 期。
② 王汉生、吴莹：《基层社会中"看得见"与"看不见"的国家——发生在一个商品房小区中的几个"故事"》，《社会学研究》2011 年第 1 期。
③ 马卫红、桂勇、骆天珏：《城市社区研究中的国家社会视角：局限、经验与发展可能》，《学术研究》2008 年第 11 期。
④ 田毅鹏、薛文龙：《"后单位社会"基层社会治理及运行机制研究》，《学术研究》第 2015第 2 期。

潮传入中国后也很难生存，可以说中国历史上短暂地缺乏过民主的实践，村民自治是在中国社会经济发展相对落后、封建文化相对浓厚的地方进行的民主尝试，因此仅仅依靠基层村民的力量是绝对不够的，我们需要一个坚定的领导者。以党的领导为保证，能够提升党建引领社会治理的效能。中国特色社会主义最本质的特征是中国共产党的领导，中国特色社会主义制度的最大优势是中国共产党的领导。要善于将党的领导和中国社会主义制度优势转化为治理效能，不断完善中国特色社会主义社会治理体系，建立党领导一切的工作机制，构建大党建的工作格局。因此，在社会治理现代化的进程中，要发挥中国共产党总揽全局、协调各方的领导作用，切实落实好党领导社会治理的工作职责，切实加强党对基层群众自治的指导，发挥党委牵头抓总、统筹协调和督办落实的作用。推动基层党建与基层社会自治深度融合，使党的建设融入基层自治，保障基层自治进而引领基层自治。不论是农村社区还是城市社区，不论社区中自治主体是以商户为主还是以村民为主，都要坚持党建引领。以深圳市南山街道大汪山社区为例，该社区党委之下有 16 个党支部，其中有社区居民党支部、社区下辖公司党支部、商铺联合党支部。其工作人员表示："每个支部都是一个战斗堡垒，每一名党员都是一面鲜明旗帜。"

"自治强基"的目标是实行对自我的管理，对村或者社区的治理实现自己的事情自己议论、自己的事情自己办、自己的事情自己管；实行对自我的服务，将村或者社区建设成互帮互助、和合共生、美美与共的命运共同体；实行对自我的教育，让广大群众在学习宣传贯彻党的路线方针政策和国家法律法规、选树身边典型、组织群众活动的过程中，提升自己的自治意识和能力；实行对自我的监督，促进社会的良性运转。正如上文所述，在滕尼斯的理论中，共同体和社会呈现了传统社会和现代社会在情感关系、组织结构和秩序方面的巨大冲突。共同体更加强调基于亲属关系、邻里和朋友关系等的情感意志结合在一起的社会状态，如家庭和村庄，在这种社会关系之中，主导型的情感联结还是相互肯定、慰藉和履行义务的亲密行为；而社会的成员则是充满理性的现代人，每个人都追求自己的利益，在达成合作和契约之前，人与人之间都是潜在的敌对关系。①

---

① 〔德〕斐迪南·滕尼斯：《共同体与社会——纯粹社会学的基本概念》，林荣远译，商务印书馆，1999，第 95 ~ 105 页。

　　2019 年 10 月，党的十九届四中全会通过了《中共中央关于坚持和完善中国特色社会主义制度 推进国家治理体系和治理能力现代化若干重大问题的决定》，在构建社会治理新格局中首次提出"社会治理共同体"建设的新概念，提出要建设"人人有责、人人尽责、人人享有的社会治理共同体"。社会治理共同体的核心不完全是基于社会治理任务的工具性共同体，而是所有成员认同的，具有情感认同、文化认同和心理认同的多重价值共同体。从主体来说，在治理过程中，人人有责且尽责；从客体来说，治理主体和客体共享，人人享有的倡导表达了共同体的参与感、认同感与归属感，是人人有责和尽责的自然结果与价值追求。无论是客体还是主体，都是价值共同体的最终体现。而共同体所共享和内化的价值与精神文化恰恰是社会治理共同体的核心所在，是多元治理主体相互联结的纽带和情感认同。它具体体现在居民之间的和睦相处、守望互助、参与分享的共同意志和行动专责中，包括人们所共有的关于共同体的观念形态、价值诉求、思维方式与行为习惯等，它向人们展现共同体的本质意义，是社会治理共同体的灵魂所在。①

　　明确社会治理主体是进行基层群众自治的首要任务。社会治理的主体从广义上来说可以分为政府、社会和市场，在此基础上，中国社会的治理主体可被细分为党组织、各级政府、事业单位、市场主体（企业）、广义社会组织（含一般性社会组织、民办非企、群团组织、民主党派等）、普通民众（一般通过各类组织参与治理）六大类，这六类组织几乎包括了社会中各类社会组织和群体，因此具有最广泛的代表性和多元性。中国提出的党委领导、政府负责、社会协同和公众参与的社会治理格局是指多元主体的地位相对平等，但是其资源获取能力、权力和地位都具有非对称性。

　　明确社会治理主体后，要确定各类主体如何平等参与的问题。现今社会学意义上的社区更多指向乡村普遍存在的自然村范围，其本质特征在于村民有相同的利益和价值观，因此可以被理解为共同体。而中国社区不断调整的行政管理模式并非如此。因此，要确保多元主体的平等参与，就要调动社会主体自发自觉参与的积极性，让参与主体能集中表达利益诉求与问题，平等地参与社会政策并咨询决策，在统筹协调各方利益的决策和行

---

① 文军：《新型冠状病毒肺炎疫情的爆发及共同体防控——基于风险社会学视角的考察》，《武汉大学学报》（哲学社会科学版）2020 年第 3 期。

动中推动社会治理的现代化进程。要调动和基层群众利益密切相关的基层社会组织，当前应该重点培育和优先发展行业商会类、科技服务类、慈善捐助类和城乡居民基础服务类社会组织。不仅如此，还要让基层群众养成自觉参与社会治理的习惯，要让其对公共性事务具有充分的知情权，从而使各类主体摆脱依赖政府的习惯。基层群众对于政府的依赖已久，如果仅仅依靠单一的政府治理主体，不仅会导致政府治理成本的增加，还会让其他社会主体丧失参与社会治理的积极性。因此，只有让基层社会治理主体发挥各自应有的作用，才能实现政府、社会和居民之间的良性互动。

三　新时代自治强基的建构路径

基层治理是国家治理现代化的重要部分。推进社会治理现代化，必须完善社会治理体制。要横向构建共治同心圆，纵向打造善治指挥链，增强推进社会治理现代化的向心力和制度执行力，建设人人有责、人人尽责、人人享有的社会治理共同体。如何形塑新时代基层自治的理想形态，可总结为以下三个方面。

（一）强化党建引领，夯实根基保证

坚持党建引领基层群众自治不仅是由中国特色社会主义政治制度决定的，也是由中国共产党的性质决定的。脱离党建进行基层自治是不符合中国现实情况的，因此，全国各地都在探索党建引领社区治理的新方式。街道在基层治理中缺少工作抓手是全国各地都面临的问题，而北京自2018年开始创新了"街乡吹哨、部门报到"的机制，成功将社会治理重心下移到基层，以社区党组织为核心强化了系统的整体建设，提高了基层党建的整体效率。在基层治理中，街乡是最基层的组织，只有以党组织的凝聚力为基础，将各个职能部门统一在一起，才能做到哨声一响人就到。

因此，各级党委要推动基层自治体制的改革，优化组织体系、调整利益格局，破解党建引领基层自治中的利益和权力难题。要将党的初心使命和中国的政治优势、组织优势和制度优势转化为基层自治的优势。首先，要完善党建引领基层工作的治理机制，加强基层党组织建设，巩固扩大社区党组织的工作覆盖面。其次，要明确各类行动主体在城乡基层治理中的责任边界，构建多方协商和议事平台，强化党的领导，依法授权，规范运

行。瞄准基层自治的主体参与者，不仅要完善党组织领导下的居委会、业委会、物业企业三驾马车自治共治的治理机制，还要将党员干部、社区民警和群众代表等参与者带入其中，以实现活动联办、资源共享、治理共抓。再次，在基层自治过程中要规范社区事务决策程序，坚持"四议两公开一监督"的程序实施步骤。不仅如此，在队伍建设中要运用党组织书记、基层工作者和志愿者的队伍，建立专业化的基层工作者队伍，同时健全基层志愿服务体系。最后，要以"大工委制"为载体，完善"社区吹哨、部门报到"的工作机制。

除此之外，如何让社会多元力量在社区层面实现多元共治也是全国社区基层治理面临的主要问题，这就涉及如何探索以党组织为核心的网络化协同治理机制。而上海在城市社区建设中创立的以党建为中心的城市社区治理体制形成了多元力量合作治理的体系。自2004年以后，上海逐步实现了社会治理网格化，在网格中实现了行政和社会力量的下沉，这主要是通过党组织体系将社会力量吸纳进来。而武汉和安徽等地则构建了社会公众参与和协商的平台，让党组织在平台中发挥作用。

随着单位制的解体，流动党员、新经济组织和社会组织大量出现，党组织面临的重大挑战也变为如何增强全面覆盖的能力，这就要求创新党对基层行政组织、自治组织、群众组织、新社会阶层的领导方式。根据2021年广东省省情调研网的统计，虽然有92.29%接受调查的村居民认识所在村居党支部的书记，但是仍有少部分村居民对所在村居党支部不熟悉，有0.37%的村居民认为党群服务中心党员的能力素质较差，有1.48%的村居民认为周围党员干部发挥先锋模范作用与普通群众差不多或者不如普通群众。

新形势下的基层自治要求更加全面的社会多元参与，因此要根据不同社区分类来精准推进党建引领基层自治工作。针对城市老旧小区，社区应该协助其成立业委会党支部或者小区党支部；针对商圈小区，要以楼宇党建为基础，成立行业党支部或者商圈党支部；针对流动党员，要加快推进流动党员管理，健全党组织领导外来人员的议事和决策机制，开展推动外来人员的融合行动；针对城中村社区，可将村改制公司党组织纳入驻地"村改居"社区党组织管理，将其作为"村改居"社区党组织的下一级党组织，选派街道党工委委员兼任村改制公司党组织书记和所在"村改居"社区党组织书记、居委会主任等，进一步厘清街道、居委会和村公司的职责关系，出台工作指引，并研究探索村改制公司上缴部分收益用作村内公共事业发展的可行性。

以深圳市蛇口街道海滨社区为例，该社区主体均为中高端商品房小区。一位在不同社区工作过的社工表示："这种'高大上'的社区比流动人口多的城中村社区的工作还难做，因为商品房小区的居民文化程度相对较高，有些事情自己能处理，所以并不是很看重社区的工作。"该社区以党建引领社区建设，在建立小区支部后，由社区党委为每个支部配置活动场地，同时完善社区管理、服务制度，规范公共服务与自治服务的流程清单，使社区治理路径更加规范有序，后来不仅以各级领导调研视察为契机引入资源，还活用"社区吹哨、部门报到"赋能手段，争取社会力量帮助，以激发支部活力。

（二）明确自治任务，创新自治方法

对于基层自治来说，其主要任务就是及时满足广大人民群众的利益诉求；全力调解基层的矛盾和纠纷，防止小纠纷酝酿成为重大社会风险；及时发现基层治安和公共安全隐患，协同维护基层的治安秩序；对特殊群体和困难群体进行关爱和帮扶，让他们能够生活有保障、精神有安抚；提高村规民约的约束力，让基层自治运行规范化、推进基层议事程序规范化；有效利用新型科技手段，提高基层治理效能；整合基层服务力量和团体，提高自治有效性；加强党员和群众之间的沟通，提升应急能力，增强自治协同配合性。

无论何种事物，其存在与运行都需要依托一定的空间、组织和平台，基层自治作为共同处理公共事务与公益事业的制度与行为也不例外。① 自2014年中央一号文件首次提出基本单元的命题以来，学界关于村民自治单元的争论较多，主要包括单元下移、单元上移和横向拓展等。

学界对于基层村民自治单元的研究进行了讨论。一部分学者认为，现今的建制村作为治理单元，会影响村民的自治实践，因为建制村的村民并不拥有相近的文化传统，也并不具有相同的利益诉求，这样会导致建制村的治理成本较高，还可能会出现治理低效的结果。同时，建制村的村委会

---

① 侣传振：《国家治理下的农村自治基本单元属性》，《华南农业大学学报》（社会科学版）2018年第5期。

本身承担了大量行政性工作，这会导致村干部对于组织村民开展自治实践缺乏积极性和行动力。① 因此，学者提出下移自治重心，将村民小组、自然村或者城市中的商品房小区作为基层群众自治的基础单元，把自治权力/单位下沉到自然村或村民小组，这样有利于发展基层民主协商政治，有利于发挥村民自治的力量，最终实现村庄的最优治理。② 但是，也有学者认为，这种自治单元的下沉会面临很大困难，会带来村居委会数量的增加，随之而来的是组织工作经费的增加，给财政带来负担，给社会整合带来压力。

目前，村居民参与自治的主要问题是参与意识不强且能力不足。基层社会治理的服务体系要解决的是主体的基本生活需求问题。当基本公共服务都无法保障时，很大一部分基层治理主体将无法正常参与治理过程。合理的自治单元固然重要，自治的内容同样重要。本课题组将社区提供的服务和活动分为六个类别：文体兴趣类（如舞蹈队、书法社、曲艺社等），群团组织类（如妇联、老年人协会、残疾人协会等），公益慈善类（如志愿服务队、爱心组织、环保团队等），社区服务类（如为老人、儿童等提供服务的专业组织），议事协调类（如议事会、业委会等），专业、行业性组织类（如养殖种植合作组织、合作社）。调研结果显示，社区以文体兴趣类和社区服务类的活动为主，居民参与度普遍不高。以社区服务类活动为例，仅有 36.95% 的村居民参与了此类活动，而对于专业、行业性组织类活动，则有 27.95% 的村居民从未听说过此类组织和相应的活动。

城市化进程的推进和流动人口的增加，导致社区成员之间逐渐疏离，村居民对社区的认同感和归属感逐渐下降。在城市社区居民自治中，参与者主要是老年人，中年人和青年人参与自治的积极性较低。居委会、业委会和物业之间的矛盾经常导致社区公共事务的管理出现差异化结果，社区自治精神的匮乏，加剧了社区主体力量不足。近些年的文化娱乐类社会组织多但专业性不高，社区协商机制存在形式主义问题，缺乏对协商的最终目标进行动态管理的意识，也并未进行事后跟踪、评估和问责。这表明基

① 张茜：《在共同体视阈下寻找有效的村民自治单元》，《华南农业大学学报》（社会科学版）2014 年第 3 期。
② 罗万纯：《村民自治进展及制度完善》，《农村经济》2016 年第 11 期。

层自治不仅要让村居民增强对社区的认同感，培育社区居民的主体意识，消除单位制影响下对国家和单位的依赖思维，更为重要的是，要设立合理的自治单元，以和村居民自身利益密切相关的公共事务为抓手提高其参与意识。基层自治的单元如果过大，会导致自治实践失效，如果过小则缺少能力应对公共事务，因此需要确定合适的基层自治单元。具有产权相同、利益相关、文化相近、地域相邻这些基本特征的自治单元更加能够提高基层自治实践的效力。只有村居民共享相同的居住空间、共享公共事务、利益密切相关，村居民的自治积极性才会最大程度被激发。

不论是人口流出的农村社区，还是流动人口居多的城中村社区，解决村居民参与意愿较低这一问题的办法都是以民生需求为导向，切实提升社区居民的安全感和幸福感。以广东省深圳市某社区为例，工作人员表示："我们面临环境问题多、安全隐患多、低收入群体多、宠物街治理难和外来人员融入难等问题。所以我们搭建了党群议事平台，物业公司、居民代表、股份有限公司党支部和业委会都要来列任务清单，并且要根据进度反馈情况，而针对宠物街的商户，我们成立了商户自律自治联盟，征集商户和居民的意见，共同制定自治公约，协调解决联盟成员反馈的各类问题，以后如果有任何问题都可以及时处理，如果内部无法处理就上报社区党委和街道上管会协调解决。"

同时，针对目前基层治理中自治实践发挥不足、政府主导的现象，在治理思维上要摆脱"父爱主义"思维，充分相信村居民，听取、广泛采纳村居民意见建议，提升村居民的公共参与意识，把村居民从消极观望者转变为积极参与者。对于如何提高村居民参与社区治理的积极性，59.16%的受访者认为应该加强社区信息平台建设，及时向村居民发布重要信息，46.91%的受访者认为要给村居民更多的参与机会，41.09%的受访者认为对于村居民的参与给予积极的鼓励措施（见表3－1）。创新体制机制激发村居民自治潜力，进一步理顺区、街道与社区之间的职权关系，分离行政事务和自治事务，让社区回归村居民自治。在工作机制上，积极推进社区"微治理"、小区业主委员会自治、老旧小区建立业委会等，同时完善村居民听证会、协调会、评议会等制度；完善"老乡会""同乡坊"等自治组织，逐步实现流动人口的自我治理。

表 3 - 1　提高村居民参与基层治理积极性的方式

单位：%

提高村居民参与积极性方式	占比
财政、选举等实现公开透明	40.22
加强社区信息平台建设，及时向村居民发布重要信息	59.16
给村居民更多的参与机会	46.91
对于村居民的参与给予积极的鼓励措施	41.09
为村居民提供更加便捷的参与渠道	40.35
提高社区管理人员的整体素质	31.06
加大社区事务宣传力度	37.25

数据来源：广东省省情调研网。

（三）加强自治保障，提高自治能力

首先要加强组织领导，推动由市、县（区）、乡（镇）领导成员建立基层联系点或者驻村/社区制度；其次要借鉴"减牌子、减担子、减环节"等经验，给社区降低压力、赋予权力、增加能力；最后要推动自治试点创新，尊重基层智慧，应在试点验收评估中充分集合一批先进经验，充分发挥"自治强基"的作用，有效地满足基层社区自治需要，构建多主体共同参与的治理结构。在这种新型治理结构中，主体的多元化意味着在自治过程中存在多种利益主体，不同利益主体拥有不同的利益诉求，因此需要平衡主体之间的关系，明确各自的权利和义务，使其在共治过程中发挥更大的力量。应该以不同主体角色来界定其职责边界，居民委员会和业主委员会需要负责社区自治性事务，各类社会组织需要负责社区公益性事务，开发商和物业公司等经济组织需要负责社区经济性事务。为避免多元主体间产生矛盾和不作为，应该设立激励与约束机制，明确哪些做法会受到何种激励或者惩戒，同时建立沟通协调机制，以确保每个主体都有行动预期。

以广东省深圳市蛇口街道的蛇口市场为例。该市场拥有众多商户，社区工作人员均表示治理难度大且利益诉求复杂，于是该街道成立了"蛇口老街商户共治协会"，引导社会力量参与社区治理。在该共治协会中，由工商、执法、城管和物业等多方力量凝聚了上百家商户，引导商户之间签订自律公约，推选理事会，定期举办沙龙，听取商户意见。同时，还以"蛇口市场共建空间"为平台，推动共建机制及沟通交流平台建设，联合治理队、市场管理处、市场联合会共同参与社区治理，解决难题。

基层群众自治制度是中国共产党对城市和农村社区基层群众自发形成的自治性社会组织不断加以引导的一项以实现基层群众自我管理、自我服务、自我教育和自我监督为目标的中国特色政治制度。基层群众自治制度是发展社会主义民主政治的基础内容，不同于地方政权的自治，也并不属于国家政权体系的范畴。这项制度可以有效保证人民群众直接参与国家和社会事务管理、直接行使民主权利。《中华人民共和国城市居民委员会组织法》规定，居民委员会是居民自我管理、自我教育、自我服务、自我监督的群众性自治组织，从而赋予居民委员会自我管理、自我教育、自我服务、自我监督四种基本职能。居民的民主自治权利是城市社区自治组织的权力来源，是全体居民让渡权力的结果。社区自治性组织通过选举获得居民的授权委托，这是自治性社会组织的合法性来源。[①] 同时，1987 年出台的《中华人民共和国村民委员会组织法（试行）》以及 1998 年修订的《中华人民共和国村民委员会组织法》以法律的形式授予了村民自治组织合法性。村民自治组织需要进一步优化升级组织结构、规范组织行为，朝科学化、现代化和民主化的方向发展。

社会组织作为基层自治的多元主体之一，要发挥自我完善功能，强化自我参与的意识，提高自我参与的能力。目前与发达国家相比，中国的社会组织发展出现了以下问题。首先是各类别社会组织不均衡，其次是社会组织的日常运作和管理不规范，再次是社会力量的参与不足，最后是比较缺乏专业人才。中国乡村的社会组织和城市社会组织相比，处于发展的初级阶段，多是围绕村民特定的利益诉求而形成的社会组织，主要以乡村为活动范围，目前涵盖经济、政治、文化娱乐和医疗卫生等领域，但是仍存在管理制度不完善、运转不规范、机制不健全等问题。因此，促进社会组织的规范发展需要完善相关法律，从法律层面给予其身份合法性。同时，强化扶持机制，不能完全依靠政府资助，要开拓市场化运作方式，加大培育社会组织力度，有针对性、有重点地培育和扶持枢纽型社会组织，对于群众认可且管理规范的社会工作类、公益慈善类、福利类、医疗卫生类的社区社会组织要进行重点培育。建构好社会组织管理的全新体系，在新体系中要以登记为基础、服务为关键、监管为保障，进而保证登记部门、业

---

① 吴克昌：《中国城市社区民主自治的理论与实践研究》，人民出版社，2009，第 143 页。

务指导部门和综合管理部门的协调整合，争取推动其形成一体化发展的管理新格局，在机制方面要逐渐建立起"统一登记、各司其职、协调配合、分级负责、依法监管"的监管机制。

近年来，中国乡村社区治理面临的挑战之一是青壮年人口大量流出，导致乡村治理主体的自治能力减弱。这会导致两方面的问题：一方面，乡村中内生的治理能人外出工作或定居，乡村社区缺乏精英；另一方面，人口的大量流出导致乡村空心化，村庄现有居民自治能力不足、自治意愿降低。同时，外出村民与乡村情感和利益的断裂，导致乡村缺乏内生治理动力。新乡贤和传统的士绅阶层相似，但是具备全新的时代特征。在当前中国乡村自治内生动力不足的情况下，新乡贤作为新型社会群体出现，有助于提升基层村民的参与意识。现代社会的乡贤有在场和不在场两类，在场乡贤能够直接向村民传递价值观，不在场乡贤首先离开家乡学习现代价值观，待有成就之后会再回馈家乡。① 新乡贤文化是对传统乡贤文化的批判与继承、创造性转化和发展，对于传统乡贤文化中等级森严、尊卑有别的糟粕应该摒弃，而对于现代文明理念应该倡导。这种新乡贤文化作为一种软约束模式和新型治理方式，能够健全乡村居民利益表达机制，推动乡村治理现代化的发展。②

我们不仅要关注基层自治主体的多元化，还要关注多元治理主体的治理能力问题。就基层治理而言，如果同一治理结构中的多个主体能够为了相同的治理目标进行协商合作，那这一结构的治理能力就较强。如果在同一治理结构中，各个治理主体各自为政，缺乏相同利益基础，无法协商互助，那么这一结构的治理能力就较弱。③ 对于社会组织来说，要全面实施提高社工专业性、提高社工志愿感、提高全民义工参与感的计划，建设与经济社会发展相适应、布局合理、管理规范、专业性强的社会工作人才队伍。

---

① 张颐武：《重视现代乡贤》，《人民日报》2015 年 9 月 30 日，第 7 版。
② 黄海：《用新乡贤文化推动乡村治理现代化》，《人民日报》2015 年 9 月 30 日，第 7 版。
③ 欧阳静：《强治理与弱治理——基层治理中的主体、机制与资源》，社会科学文献出版社，2018，第 7、8 页。

第四章
规矩绳墨：基层治理中的法治

近年来，随着中国社会经济的不断发展与变革，基层治理功能得到强化，基层治理法治化亦成果卓著，突出表现为基层行政机关依法行政水平不断提高，以人为本的工作理念基本确立，工作方法从重行政命令转向重规则、重法治、说服教育等多种方式相结合；基层群众守法、用法、依法维权的意识亦大大提升，对民主法治的价值追求更加强烈。随着中国经济社会发展进入新发展阶段，群众对促进城乡融合、减少地区差异、缩小贫富差距、追求共同富裕的呼声越来越高，对法治化的要求也越来越高；新发展阶段社会结构和利益格局的调整也进入深水区，不可避免地会引发一些新的社会矛盾。与此同时，新业态、新兴职业群体等新事物新现象不断涌现，既有法律监管上的空白，又产生了新的法治需求。对此，党的十八届四中全会指出，"全面推进依法治国，基础在基层，工作重点在基层"①，明确提出"推进基层治理法治化"，是中国法治改革的一项重要任务。进入新发展阶段，如何促进基层治理的法治化转型，用法治化手段化解在转型过程中产生的矛盾，让公平正义可触可及，既是新时代党和政府迫切需要解决的理论命题，又是摆在所有基层组织和基层干部面前的实践问题。因此，深化对新时代基层法治内涵、实践特征的认识非常必要。

一 基层治理法治化的理论、历史与现实需求

要想回答好"为什么推进基层治理法治化"这一问题，必须寻根溯源，既要在人类文明基础上探知现代文明国家为何形成"法治"这一概念或范畴，又要在中国特定历史文化脉络和政治制度下理解城乡基层社会为何需要践行"法治"。

---

① 《中共中央关于全面推进依法治国若干重大问题的决定》，人民出版社，2014，第36页。

（一）法治是现代治理转型的必然要求

东西方众多哲人就如何管理国家、维持社会秩序提出诸多极富启发性的思想，早期就诞生了"法治"优于"人治"的思想。例如，古希腊哲学家亚里士多德在其《政治学》中指出，"法律（和礼俗）就是某种秩序，普遍良好的秩序基于普遍遵守法律（和礼俗）的习惯"①，并提出"法治政府优于人治政府"的思想。他认为，"凡是不凭感情因素治事的统治者总比感情用事的人们较为优良。法律恰恰正是全没有感情的；人类的本性便是谁都难免有感情的"②，而"法律训练执法者根据法意解释并应用一切条例，对于法律所没有周详的地方，让执法者遵从法律的原有精神，公正地加以处理和裁决"③。中国先贤也提出过丰富的根据法律而治理国家的思想，如管子把"法"看作治国的标尺和衡量社会的客观准则，"法者，天下之程式也，万事之仪表也"④，"法者，天下之仪也，所以决疑而明是非也，百姓所县命也"⑤，"夫法者，所以兴功惧暴也；律者，所以定分止争也；令者，所以令人知事也。法律政令者，吏民规矩绳墨也"⑥。管子还对遵守法治与不守法治的社会后果进行了总结，"《周书》曰：'国法；法不一，则有国者不祥；民不道法，则不祥；国更立法以典民，则不祥；君臣不用礼仪教训，则不祥；百官服事者离法而治，则不祥。'"⑦。慎到则认为，"官不私亲，法不遗爱，上下无事，唯法所在"⑧。可见，先贤早已意识到法律对于国家治理和社会秩序形成的重要性。

现代意义上的法治理念来源于西方社会及其民主政治。托马斯·霍布斯主张人民的安全是最高的法律，"主权者不论是君主还是一个会议，其职责都取决于人们赋予主权时所要达到的目的，那便是为人民求得安全"⑨。西方著名法学家汉斯·凯尔森在《法与国家的一般理论》一书的开

---

① 亚里士多德：《政治学》，商务印书馆，2008，第171页。
② 亚里士多德：《政治学》，商务印书馆，2008，第166页。
③ 亚里士多德：《政治学》，商务印书馆，2008，第171页。
④ 《管子》，李山、轩新丽译注，中华书局，2019，第766页。
⑤ 《管子》，李山、轩新丽译注，中华书局，2019，第900页。
⑥ 《管子》，李山、轩新丽译注，中华书局，2019，第760页。
⑦ 《管子》，李山、轩新丽译注，中华书局，2019，第696、697页。
⑧ 许富宏：《慎子集校集注》，中华书局，2013，第56页。
⑨ 〔英〕托马斯·霍布斯：《利维坦》，黎思复、黎廷弼译，商务印书馆，1985，第260页。

篇中强调，"法是人的行为的一种秩序"①；彼得·斯坦和约翰·香德则认为，"与法律永相伴随的基本价值，便是社会秩序"②；埃德加·博登海默认为，"法律体系就其整体来说，乃是普遍化的规范和个别化的适用和实施行为的混合"③。这些学者强调法律与社会秩序之间的关系，认为只有实施真正的法治，社会秩序才得以维持。当代国内学者基于中国的国情，对法治或法治政府的内涵进行了深入的讨论，如肖北庚把法治政府定义为"有限政府、诚信政府和责任政府"④；随后，曹康泰对法治政府进行了更为明确的界定，如认为按照法治原则运作（即把自身权力限定在法律范围之内）的政府即为法治政府；⑤ 又如刘云甫认为法治政府必须是以人为本的人权政府，是依法而治的政府。⑥ 可以说，法治是人类文明进步的重要标志，是治国理政的基本方式。中国作为现代文明国家，推进依法治理是必然选择。对此，《法治中国建设规划（2020—2025 年）》对建设法治中国有明确的定位，"法治是人类文明进步的重要标志，是治国理政的基本方式，是中国共产党和中国人民的不懈追求"⑦，要"坚定不移走中国特色社会主义法治道路，奋力建设良法善治的法治中国"⑧。

（二）基层法治是法治中国的基础构成

基层治理是社会治理在微观层面的具体表现形式和最深厚的支撑点，是国家治理能力最为关键的微观基础，是实现国家治理整体布局的基础性环节。基层治理法治化则是加快建设法治国家的重要基础，也是促进国家治理现代化的必然要求。

---

① 〔奥〕汉斯·凯尔森：《法与国家的一般理论》，沈宗灵译，中国大百科全书出版社，1996，第 3 页。
② 〔英〕彼得·斯坦、约翰·香德：《西方社会的法律价值》，王献平译，中国人民公安大学出版社，1990，第 38 页。
③ 〔美〕埃德加·博登海默：《法理学——法律哲学和方法》，张智仁译，上海人民出版社，1992，第 222 页。
④ 肖北庚：《法治政府之理论解读》，《湖南师范大学社会科学学报》2005 年第 2 期。
⑤ 曹康泰：《中国法治政府建设的理论与实践》，《国家行政学院学报》2006 年第 4 期。
⑥ 刘云甫：《论法治政府的科学内涵》，《党政干部论坛》2008 年第 1 期。
⑦ 《中共中央印发〈法治中国建设规划（2020—2025 年）〉》，《人民日报》2021 年 1 月 11 日，第 1 版。
⑧ 《中共中央印发〈法治中国建设规划（2020—2025 年）〉》，《人民日报》2021 年 1 月 11 日，第 1 版。

习近平总书记在党的十九届四中全会上指出，"坚持全面依法治国，建设社会主义法治国家，切实保障社会公平正义和人民权利的显著优势"①。2021年1月，中共中央印发了《法治中国建设规划（2020—2025年）》，明确指出要"坚定不移走中国特色社会主义法治道路，奋力建设良法善治的法治中国"，法治中国建设的远景目标是"到2035年，法治国家、法治政府、法治社会基本建成，中国特色社会主义法治体系基本形成，人民平等参与、平等发展权利得到充分保障，国家治理体系和治理能力现代化基本实现"。②党的二十大再次提出要"坚持全面依法治国，推进法治中国建设"，并从法律体系建设、依法行政、公正司法和建设法治社会四个方面提出具体要求。可见中国共产党和国家对法治的重视，把法治作为实现中国社会治理现代化的主要方式。当下法治已成为中国治国理政的基本方式和重要环节，法治化也成为社会治理体系和治理能力现代化的重要标志。但"九层之台，起于垒土"，法治中国建设最终需要在基层落地，因此，基层法治是全面依法治国方略在基层社会的具体实践，是法治中国的基础构成部分。一方面，法治中国建设的根基和源泉在基层。基层是社会的根基，是国家政权的着力点。从法治建设的层级看，中央构建了法治的基本框架，制定和完善法律法规，但法治效果主要体现在基层，法律的实施效果也主要体现在基层。因此，法治中国建设的根据在于基层政府、基层干部和人民群众。另一方面，法治中国建设的薄弱环节在基层，亟须加强培育法治精神。中国的地区之间、城乡之间发展不均衡的现象仍然较为突出，部分城乡人口文化水平偏低、法治意识淡薄、法治力量不足，亟须充实法治资源、学习法治文化。此外，基层是社会矛盾多发、高发区，推进基层治理的法治化任重道远。

（三）基层法治是历史发展的必然选择

自秦以来，中国就有了相对完备的法律体系，并建立了执行法律的科层体制，但国家法律在很长一段时间内只是作为一种制度或外生力量存在

---

① 《中共中央关于坚持和完善中国特色社会主义制度 推进国家治理体系和治理能力现代化若干重大问题的决定》，新华网，2019年11月5日，https://h.xinhuaxmt.com/vh512/share/6604324？d=1341781。

② 《中共中央印发〈法治中国建设规划（2020—2025年）〉》，《人民日报》2021年1月11日，第1版。

于基层社会，并未渗透到基层的社会生活中。费孝通认为中国乡土社会是
"无法"的礼治社会，非不得已乡民不会寻求法律的支持和保护。中国基
层矛盾纠纷的解决首先考虑的是"情"，其次考虑的是"礼"，再次是
"理"，最终才是"法"。① 新中国成立以后，传统中国社会逐步向现代社
会转型，国家政权开始深入城乡基层社会，传统的礼俗秩序也逐步瓦解。
随着国家政权向基层的渗透，法律开始逐渐下基层，为基层治理的法治化
奠定了基础。部分学者把伴随"行政下乡"的法律下沉过程概括为"法律
下乡"或"送法下乡"。但新中国成立以来法律下基层的过程并不顺利，
曾一度主要停留在文本规定与制度建设上。例如，有学者指出，在人民公
社这一"刚性秩序"回撤后，法理权威因基层政权的后撤而被削弱，基层
法治秩序变成了一种"弱秩序"，② 甚至某些地方出现了乡村治理的灰色
化③。"送法下乡"作为国家权力试图在其有效权力的边缘地带以司法方式
重塑治理权威，④ 在实践过程中产生了现代法律知识体系与乡土社会之间
的紧张对立，⑤ 出现"法治秩序的好处未得，而破坏礼治秩序的弊端都已
先发生了"⑥ 等现象。

　　法治真正在基层落地生根是在 21 世纪。董磊明等以河南宋村的法律实
践为例，指出 20 世纪 90 年代中期及以前乡村社会秩序的维持主要依靠内
生权威（如宗族等非正式组织和精英），但 20 世纪 90 年代后期乡村矛盾
纠纷的解决主要依靠乡村体制权威，而进入 21 世纪，随着乡村社会现代性
的凸显、传统内生权威的消逝与国家权力的介入，内生权威与本土道德已
无法维持乡土秩序，国家法律日益成为维护社会秩序、促进社会和谐、保
障新农村建设的不可或缺的力量，"迎法下乡"也具有了现实需求。⑦ "迎
法下乡"的社会基础就在于乡村社会的结构性巨变，在社会关联弱化、农
民长远生活预期丧失以及村庄社会惩罚机制缺失的情景下，农民需要"拿

---

① 〔法〕勒内·达维德：《当代主要法律体系》，漆竹生译，上海译文出版社，1984，第 487 页。
② 马华、王红卓：《从礼俗到法治：基层政治生态运行的秩序变迁》，《求实》2018 年第 1 期。
③ 陈柏峰：《乡村混混与农村社会灰色化》，博士学位论文，华中科技大学，2008，第 151～
　　167 页。
④ 苏力：《送法下乡：中国基层司法制度研究》（第三版），北京大学出版社，2022。
⑤ 苏力：《法治及其本土资源》，中国政法大学出版社，1996，第 61 页。
⑥ 费孝通：《乡土中国 生育制度》，北京大学出版社，1998，第 55 页。
⑦ 董磊明、陈柏峰、聂良波：《结构混乱与迎法下乡——河南宋村法律实践的解读》，《中国
　　社会科学》2008 年第 5 期。

起法律的武器"捍卫自己权利。与自上而下的"送法下乡"不同，"迎法下乡"是乡土社会因现实需求而诉诸村庄之外的法律，通过"引法进村"来维持村庄秩序和本土道德，是一种草根需求下的"法律下乡"模式。①

（四）基层法治是改革发展的现实所需

习近平总书记强调，凡属重大改革都要于法有据。"在整个改革过程中，都要高度重视运用法治思维和法治方式，发挥法治的引领和推动作用，加强对相关立法工作的协调，确保在法治轨道上推进改革。"② 当今世界正处于百年未有之大变局，新冠疫情使发展形势更加复杂严峻。与此同时，中国已转向高质量发展阶段，具有制度、发展前景广阔和社会大局稳定等众多优势，但结构性、体制化、周期性问题交织，社会结构和利益结构深刻调整，社会转型带来的大量社会矛盾也发生在基层，如征地拆迁、安置补偿等社会发展带来的利益补偿问题，再如"外嫁女""外来户"的土地权益问题涉及法律制度与传统村规民约、传统习俗的冲突等。基层存在诸多的风险和挑战，只能通过制度化的手段来化解。应对风险和矛盾一套成熟有效的制度就是推行法治。2021 年 2 月，中央全面深化改革委员会第十八次会议审议通过的《关于加强诉源治理推动矛盾纠纷源头化解的意见》强调，"法治建设既要抓末端、治已病，更要抓前端、治未病。要坚持和发展新时代'枫桥经验'，把非诉讼纠纷解决机制挺在前面，推动更多法治力量向引导和疏导端用力，加强矛盾纠纷源头预防、前端化解、关口把控，完善预防性法律制度，从源头上减少诉讼增量"③。正如习近平总书记所强调的那样，"要推进法治社会建设，依法防范风险、化解矛盾、维护权益，加快形成共建共治共享的现代基层社会治理新格局，建设社会主义法治文化"④。

在自媒体日益发达的时代背景下，人们不仅可以在朋友圈中看到世界

① 张丽琴：《从国家主导到草根需求：对"法律下乡"两种模式的分析》，《河北法学》2013 年第 2 期。

② 中共中央文献研究室编《习近平关于全面依法治国论述摘编》，中央文献出版社，2015，第 46 页。

③ 《习近平主持召开中央全面深化改革委员会第十八次会议并发表重要讲话》，中国政府网，2021 年 2 月 19 日，http：//www.gov.cn/xinwen/2021 - 02/19/content_5587802.htm。

④ 《习近平主持召开中央全面依法治国委员会第一次会议》，中国政府网，2018 年 8 月 24 日，http：//www.gov.cn/xinwen/2018 - 08/24/content_5316286.htm。

各地发生的社会热点事件，也可以在朋友圈中发布和传播社会热点事件从而引起公共媒体的高度关注，由此产生放大效应，使社会热点事件经由大范围的传播和发酵迅速成为高热度的社会舆情事件。特别是在互联网时代，以微信微博为代表的新媒体平台中的舆论发声主体更加多元化，内容更加多样化，负面热点也更加情境化，具有极大的不确定性。[①] 政府管控与网民诉求之间、政府回应滞后与首因效应之间、正当履职与信任缺失之间的偏差，都会导致舆情向消极方向发展。[②] 可以预见的是，随着中国社会经济的发展、人民生活水平的提高和民主法治意识的增强，人民群众通过法律手段维护自身的权益将成为一种新常态，因而推进基层治理法治化是人民群众的需要。

二　新时代基层法治的内涵与实践效果

新中国成立以来，中国法治建设取得明显进步，经历了从新中国成立初期的"过渡时期法制"、改革开放之后的"社会主义法制"、党的十八大之前的"中国特色社会主义法治"，以及党的十八大之后进入"新时代中国特色社会主义法治"四个阶段。[③] 基层法治是"新时代中国特色社会主义法治"建设的一部分，其内涵需要结合"新时代中国特色社会主义法治"的总体精神及其在基层的具体实践来理解和把握。

（一）新时代基层法治的主要内涵

1. 坚持党的领导是基层法治的保证

习近平总书记强调，"党的领导是推进全面依法治国的根本保证"[④]。把党的领导贯彻到依法治国全过程和各方面，是中国社会主义法治建设的一条基本经验。党的十八届四中全会通过的《中共中央关于全面推进依法治国若干重大问题的决定》指出，要"发挥基层党组织在全面推进依法治

---

① 匡文波：《"两微"舆情的新特征及治理对策》，《人民论坛》2019 年第 19 期。
② 文宏：《网络群体性事件中舆情导向与政府回应的逻辑互动——基于"雪乡"事件大数据的情感分析》，《政治学研究》2019 年第 1 期。
③ 魏治勋：《从法律体系到法治体系：论党的十八大对中国特色社会主义法治体系的基本建构》，《北京行政学院学报》2013 年第 1 期；张文显：《中国法治 40 年：历程、轨迹和经验》，《吉林大学社会科学学报》2018 年第 5 期。
④ 习近平：《论坚持全面依法治国》，中央文献出版社，2020，第 2 页。

国中的战斗堡垒作用，增强基层干部法治观念、法治为民的意识，提高依法办事能力"①。习近平总书记在党的十八届四中全会上指出，"推进基层治理法治化，发挥基层党组织在全面推进依法治国中的战斗堡垒作用，建立重心下移、力量下沉的法治工作机制"②。中国共产党描绘了基层治理法治化的蓝图，也为推进基层治理法治建设指明了努力方向。中国特色社会主义最本质的特征是中国共产党的领导，社会主义法治最根本的保证也是坚持中国共产党的领导。历史经验已反复证明，中国共产党是领导各项事业繁荣发展的关键，基层治理法治化的推进同样离不开党的领导，尤其是基层党组织的作用。从现实基础看，基层党组织既是贯彻落实习近平法治思想的战斗堡垒，又是党转变执政思维和执政方式、实现依法执政和提高执政水平的基层承担者。截至 2021 年 12 月 31 日，中国共产党党员总数为9671.2 万名，现有基层组织 493.6 万个，其中基层党委 27.8 万个，总支部 31.6 万个，支部 434.2 万个。③ 基层党组织和党员具有理论优势、组织优势、密切联系群众优势，是推进基层治理的中坚力量。只有全面推进基层党组织建设，才能牢牢把握依法治国的总体要求。要想真正把治理法治化落在基层、落在实处，必须依靠基层党组织。中央全面依法治国委员会印发的《关于加强法治乡村建设的意见》明确提出，"坚持和加强党对法治乡村建设的领导，坚持农村基层党组织领导地位，加强农村基层党组织建设，充分发挥农村基层党组织的战斗堡垒作用和党员先锋模范作用，确保法治乡村建设始终沿着正确方向发展"④。

2. 基层法治即基层事务全部纳入法治化轨道

党的十八届四中全会通过的《中共中央关于全面推进依法治国若干重大问题的决定》从系统的观点出发，指出"全面推进依法治国，基础在基

---

① 《中共中央关于全面推进依法治国若干重大问题的决定》，人民出版社，2014，第 36、37 页。

② 《中国共产党第十八届中央委员会第四次全体会议公报》，人民政协网，2014 年 10 月 23 日，https://www.rmzxb.com.cn/sy/jrtt/2014/10/23/396850.shtml。

③ 《中国共产党党内统计公报》，共产党员网，2022 年 6 月 29 日，https://www.12371.cn/2022/06/29/ARTI1656486783270447.shtml。

④ 《中央全面依法治国委员会印发〈关于加强法治乡村建设的意见〉》，中华人民共和国司法部网站，2020 年 3 月 25 日，http://www.moj.gov.cn/pub/sfbgw/qmyfzg/202101/t20210122_150391.html。

层，工作重点在基层"，提出"推进基层治理法治化"的要求。① 这一转型表明党治国理政理念全面转型，其"法治思维和法治思维方式"开始走向"实质法治"。② 推进基层治理法治化，则是把法治思维和法治方式贯彻到基层治理中。把法治与中国具体国情相结合的实践，体现了执政党法治实践"由虚渐实、由浅入深、从一部而至全局的轨迹"③。何为基层治理法治化？有学者指出，基层治理法治化就是要在党的领导下，按照法律来管理基层事务，即基层的政治、经济、文化等一切活动依照法律管理，公民的所有行为依照法律进行，使基层的一切需要和可以由法律来调控的活动和工作，都纳入规范化、法律化的轨道。④ 推进基层治理法治化，可以为基层政府与社会合作提供制度化、规范化、程序化机制。⑤《中共中央关于全面推进依法治国若干重大问题的决定》提出，要发挥基层党组织在"全面推进依法治国中的战斗堡垒作用，增强基层干部法治观念、法治为民的意识，提高依法办事能力。加强基层法治机构建设，强化基层法治队伍，建立重心下移、力量下沉的法治工作机制，改善基层基础设施和装备条件，推进法治干部下基层活动"⑥。唯其如此，才能形成全面"信仰法治"的制度环境。

3. 规范和约束公权力之运行是基层法治的重点

法治的基本属性是尊重宪法法律权威，这意味着任何组织和个人都无超越宪法法律的特权，都必须依照宪法法律行使权力或权利、履行职责或义务，其任何行动必须在宪法法律许可范围内。从权力规制角度看，法治意味着任何人以任何借口任何形式以言代法、以权压法、徇私枉法的行为都是绝不被允许的。对此，习近平总书记强调，"不能把党的领导作为个人以言代法、以权压法、徇私枉法的挡箭牌""把权力关进制度的笼子里，就是要依法设定权力、规范权力、制约权力、监督权力"。⑦ 因此，推进基

---

① 《中共中央关于全面推进依法治国若干重大问题的决定》，人民出版社，2014。
② 李树忠：《迈向"实质法治"：历史进程中的十八届四中全会〈决定〉》，《当代法学》2015 年第 1 期。
③ 秦前红、苏绍龙：《从"以法治国"到"依宪治国"：中国共产党法治方略的历史演进和未来面向》，《人民论坛·学术前沿》2014 年第 22 期。
④ 刘佳义：《推进基层治理法治化》，《光明日报》2014 年 12 月 8 日，第 1 版。
⑤ 杨弘：《新时代推进中国基层治理现代化的着力点》，《光明日报》2018 年 2 月 8 日，第 15 版。
⑥ 《中共中央关于全面推进依法治国若干重大问题的决定》，人民出版社，2014。
⑦ 《习近平：领导干部要做尊法学法守法用法的模范》，新华网，2015 年 2 月 2 日，https://h.xinhuaxmt.com/vh512/share/103739？d=13377ba。

层治理法治化，必须始终贯穿"把权力关进制度的笼子"这一条逻辑主线。尽管基层治理强调多元主体协同共治，但政府依然是治理权力的主要承担者。代表政府公共部门行使管理权力的基层官员，其合法拥有的自由裁量权也会因"公权力"与"经济人"双重身份而有滥用的可能。① 缺乏有效规制的基层小微权力，容易引发微腐败、公民身边的腐败等问题。因此，在基层治理中如何规范、在何种程度上规制基层官员手中的公权力，成为基层治理法治化的关键。通过权力清单的方式明晰基层政府的权力范围，通过程序公正的"权力制约"和信息公开的"社会监督"，强化对基层政府的规范性文件进行审查和监督以保证其合法性等措施，通常被认为可以有效规制基层小微权力。

4. 保障人民根本权利是基层法治的出发点和落脚点

从保障权利看，政治哲学家列奥·施特劳斯指出，保护每个人的自然权利是国家的职能。② 现代民主国家保障公民权利最普遍、最基本的方式是法治。对此，习近平法治思想明确提出坚持以人民为中心的观点，深刻地回答了中国的法治是为了谁、依靠谁的根本性问题。"推进全面依法治国，必须坚持以人民为中心，切实尊重和保障人权，依法保障全体公民享有广泛的权利，保障公民的人身权、财产权、基本政治权利等各项权利不受侵犯，保证公民的经济、文化、社会等各方面权利得到落实，始终维护最广大人民根本利益，保障人民群众对美好生活的向往和追求。"③ 2014年，《中共中央关于全面推进依法治国若干重大问题的决定》强调，"以保障人民根本权益为出发点和落脚点，保证人民依法享有广泛的权利和自由、承担应尽的义务，维护社会公平正义，促进共同富裕"，并"必须使人民认识到法律既是保障自身权利的有力武器，也是必须遵守的行为规范"。④ 新时代中国法治建设的里程碑——《中华人民共和国民法典》通过明确民事权利类型、效力及厘定其行使边界，完成了"保护民事主体的合法权益"最重要的宗旨，其所具备的权利法品格，使其天然契合依法行政

---

① 王建芹、王钰：《如何制约、谁来监督——规范基层微权力制度模式再思考》，《观察与思考》2021 年第 4 期。

② 〔美〕列奥·施特劳斯：《自然权利与历史》，彭刚译，生活·读书·新知三联书店，2003，第 185 页。

③ 杨贝：《为了人民 依靠人民 坚持以人民为中心推进法治建设（专题深思）》，《人民日报》2021 年 12 月 27 日，第 9 版。

④ 《中共中央关于全面推进依法治国若干重大问题的决定》，人民出版社，2014。

的精神。① 因此，保障好人民的权利也是推进基层治理法治化的题中应有之义。

（二）基层法治实践取得显著成效

改革开放以来，尤其是党的十八大以来，中国基层治理法治化取得显著成效。经过多年的努力，中国已成为世界上最安全的国家之一，续写了社会长期稳定的奇迹。中国基层治理已经步入制度化、法治化的轨道。

1. 相对完备的法律规范体系让基层治理有法可依

有法可依是推进基层治理法治化的前提。新中国成立以来，中国非常重视法律体系的建设。新中国成立初期，中国面临的重要任务之一，就是如何建立新型的社会主义法律秩序。1956 年 9 月，党的八大《关于政治报告的决议》明确提出，必须根据实际需要逐步建立完备的法律体系。② 在这一时期，中国开展了较大规模的法律创制活动，"初步奠定了社会主义法治的基础"③。进入改革开放新时期后，为适应从计划经济体制到社会主义市场经济体制的历史转型，中国的法律建设也实现了从政策型法律秩序到现代法理型秩序的转型，党的十五大确立了依法治国的基本方略；1999年明确将依法治国、建设社会主义法治国家写入《中华人民共和国宪法》，④ 依法执政也被明确为中国共产党治国理政的基本方式；⑤ 到 2011

---

① 谢鸿飞：《〈民法典〉颁行的五大意义》，《贵州省党校学报》2020 年第 4 期。

② 1956 年 9 月 27 日，《中国共产党第八次全国代表大会关于政治报告的决议》提出，"由于社会主义革命已经基本上完成，国家的主要任务已经由解放生产力变为保护和发展生产力，我们必须进一步加强人民民主的法制，巩固社会主义建设的秩序。国家必须根据需要，逐步地系统地制定完备的法律。一切国家机关和国家工作人员必须严格遵守国家的法律，使人民的民主权利充分地受到国家的保护"。参见《中共八大关于政治报告的决议》，中国政府网，2008 年 6 月 4 日，http://www.gov.cn/test/2008 - 06/04/content_10051 55. htm。

③ 《全面推进依法治国——关于新时代坚持和发展中国特色社会主义的本质要求（习近平新时代中国特色社会主义思想学习纲要⑨）》，《人民日报》2019 年 8 月 1 日，第 6 版。

④ 1997 年，党的十五大提出依法治国、建设社会主义法治国家，确立了依法治国的基本方略。1999 年，九届全国人大二次会议通过《中华人民共和国宪法修正案》，将"中华人民共和国实行依法治国，建设社会主义法治国家"载入国家根本大法。

⑤ 江泽民：《全面建设小康社会，开创中国特色社会主义事业新局面——在中国共产党第十六次全国代表大会上的报告》，《求是》2002 年第 22 期。

年，立足于中国国情和实际的中国特色社会主义法律体系如期建成。① 党的十八大以来，以习近平同志为核心的党中央高度重视依法治国，从关系党和国家长治久安的战略高度来定位法治、布局法治、厉行法治，把全面依法治国放在党和国家事业发展全局中来谋划、推进，社会主义法治国家建设取得历史性成就。② 其间，中国出台了《中华人民共和国反间谍法》《中华人民共和国国家安全法》《中华人民共和国反恐怖主义法》《中华人民共和国网络安全法》《中华人民共和国民法典》等。截至 2021 年 12 月，中国现行有效法律 291 件，行政法规和监察法规 611 件，地方性法规 1.2 万余件，③ 基本形成了完备的法律体系。直接关系基层治理的一系列法律和政策条例，也在这一时期进行了修订，为基层治理法治化奠定了坚实的制度基础。例如，在社区治理层面，2018 年对《中华人民共和国村民委员会组织法》进行了修订，2018 年底十三届全国人大常委会第七次会议表决通过修改《中华人民共和国城市居民委员会组织法》的决定，2021 年民政部发布《中华人民共和国城市社区居民委员会组织法（修订草案征求意见稿）》，进一步明确了村民委员会、居民委员会等组织的法律性质和法律地位问题，为推进城乡社区治理的法治化提供了支持。2018 年出台的《社会组织登记管理条例（草案征求意见稿）》，对社会组织参与社会治理进行了规范。相对完备的法律法规体系建设，让基层治理有法可依、有规可循。

2. 依法治理已成为基层治理各参与者的基本共识

党的十八大以来，基层治理法治化不仅"有法可依"，还逐渐达成了"有法必依"的社会共识。基层党政机关、企事业单位、村委会、居委会等社会组织的党员干部法治意识、依法行政、依法办事能力显著提升，居民法治意识不断增强。党的十八大以来，中国加强了法治宣传教育。《中央宣传部、司法部关于在公民中开展法治宣传教育的第七个五年规划（2016—2020 年）》（以下简称《"七五"普法规划》）的出台，把全民普法和守法当作依法治国的长期基础性工作。通过全面落实"谁执法谁普法"普法责

---

① 《中国特色社会主义法律体系的主要特征》，中国人大网，2011 年 3 月 12 日，http://www.npc.gov.cn/zgrdw/npc/zt/qt/2011zgtsshzyfltx/2011-03/12/content_1643733.htm。

② 《全面推进依法治国——关于新时代坚持和发展中国特色社会主义的本质要求（习近平新时代中国特色社会主义思想学习纲要⑨）》，《人民日报》2019 年 8 月 1 日，第 6 版。

③ 是说新语：《新时代，法治体系建设取得了哪些成就？》，求是网，2022 年 2 月 21 日，http://www.qstheory.cn/laigao/ycjx/2022-02/21/c_1128401740.htm。

任制，建设法治文化主题公园、法治广场、法治长廊、"智慧普法"平台、"中国普法"微信公众号等普法平台，开展重大主题普法活动、"法律进校园"、"法律进企业"等系列活动，国民的法律意识、依法维护自身权益的能力不断提升。在"七五"普法过程中，把涉及群众社会生活、基层治理的法律法规作为重点加以宣传，使基层社会各个领域形成自觉守法、遇事找法、解决问题靠法的良好氛围，尤其是随着法律普及的深入推进，居民社区矛盾、企业劳资矛盾、医疗纠纷等矛盾化解逐步倾向走法治道路和采用法律途径。近年来，党员干部法治意识不断强化。2016 年，中国出台了《党政主要负责人履行推进法治建设第一责任人职责规定》，狠抓"关键少数"，要求党员干部带头尊法学法守法用法。近年来，领导干部运用法治思维谋划基层治理，运用法治方式破解基层治理难题的意识和能力正在逐渐提高。根据 2020 年中宣部委托国家统计局编制的《2020 年全国社会心态调查综合分析报告》，当自己或家人遇到不公平事情时，选择"通过法律渠道解决"的居第一位，比 2016 年提升 3.7 个百分点；选择"托关系、找熟人"的比例明显下降。① 这表明全面依法治国迈出坚实步伐，人民的法治观念、法律意识不断提高，"遇事讲法、遇事找法"逐步成为全社会共识。当前社会各群体对于基层治理法治化已经达成思想共识。

3. 健全的行政执法工作体系助推基层文明公正执法

"盖天下之事，不难于立法，而难于法之必行"②，法规制度的生命力关键在于执行。执法行为直面基层，其规范化程度如何、是否公正关系到基层社会稳定。党的十八大以来，中国在推进执法行政体制改革方面进行了诸多有益的探索，出台了系列改革文件。例如，2014 年出台的《中共中央关于全面推进依法治国若干重大问题的决定》，确定了在食品药品安全、工商质检、公共卫生等 10 个重点领域推行综合执法改革；2015 年印发了《中央编办关于开展综合行政执法体制改革试点工作的意见》，在全国 138 个试点城市开展综合行政执法体制改革试点；2019 年印发的《关于推进基层整合审批服务执法力量的实施意见》，则明确提出"推进行政执法权限

---

① 《国务院关于"七五"普法决议贯彻落实情况的报告——2021 年 6 月 7 日在第十三届全国人民代表大会常务委员会第二十九次会议上》，中国人大网，2021 年 6 月 7 日，http://www.npc.gov.cn/npc/c30834/202106/b2318e8727954dc693dfaf1cb3d54f88.shtml。
② （明）张居正：《请稽查章奏随事考成以修实政疏》，转引自王伟凯《不难于立法，而难于法之必行》，《光明日报》2022 年 3 月 22 日，第 2 版。

和力量向基层延伸和下沉，强化乡镇和街道的统一指挥和统筹协调职责"
"除党中央明确要求实行派驻体制的机构外，县直部门设在乡镇和街道的
机构原则上实行属地管理"等改革目标和措施。① 中共中央、国务院印发
的《法治政府建设实施纲要（2021—2025年）》提出，乡镇（街道）逐步
实现"一支队伍管执法"的改革原则和要求，并对重点领域执法、行政执
法程序的完善和行政执法方式的创新进行了规定。② 改革至今，综合行政
执法改革已取得很大进展，北京、深圳等地创造了众多值得推广的模式。③
随着中国依法行政制度体系的不断健全，基层行政执法体制改革的不断推
进，尤其是对行政执法行为的规范、执法全过程记录制度的实施等，中国
基层政府在社会治理中的规范化、程序化和法治化水平显著提升。基层政
府基本做到了"法定职责必须为、法无授权不可为"，通过实施政府权力
清单制度，权力设租寻租空间越来越小。

4. 公正司法、公共法律服务全覆盖让基层实现"看得见的正义"

中国先后出台了《领导干部干预司法活动、插手具体案件处理的记
录、通报和责任追究规定》《司法机关内部人员过问案件的记录和责任追
究规定》《关于进一步规范司法人员与当事人、律师、特殊关系人、中介
组织接触交往行为的若干规定》，以确保司法公正，切实保障社会公平正
义和人民权利，努力让人民群众在每一个司法案件中感受到公平正义。近
年来，中国深化以司法责任制为重点的司法体制改革，制定实施防止干预
司法的"三个规定"④，依法纠正一批重大冤错案件，司法服务水平不断提
高，"看得见的正义"正显成效。同时，整合基层矛盾纠纷化解资源和力

---

① 中共中央办公厅、国务院办公厅：《关于推进基层整合审批服务执法力量的实施意见》，
《人民日报》2019年2月1日，第2版。

② 《法治政府建设实施纲要（2021—2025年）》，中国法制出版社，2021。

③ 林清容：《深圳街道综合执法改革启动首日：一支队伍代替多头执法，执法范围扩大到
475项》，《深圳特区报》2021年9月2日，第A1版；全巍：《告别多头执法 探索"放管
服"〈四川省交通运输综合行政执法条例（草案）〉首次提请审议》，《民主法制建设》
2021年第8期；王丛虎、乔卫星：《基层治理中"条块分割"的弥补与完善——以北京
城市"一体两翼"机制为例》，《中国行政管理》2021年第10期。

④ "三个规定"是指：2015年3月，中共中央办公厅、国务院办公厅下发的《领导干部干
预司法活动、插手具体案件处理的记录、通报和责任追究规定》；2015年3月，中央政法
委下发的《司法机关内部人员过问案件的记录和责任追究规定》；2015年9月，最高人民
法院、最高人民检察院、公安部、国家安全部、司法部联合下发的《关于进一步规范司
法人员与当事人、律师、特殊关系人、中介组织接触交往行为的若干规定》。

量，充分发挥非诉纠纷解决机制作用，为基层群众提供便捷平台和高效渠道，已最大限度把矛盾风险防范化解在基层，努力实现"小事不出村、大事不出镇、矛盾不上交"①。公共法律服务体系深入基层，提升了基层治理法治化水平。党的十八大以来，中国公共法律服务体系建设取得显著的成效，2019 年出台了《关于加快推进公共法律服务体系建设的意见》。《法治中国建设规划（2020—2025 年）》明确提出，到 2022 年，基本形成覆盖城乡、便捷高效、均等普惠的现代公共法律服务体系。② 各地通过建立"一村（居）一法律顾问"工作机制，创新运用"互联网＋"等方式，真正做到送法下基层，为重点村居提供"精准式"法律顾问服务，居民、村民足不出户即可享受优质法律服务。公共法律服务下基层有利于从源头上预防和化解基层矛盾纠纷，推进基层社会治理法治化进程，使人民群众在化解矛盾纠纷、维护自身权益等方面的公共法律服务需求得到更好满足。

（三）新时代基层法治面临的挑战

尽管中国基层治理法治化已取得显著成就，但与依法治国的目标任务相比仍有一定差距，基层治理法治化仍面临一些困境，基层事务处理中仍存在与法治精神相违背的做法。既有基层事务复杂性、基层法治资源不足等客观方面的原因，也有部分参与社会治理的主体法治意识不强的原因。

1. 基层社会特性客观上制约基层治理法治化进程

要理解中国之"基层法治"，既要认识传统文化意义之"中国"，也需理解现实问题引导以及法治目标实现的中国。③ 传统基层社会治理的基石在于宗法伦理本位，基层秩序的维持与运行则依赖于"礼"，而"礼是社会公认合式的行为规范"④。基于礼俗秩序的传统基层政治生态直到清末民初才遭遇了强烈冲击。迫于帝国主义的压力，中国不得已在"民族主义"大旗下开展国家政权建设。⑤ 新中国成立之后，国家行政力量开始直接渗

① 《严格公正司法 助推中国之治（法治中国）》，《人民日报》2021 年 3 月 9 日，第 11 版。
② 《中共中央印发法治中国建设规划（2020—2025 年）》，《人民日报》2021 年 1 月 11 日，第 1 版。
③ 陈金钊：《"中国社会主义法治理论体系"之中国》，《扬州大学学报》（人文社会科学版）2016 年第 1 期。
④ 费孝通：《乡土中国》，华东师范大学出版社，2018，第 52 页。
⑤ 杜赞奇：《文化、权力与国家：1900—1942 年的华北农村》，江苏人民出版社，2010，第 2 页。

透到基层，基层治理结构发生根本性变化，维系传统基层政治生态运行的礼俗秩序正不断萎缩，宗法伦理不断式微，但礼俗秩序依旧是影响基层治理的重要秩序之一。[①] 城乡基层社会仍具有人际关系的前现代色彩性质、基层社会资源的匮乏性、基层社会事务的不规则性及其难以纳入科层体系四个特性。[②] 从基层社会人际关系看，尤其是农村基层，人们的人际关系网络、生产生活网络交叉重叠，县域内基层官员群体熟人化等[③]导致根据人际关系来办事、人情式办事的现象时有出现，如基层司法中的"乡土文化"现象等。[④] 从基层事务本身特性看，基层的诸多事务是不规则的，难以通过法定程序运作，也无法完全纳入科层体系进行正式治理。例如，在基层实践中，基层干部在受到正式制度约束和激励的前提下，根据非正式制度、运用非正式资源、依托非正式关系，通过"说服"方式来实现治理目标。[⑤] 这种正式规则在基层社会的"非正式运作"虽然具有治理的有效性，有时也与法治化治理具有同向性，但常存在冲突和张力。从国家治理能力现代化和长远角度看，非正式治理不具备可持续性，只有不断提升民众的法治意识，建立更契合基层治理需要的制度规范，不断充实正式规则和程序，顺应基层治理"制度化"的改革趋势，压缩非正式运作的空间，才能最终迈向法治化治理。[⑥]

2. 法治资源供给不足客观上阻碍基层法治化进程

法治资源供给不足主要表现在当下法律服务资源总体紧张且分布不均。有研究指出，中国公共法律服务非均等化的内涵丰富而复杂，不仅表

---

① 马华、王红卓：《从礼俗到法治：基层政治生态运行的秩序变迁》，《求实》2018 年第 1 期。

② 陈柏峰：《中国法治社会的结构及其运行机制》，《中国社会科学》2019 年第 1 期。

③ 陈家建、赵阳：《"科级天花板"：县域治理视角下的基层官员晋升问题》，《开放时代》2020 年第 5 期。

④ 黄薇：《基层司法中的"乡土文化"现象及其与现代法治的关系——基于"关系"信任视角》，《青海民族研究》2020 年第 4 期。

⑤ 鹿斌：《基层治理中的"说服"：一种非正式治理行动的研析》，《江海学刊》2020 年第 3 期；吴同、胡洁人：《柔性治理：基层权力的非正式关系运作及其实现机制——以 S 市信访社工实践为例》，《华东师范大学学报》（哲学社会科学版）2021 年第 2 期；张丹丹：《行政包干制：乡镇非正式治理的常态化机制》，《华南农业大学学报》（社会科学版）2020 年第 4 期。

⑥ 梁平：《基层非正式治理的法治化路径》，《法学杂志》2019 年第 10 期；王敬尧、郑鹏：《基层政府非正式治理技术的类型学分析》，《南京大学学报》（哲学·人文科学·社会科学）2021 年第 1 期。

现为东、中、西部之间发展的不均衡，而且体现为各地制度安排上的差异。① 公共服务供给渠道主要依靠政府，公共法律法务供给缺乏完善的保障机制等。② 由于大部分农村经济社会发展水平落后于城镇，受交通不便利等客观因素影响，存在法律人才储备不足、律师进村激励不足、公共法律智能化水平偏低等问题。在新时代，政府主导的公共法律服务在法治框架下有效回应公众需求，不仅是完善制度体系的目标，而且是提升治理能力的基础。③ 法治资源供给不足的另外一个表现是既有法律对某些领域仍存在"留白"的现象。法治空白地带往往也是基层治理中的灰色地带，其治理有时缺乏法律依据，例如，城中村社区通常因治理成本高、治理体制复杂而游离于现代城市治理之外，成为摊贩们的"游击区"，有限的城管一线执法力量只能对此加以监控和开展"柔性执法"。④ 法治留白还出现在因科技变革而产生的新兴领域。例如，互联网时代的个人隐私、平台经济下劳动关系等尚未受到法律的有效规制。基层执法队伍薄弱、具有执法资格的人员少，也制约了基层治理的法治化。

3. 少数"利益式执法""一刀切"式执法现象破坏基层法治

习近平总书记指出，"行政机关是实施法律法规的重要主体，要带头严格执法，维护公共利益、人民权益和社会秩序。执法者必须忠实于法律，既不能以权压法、以身试法，也不能法外开恩、徇情枉法"⑤。基层治理涉及多个主体，但既有法律规范往往只在宏观层面对各主体之间的权力关系进行了规定，而缺乏微观层面具体化、操作化的制度支撑。例如，在执法领域中，通常存在执法力量分散或多头交叉执法的问题。多头执法的原因主要是部门分割和条块矛盾，部门分割表现为政府各部门之间职能存在交叉重合和职能界限模糊不清，⑥ 条块矛盾则主要表现在诸多管理事项

---

① 黄东东、张娜：《基本公共法律服务视野下的法律援助均等化研究》，《山东社会科学》2020 年第 6 期。

② 高国梁：《公共法律服务体系的欠缺与优化》，《人民论坛》2019 年第 15 期。

③ 黄东东、张锐：《数字技术、国家治理与公共法律服务制度改革》，《学习论坛》2021 年第 3 期。

④ 吕德文：《灰色治理与城市暴力再生产——鲁磨路"城管"实践的机制分析》，《开放时代》2015 年第 4 期。

⑤ 中共中央文献研究室编《习近平关于全面依法治国论述摘编》，中央文献出版社，2015，第 57 页。

⑥ 郑雯尹：《行政管理体制改革中的多头执法现象反思》，《现代经济信息》2018 年第 16 期。

的责任主体落在"块"上，但执法权限却在"线"上，[①] 在处置涉及多个部门的问题时，容易陷入"谁都有权管，谁都可以不管"的怪圈，从而引发"执法混乱"。尽管综合执法改革后这些现象大大减少，但乡镇基层法治中存在执法缺乏渗透力、执法缺乏综合性、乡镇政府"权小责大"[②] 等问题；在强化属地管理责任背景下，乡镇政府面临"不得不管又依法无权去管"的窘境，[③] 而街道主要面临多支执法力量协调配合不足的问题。[④] 在具体执法过程中，少数基层政府及其执法人员仍旧存在执法不严、执法不公、差序格局化执法[⑤]等情况。部分基层政府扮演着"经济人"角色，为了保住当地的经济利益，存在执法不严的情况。[⑥] 与之相对应的，则是"一刀切"式执法和过度执法现象。无疑，这些执法行为实际上皆偏离了法治轨道。

4. 少数参与基层治理的主体法治意识缺位导致基层法治化受损

针对基层法治实践中出现的无理上访、"谋利型上访"等现象，[⑦] 部分学者期望通过政治改革推动国家与社会关系的重塑，以民主法治建设来化解"信访不信法"的问题。[⑧]"政者，正也。子帅以正，孰敢不正?"[⑨] 推动依法行政，关键在人。但少数基层公职人员的法治素养薄弱，执法能力堪忧。例如，在碰到诸如食品安全、环境污染、土地征用、房屋拆迁、民间纠纷等难点、热点问题时，部分基层干部仍习惯于用"老路子""土办法"解决，以言代法、以情代法，严重损害了群众利益，导致社会矛盾增加，影响了社会和谐稳定。[⑩] 城乡基层群众法治意识和依法维权意识，尚

---

① 陶振：《大都市管理综合执法的体制变迁与治理逻辑——以上海为例》，《上海行政学院学报》2017 年第 1 期。

② 陈柏峰：《乡镇执法权的配置：现状与改革》，《求索》2020 年第 1 期。

③ 陈柏峰：《乡镇执法权的配置：现状与改革》，《求索》2020 年第 1 期；周少来：《乡镇政府体制性困局及其应对》，《甘肃社会科学》2019 年第 6 期。

④ 谷少传、袁周：《积极探索综合行政执法体制改革》，《深圳特区报》2021 年 1 月 12 日，第 B2 版。

⑤ 陈荣昌：《基层行政执法差序格局的生成机制与法治化解》，《社科纵横》2020 年第 8 期。

⑥ 吴庆悦、胡莎莎：《我国基层法治政府的建构及其可行性路径探析》，《前沿》2010 年第 20 期。

⑦ 陈柏峰：《无理上访与基层法治》，《中外法学》2011 年第 2 期。

⑧ 于建嵘：《中国信访制度批判》，《中国改革》2005 年第 2 期。

⑨ 《论语》，陈典译注，江西人民出版社，2016，第 333 页。

⑩ 刘佳义：《推进基层治理法治化》，《光明日报》2014 年 12 月 8 日，第 1 版。

需进一步培养和引导，过于倚重诉讼解决纠纷，涉及基层治理行政诉讼信访增多，不利于当事人权益的切实保护。此外，少数基层党政系统表现出强烈的社会稳定偏好，处理问题有时呈现反法治性。① 一些基层政府习惯于通过发放"红头文件"的方式，来替代法治与规则的治理。

三 多进路推动新时代基层治理法治化

基层治理是政治制度框架或政治结构之中权力运作的基本形式，是国家治理的基础和重要组成部分。基层政府是连接国家与人民的纽带，承担着管理地方事务的重要职责，是体现人民政府形象的窗口，是社会转型期各种矛盾的交汇点，是国家法律法规和政策的最终执行主体。大量的行政执法活动在基层，大量的矛盾纠纷也发生在基层。因此，基层法治状况直接影响法治政府乃至法治国家建设的进程。基层从来不只是有人存在的地理空间，更是一种历史积淀、价值情感与利益冲突等复合体验而成的"生命共同体"②，干部群众法治意识不强、部门和地方利益冲突、干部懒政不作为等主观因素，以及基层事务不规则、僵化的科层制度等客观因素，导致基层政府在治理过程中出现一些偏离、背离甚至背反法治精神的行为。在现代化转型时期的基层治理实践中，基层在治理中逐渐发展出执法"'双轨制'模式"，即依法行政的法治轨道与执行实效的治理轨道并行。③然而，两种轨道的"并行"有时并非"不悖"：存在行政的规范化要求与执行过程的非正式性之间的矛盾，④ 而基层通常为了治理的有效性而牺牲了治理的合法性。在新发展阶段，如何推进基层权力运作同时满足合法性与有效性的要求，是基层治理法治化必须面临的核心问题之一。对此，2021 年 4 月 28 日出台的《中共中央 国务院关于加强基层治理体系和治理能力现代化建设的意见》明确提出推进基层治理法治建设的措施，包括提升基层党员干部的法治素养、完善基层公共法律服务体系和依法制定村规

---

① 陈柏峰：《群体性涉法闹访及其法治》，《法制与社会发展》2013 年第 4 期。
② 范逢春：《新发展阶段城乡基层治理的态势演变、逻辑转换与思路创新》，《行政论坛》2021 年第 5 期。
③ 陈柏峰、刘磊：《基层执法的"双轨制"模式——以计划生育执法为例》，《华中科技大学学报》（社会科学版）2017 年第 1 期。
④ 徐娜：《合法性与有效性：现代化转型时期基层治理的双重目标导向》，《湖北民族大学学报》（哲学社会科学版）2021 年第 5 期。

民约等内容。① 基层治理法治化是一个涉及立法、执法、司法、守法的全方位的系统工程。因此，要推动中国基层治理的法治化，须从多方着手。总体而言，依法治国需将法律至上、依法行政、全民守法这三大诉求作为重要指南。②

（一）厚植法治文化土壤

习近平总书记指出，"法律要发生作用，首先全社会要信仰法律"③，而"全面依法治国最广泛、最深厚的基础是人民，必须坚持为了人民、依靠人民"④。只有全民知法、懂法、用法，法治才有根基。中国已拥有相对完备的法律体系，基本实现了"有法可依"，但要实现城乡基层治理的法治化、发挥法律的作用，关键还需要全民信仰法律。而要让全民信仰法律，一个重要措施即需要向全民普法，提升全民的法治素养。一方面，需要把群众关心关注的热点难点问题作为普法重点，从群众生活入手，讲群众听得懂的话，在适时普法、公益普法、精准普法上下足功夫，尤其是要在青少年心中播下法治种子。普法工作不只是用通俗的语言向公民解读法律的内涵，更需要在法治实践的全过程中同社会公众保持良性互动。每一个个案公平正义的实现，都是法律权威的最佳证明。⑤ 另一方面，需要从基层干部入手，建立健全基层干部学法用法制度，不断增强基层干部法治观念和法治为民意识。

（二）完善依法行政体制

在基层治理中，行政执法与老百姓联系最紧密，直接体现执政水平。习近平总书记指出，"行政机关是实施法律法规的重要主体，要带头严格

---

① 《中共中央 国务院关于加强基层治理体系和治理能力现代化建设的意见》，《人民日报》2021 年 7 月 12 日，第 1 版。

② 卓泽渊：《2035 年远景目标与法治国家法治政府法治社会建设》，《人民论坛·学术前沿》第 3 期。

③ 习近平：《论坚持全面依法治国》，中央文献出版社，2020，第 24 页。

④ 习近平：《坚定不移走中国特色社会主义法治道路 为全面建设社会主义现代化国家提供有力法治保障》，求是网，2021 年 2 月 28 日，http://www.qstheory.cn/dukan/qs/2021 - 02/28/c_1127146541.htm。

⑤ 魏哲哲：《让法治成为全社会共同信仰》，《人民日报》2021 年 11 月 12 日，第 5 版。

执法，维护公共利益、人民权益和社会秩序"①。作为国家治理基础单元的乡镇（街道），推进严格执法、规范执法，一方面需要从执法体制上加以变革，加大基层行政执法制度供给力度，为基层行政执法提供及时、有效的制度供给；另一方面需要强化行政执法监督机制和能力建设，加强执法监督，在实际工作中严格落实好行政执法责任制以及责任追究制度。《关于加强乡镇政府服务能力建设的意见》《关于推进基层整合审批服务执法力量的实施意见》等文件指明了改革的方向：推进行政执法权和力量向基层延伸和下沉，强化街镇的统一指挥和统筹协调职责。首先，需要合理"放权"于镇街。按照能放则放、承接得住的原则，合理下放执法权，让基层政府能够更为便捷地回应基层社会的需求。一些经验研究表明，合理"放权"于乡镇政府，将"边缘权力"集中到乡镇政府，以及适当松动"属地管理"责任以减少乡镇政府负担，能有效提升乡镇政府的治理能力和执法水平。② 其次，建立健全权力清单标准化制度。以制度化、标准化的形式完善行政执法主体的权力清单以及责任清单建设，并把具体的执法依据、处罚裁量的标准、监督的途径等全面向社会公开，既让基层执法人员明明白白执法，又让被监管对象清清楚楚配合。

（三）夯实基层法治资源

习近平总书记强调，"要始终坚持以人民为中心，坚持法治为了人民、依靠人民、造福人民、保护人民，把体现人民利益、反映人民愿望、维护人民权益、增进人民福祉落实到法治体系建设全过程"③。回应群众公平正义诉求，需要夯实基层法治资源。一方面，针对当前中国城乡基层法治资源总体仍较为匮乏、配置不平衡不充分等现象，需着重推动法治工作重心下移到基层、法治工作力量下沉到基层，建立健全将财力、物力、人力更多投放到基层的长效机制，确保资源下沉到基层。如在人力投入方面，在控制总量的前提下，人员编制可以向基层一线倾斜，着力加强和充实基层法治队伍力量。在法治资源供给方面，着重加大基层公共法律服务供给力

① 习近平：《论坚持全面依法治国》，中央文献出版社，2020，第21页。
② 陈柏峰：《乡镇执法权的配置：现状与改革》，《求索》2020年第1期。
③ 习近平：《坚持走中国特色社会主义法治道路 更好推进中国特色社会主义法治体系建设》，求是网，2022年2月15日，http://www.qstheory.cn/dukan/qs/2022-02/15/c_1128367893.htm。

度。在推进标准化方面，深化街镇、居村公共法律服务实体平台标准化、效能化建设，打造"一门式、一口式、一站式"服务平台，努力满足居村民各类法律服务需求，让基层群众更加便捷地获得优质、高效的公共法律服务等。另一方面，则要坚持司法公正。习近平总书记强调，"我们要依法公正对待人民群众的诉求，努力让人民群众在每一个司法案件中都能感受到公平正义，决不能让不公正的审判伤害人民群众感情、损害人民群众权益"①。守好公正司法这一维护社会公平正义的最后一道防线，需要做的工作很多，如改进司法工作作风、优化司法职权配置、规范司法行为、执法公平等。对此，习近平总书记同样指明了努力方向，即"要优化司法职权配置，规范司法行为，加大司法公开力度，回应人民群众对司法公正公开的关注和期待。要确保审判机关、检察机关依法独立公开行使审判权、检察权。这是我们党和国家的一贯主张，党的十八大继续强调了这一点。司法不能受权力干扰，不能受金钱、人情、关系干扰，防范这些干扰要有制度保障"②。

---

① 中共中央文献研究室编《十八大以来重要文献选编》（上），中央文献出版社，2014，第91页。

② 中共中央文献研究室编《习近平关于全面依法治国论述摘编》，中央文献出版社，2015，第69页。

第五章
成风化俗：基层治理中的德治

坚持和发展中国特色社会主义，以中国式现代化全面推进中华民族伟大复兴，要紧抓国家治理体系和治理能力现代化建设，健全党组织领导的自治、法治、德治相结合的城乡基层治理体系，实现物质文明与精神文明全面、协调发展。马克思主义认为，道德是一定社会经济基础上的社会意识形态，反映特定社会发展要求。传统中国社会提倡发挥道德之于秩序的作用，儒家文化具有较强价值理性色彩，强调道德修养，确立"仁义礼智信"基本道德条目。[①] 近代中国蒙难蒙尘，但道德依然是有力的行为准则。在中国共产党领导的社会主义革命和建设进程中，德治是重要组成部分。党的十八大以来，习近平总书记就新时代道德建设问题做出一系列重要论述。党的二十大提出，实施公民道德建设工程，弘扬中华传统美德，加强家庭家教家风建设，加强和改进未成年人思想道德建设，推动明大德、守公德、严私德，提高人民道德水准和文明素养。面对国际国内发展新形势，立足世界百年未有之大变局、我国社会主要矛盾变化及改革发展稳定任务，仍需不断推进国家治理体系和治理能力现代化。其中基层社会建设，尤其是与经济社会发展水平相适应的精神文明建设仍面临诸多挑战。理解为何建设基层德治、何谓基层德治、如何进行基层德治建设，有助于厘清德治内涵，确立基层德治任务目标，健全城乡基层治理体系，提升基层治理合力，完善中国特色社会主义社会治理体系。

一　德治的学理解析

社会学强调对社会运行尤其是良性运行和协调发展的关注。[②] 任何建构起来的制度文化之所以能够良性运行，离不开与之相适应的社会心理、

---

① 黎红雷：《"仁义礼智信"：儒家道德教化思想的现代价值》，《齐鲁学刊》2015 年第 5 期。
② 郑杭生主编《社会学概论新修》，中国人民大学出版社，2020，第 4 页。

社会文化。道德作为一种文化现象，在社会建设与运行中发挥重要作用。古今中外，以道德力量引领和教化民众是人类社会维系自身存在的重要方式，为德治提供了丰富的案例和悠久的理论渊源。立足新时代，为应对新挑战，解决新问题，我们需要不断完善基层德治建设。

（一）德治的含义

作为一种社会文化或意识形态，道德在人类社会中普遍存在，为我们探讨德治提供了共同的现实基础。道德心理、道德观念和道德行为的复杂性，决定了德治含义的丰富性。德治首先是一种社会现象。以道德来调节个人行动和社会交往，建立及维持社会秩序的现象在人类社会中早已存在。一方面，人们依据血缘、亲缘、地缘、业缘等形成社会互动关系网络，根据一定的道德原则确立彼此权利义务，形成较为稳定的互动模式与关系结构。另一方面，社会管理者将道德视作维持社会稳定的手段，构建与社会发展相适应的道德体系，以道德规范来调节社会事务。德治也是一个学术研究对象。作为学术概念，"德治"是较为晚近的产物，是经济社会发展变迁背景下研究者共同提炼、建构，内涵不断丰富的研究主题。新时代中国经济社会不断发展，学界有关"德治"的研究视角、理论、观点不断丰富、深入，既涵盖历史脉络，也面向当代需求，力图解决当代社会良性运行与协调发展所面临的问题。值得注意的是，在社会治理中，德治既指向手段方式，也包括理想图景的含义。

1. 作为手段方式的德治

一方面，实践层面的德治常被理解为在具体社会运行过程中，利用正式或非正式的社会规范，对人们思想、行为进行教化、引导，从而维护社会成员之间和谐稳定及整体社会良性运行。这方面理解更强调德治作为手段或工具的含义。"社区治理手段具有多样性。其中，法治与德治相结合……具有重要意义。"[①] 有研究者将其界定为，"在社会治理过程中，发挥道德的教化或感化作用——不管这种道德是以何种形式存在着——以道德力量创造良好社会秩序、和谐人际关系"[②]；"德治，主要是对社会的道

---

① 王杰秀主编《中国城乡基层社会治理研究》，人民出版社，2019，第 3 页。
② 李兰芬：《当代中国德治研究》，人民出版社，2008，第 29 页。

德控制，指在社会治理中对道德自律、道德教育、道德建构的重视和运用"①。另一方面，也有研究者不满足于抽象界定，尝试立足于具体时代社会背景，提炼德治的时代性或地方性特征②，从而回应德治所面临的新挑战、新需求。例如，部分学者提出当代社会中德治"是要倡导新型社会主义道德观，以社会主义道德和共产主义道德为其基本内容，在继承和弘扬中华优秀传统德治思想的精华基础上，加强社会公德、职业道德、家庭美德、个人品德的教育，推动公民道德建设，弘扬真善美、贬斥假恶丑，建立人们内心对法律的尊崇与敬畏，发挥道德思想和道德素质在维护社会秩序中的重要作用，引导人们自觉履行法定义务和社会责任，培育知荣辱、讲正气的良好风尚"③。无论是从普遍性角度还是特殊性角度看，这类对德治的界定都指向道德在社会运行过程中所能起到的直接教化作用以及对社会稳定的维护作用，将德治视作一种手段或工具，强调为了维护社会良性运行而通过道德范畴直接介入民众日常生活。

2. 作为理想图景的德治

德治在某种程度上作为"以德治国"的简称，也被视为宏观层面治国理政的理念和理想状态，描绘了人人遵守道德规范、社会安定有序的和谐愿景，具有韦伯笔下理想类型的意义。治国思想是中国传统文化核心，周人将"德"视为"天命靡常"的根本原因，奠定了德治作为治国理想的基础。④"黄帝、尧、舜垂衣裳而天下治，盖取诸《乾》《坤》。"⑤"垂衣裳"之所以能换来"天下治"，并不在于服饰的物质层面，而在于背后的礼乐教化。衣冠象征着伦理道德和社会秩序。正是因为服饰的质料、颜色、图案要与穿着者的身份、地位、道德相符合，民众才能通过服饰陶冶性情、节制欲望、遵守秩序。⑥换句话说，"垂裳而治"描绘了百姓安居乐业的理想图景，是把德治当作治国理念，通过德治展现君王"无为而治"的理想写照。在当代中国社会中，德治同样具有理念、愿景层面的含义。"以德治国"是在充分借鉴和吸收传统德治思想精华、深刻总结国内外治国经验

---

① 李建华：《现代德治论：国家治理中的法治与德治关系》，北京大学出版社，2016，第81页。

② 罗国杰、夏伟东：《论"以德治国"》，《求是》2001年第15期。

③ 《德治融入法治导论》课题组：《德治融入法治导论》，群众出版社，2019，第7页。

④ 李圣强：《〈周易〉经传德治思想研究》，博士学位论文，山东大学，2020，第10页。

⑤ 《周易》，郭彧译注，中华书局，2012，第382页。

⑥ 黄煌：《"垂衣裳"与儒家礼制》，《周易研究》2011年第4期。

基础上做出的科学论断。坚持依法治国和以德治国相结合，是对治国理政规律的深刻把握。进入新时代，以习近平同志为核心的党中央高度重视德治。2018 年，习近平总书记在十九届中央政治局第八次集体学习时提出，"要在实行自治和法治的同时，注重发挥好德治的作用，推动礼仪之邦、优秀传统文化和法治社会建设相辅相成"①。

（二）德治思想历史溯源

无论是作为社会现象、手段方式，还是治国理念，德治都不是孤立存在的。毋宁说，不同面向的德治含义之间存在内在联系，相互补充，共同构成了德治的丰富内涵，有着悠久的发展历史和思想渊源，古今中外众多理论家都有过相关论述。对这一历史渊源的回顾，有助于加深对德治的理解。

1. 西方德治思想

古希腊时期，柏拉图以灵魂比喻国家，认为存在理性、激情、欲望三要素，对应统治者、保卫者、生产者三阶级，以及智慧、勇敢、节制三道德，不同阶级各司其职，国家社会才能实现正义。《理想国》是其作为哲学政治家的治国计划纲要。书中以社会分工为基础，认为政治活动是领导阶级义不容辞的道德责任，在获得农民、工人、商人供养的基础上，领导阶级回馈社会以良好教育、治安、国防等。只有具备正当性、必要性、合法性的哲学家成为领导者，坚守职责，不随便僭越，才能实现理想、正义的统治，体现善和秩序的统一。② 亚里士多德虽不同意人治主张，但其在论述中将政治学与伦理道德相结合，认为建立国家的目的是实现最高的善，法律的实行要以所有人的德性为基础。可见，亚里士多德并非单纯强调法的作用，而是认为无论何种制度都要以德性为保障，只有社会上的人都遵守道德指引，才能够实现政治正义、良法之治。③ 在中世纪时期，欧洲的社会生活与意识形态受制于教会，道德服务于宗教神学。托马斯·阿奎那将道德看作上帝刻印在人心的自然律令，由此上帝意志决定了人类道

---

① 《习近平关于"三农"工作论述摘编》，中央文献出版社，2019，第 137 页。
② 〔古希腊〕柏拉图：《理想国》，郭斌和、张竹明译，商务印书馆，1986，译者引言、第132～176、257～260 页。
③ 〔古希腊〕亚里士多德：《政治学》，吴寿彭译，商务印书馆，1983，第 3、38、39、147～151 页。

德活动。在国家统治和社会管理方面，托马斯·阿奎那认为国家的目的在于谋求社会共同按照道德原则实现的幸福生活。由此，中世纪基督教融道德、法律于一体，宗教神学有关道德的理论与世俗国家的社会管理相互联系，宗教的道德教化与社会的道德教育结合在一起。① 对于现代西方社会，虽然理论界强调法治，但道德在国家与社会的管理中仍然发挥重要作用。马克斯·韦伯从发生学角度对资本主义进行分析时提出资本主义精神，认为宗教改革中天职观、禁欲主义等伦理道德规范作为某种心理、精神驱动力对人们的经济行为产生重要影响。韦伯的研究揭示了伦理道德与资本主义社会之间的发生关系，强调精神力量对于社会发展转型的推动作用。② 围绕理性化进程，韦伯探讨了科层制特点，认为科层制中的程序正当性、合法性等方面所体现的理性特征最典型地反映了现代社会行政体制的职业道德和伦理逻辑，即科层制中的纪律性与自我克制。③ 法国社会学家涂尔干的理论分析对于德治也有重要参考意义。面对法国在转型期表现出的失范现象和社会问题，涂尔干提出从机械团结向有机团结的转变。机械团结指传统社会中人与人社会生活、生产较为相似，依靠血缘、亲缘关系建立起来的社会团结纽带；而有机团结指在社会分工发展情况下，建立在人与人异质性基础上的社会团结纽带。④ 他寄希望于建立类似职业道德的新型社会团结纽带，从而重建社会道德，恢复社会秩序。

2. 传统中国德治思想

中国在悠久的历史发展过程中，形成了一套庞大、严密的道德文化体系。宏观上表现为治国理念，微观上表现为基层社会具体管理方式，构成传统中国的德治思想和实践。周朝就存在"以德配天"等认识，认为统治者应修习自身德性，若缺乏良好道德修养，将受到上天惩罚，失去统治的合法性基础。"周公制礼"指以忠孝为主的伦理道德规范。有研究者认为，

---

① 张治秀：《论西方德治思想的历史演变及其启示》，《张家口职业技术学院学报》2006 年第 2 期。

② 〔德〕马克斯·韦伯：《新教伦理与资本主义精神》，康乐、简惠美译，广西师范大学出版社，2007，第 186 页。

③ 张治秀：《论西方德治思想的历史演变及其启示》，《张家口职业技术学院学报》2006 年第 2 期。

④ 〔法〕埃米尔·涂尔干：《社会分工论》，渠东译，生活·读书·新知三联书店，2000，第 33~92 页。

周朝时期的德治主要强调"敬天"和"保民"两个方面，能够两方兼顾的
君主就是有德之君。① 东周礼制虽遭破坏，但诸子百家论述治国理政时，
很多人强调德治重要性。儒家学说提倡德治，围绕德治建立起一套伦理体
系。② 在某种程度上，德治被视作儒家学说代名词。③ 儒家思想核心在于
"礼"，意味着长幼尊卑有序，"齐之以礼"④。孔子提出，"为政以德，譬
如北辰，居其所而众星拱之"⑤。孟子则提出，"以不忍人之心，行不忍人
之政，治天下可运之掌上"⑥。可见，儒家德治理想在于建立一个有序、安
居、乐业、教化的道德社会。为了达到这一理想，儒家提倡德治之道。一
方面，执政者作为道德至善化身，应以身作则，注重道德修养；另一方
面，社会实施普遍道德教化，提高每个人的道德修养。"自天子以至于庶
人，壹是皆以修身为本。"⑦ 儒家将道德置于最高位置，"其身正，不令而
行；其身不正，虽令不从"⑧。道德既被视作个人终极追求，也被视作评价
一个社会好坏的根本标准。之所以这样重视德治的地位和作用，是因为儒
家诞生于春秋战国乱世之中，期望以自身学说结束各国纷乱的战争状态，
建立有序社会。在此基础上，儒家论述了作为治国理念和社会理想的德治
状态，希望施行仁政，最高统治者以身作则，全社会施之以礼，以礼乐建
立社会规范，调节人与人之间的社会关系，从而稳定社会结构，实现有效
统治。从历史上来看，"修身、齐家、治国、平天下"的德治观念深入人
心，构成了传统中国社会国家治理的理论框架。⑨ 此后历史变迁，儒家德
治思想不断发展。汉武帝接受董仲舒建议，"罢黜百家，独尊儒术"，推行
"礼法合一"⑩。唐宋变革时期，门阀贵族领导体制随科举制建立及土地私

---

① 梁治平：《论法治与德治：对中国法律现代化运动的内在观察》，九州出版社，2020，第
33 页。
② 顾颉刚：《古史辨（二）》，上海古籍出版社，1982，第 44 页。
③ 冯国超：《论先秦儒家德治思想的内在逻辑与历史价值》，《哲学研究》2002 年第 7 期。
④ 《论语》，张燕婴译注，中华书局，2007，第 13 页。
⑤ 《论语》，张燕婴译注，中华书局，2007，第 12 页。
⑥ 《孟子》，万丽华、蓝旭译注，中华书局，2007，第 69 页。
⑦ 《大学》，王国轩译注，中华书局，2007，第 5 页。
⑧ 《论语》，张燕婴译注，中华书局，2007，第 189 页。
⑨ 张兴华：《当代中国国家治理——现实困境与治理取向》，博士学位论文，华东师范大学，
2014，第 39 页。
⑩ 张中秋：《中西法律文化比较研究》，南京大学出版社，1999，第 275～279 页。

有制完备而进一步瓦解，非身份制逐渐建立。[①] 基层社会权力真空被乡村精英填补。相比于汉唐时期政府直接任命乡官，国家转而承认士绅在地方的乡村治理权，开始强调地主及富商的社会责任。[②] 在这一背景下，面对基层问题，士大夫纷纷展开论述。一方面，通过乡规民约、道德约束等进行社会教化，实现基层社会稳定与有效管理；另一方面，则通过义田、族田、义仓及修桥铺路进行公益建设，满足社会日常生活生产需求。张载提出重建乡村宗法组织的观点，认为只有在一个宗法共同体之下，人们才更有道德感，厚风俗，不忘本，社会团结才得以可能，提出"民胞物与"道德准则。[③] 张载的弟子则在《吕氏乡约》中提出"德业相劝、过失相规、礼俗相交、患难相恤"道德原则或行为准则。范氏义庄规范中对成员行为举止进行详细规定，对违法犯罪行为进行严格禁止。[④] 程颐规定应该从所有私田中拿出五分之一作为公田[⑤]，这与其他思想一起构成其经济、政治、社会及文化等方面的宗法共同体内的基层社会管理思想。[⑥] 从历史角度来看，乡村社会中基础设施建设、教育等公共事业的管理无不与这些道德规范思想有关。自宋代士大夫提出乡村基层道德规范后，明朝中后期开始形成正式固定制度，由国家法令推广。[⑦] 明代继承了元的社制基础，选择有威望的老人作为基层权威，管理地方风俗教化及纠纷调解。[⑧] 清代则将公益事业交由地方，推行"以乡人治其乡之事"的政策，并对基层社会管理范围、内容、自治机构和任期进行规定，由此通过道德教化建立了维护乡村社会秩序、自我管理和服务的制度，形成了既受国家认可，又具有自身自主性的德治体系。民国时期，梁漱溟认为中国是一个以伦理关系为本位的社会，要解决当时的社会危机就要从这一基本特点入手，乡村基层社会

① 〔日〕谷川道雄：《"唐宋变革"的世界史意义——内藤湖南的中国史构想》，李济沧译，载武汉大学中国三至九世纪研究所编《魏晋南北朝隋唐史资料（第23辑）》，武汉大学文科学报编辑部，2006，第1～13页。
② 宣朝庆：《近代乡村危机的制度反应》，《人文杂志》2014年第2期。
③ 转引自曹锦清《历史视角下的新农村建设——重温宋以来的乡村组织重建》，《探索与争鸣》2006年第10期。
④ 刁培俊：《宋代乡村精英与社会控制》，《社会科学辑刊》2004年第2期。
⑤ 转引自曹锦清《历史视角下的新农村建设——重温宋以来的乡村组织重建》，《探索与争鸣》2006年第10期。
⑥ 刘笃才：《中国古代民间规约引论》，《法学研究》2006年第1期。
⑦ 谢长法：《乡约及其社会教化》，《史学集刊》1996年第3期。
⑧ 张军：《关于村民自治的思考》，《中国农村观察》2000年第1期。

管理的主要任务是重建已经混乱不堪的乡村秩序，其中道德秩序是重要内容。梁漱溟看重"民胞物与"理念，强调把重建乡约作为乡村建设的方法之一，并效仿《吕氏乡约》在邹平等地推行"乡农教育"。① 费孝通认为，在传统中国乡村社会中，人们依据教化而内化的道德敬畏感形成秩序。② 瞿同祖认为，传统社会中礼法都是存在的社会规范，对人们产生约束。③ 在这样的背景下，社会生活以亲族关系为主导，同一个社会圈子中的村民受制于相同的道德规范，对村规民约有一个较为广泛的共识。④

（三）新中国德治建设

无论国外国内，对德治的论述都是在一定的社会与时代背景下，在具体政治、经济、社会、文化等条件下形成的。1949 年以来，中国对社会主义精神文明建设进行了不断探索，为新中国开展德治提供了重要支撑。

1. *初步建立社会主义道德规范体系*

中华人民共和国成立前，以毛泽东同志为代表的中国共产党人，在批判性地继承中国德治传统的基础上，结合马克思主义和中国革命具体实践，提出树立共产主义远大理想和全心全意为人民服务的宗旨。这一宗旨不仅成为共产党人的价值观，还融入民众社会生活，成为凝聚全社会的道德标准。传统社会德治中的纲常伦理被当作封建腐朽文化抛弃，而道德教化方面的手段如教育、感化、楷模表率等则被加以利用。中华人民共和国成立之初，根据当时的社会性质、发展水平、现实基础等，政府着手道德建设。《中国人民政治协商会议共同纲领》对全体国民提出"五爱"社会公德要求。⑤ "五爱"道德标准随后被写入《中华人民共和国宪法》并被赋予更全面深刻的含义⑥，成为中国社会主义道德建设的基本要求。从总体上看，这一阶段逐步确立了社会主义道德规范在中国社会中的主导地位。

---

① 梁漱溟：《乡村建设理论》，重庆乡村书店，1939，第 34~38、140~143、187~214 页。
② 费孝通：《乡土中国生育制度》，北京大学出版社，1998，第 7~10、49~53、58 页。
③ 瞿同祖：《中国法律与中国社会》，中华书局，2003，第 329~350 页。
④ 李怀印：《华北村治——晚清和民国时期的国家与农村》，岁有生、王士皓译，中华书局，2008，第 110 页。
⑤ 注：1949 年，《中国人民政治协商会议共同纲领》中提出，"提倡爱祖国、爱人民、爱劳动、爱科学、爱护公共财物为中华人民共和国全体国民的公德"。1954 年，《中央人民政府政务院关于改进和发展中学教育的指示》提出，继续培养这一国民公德。
⑥ 1982 年宪法修订时，提出"爱祖国、爱人民、爱劳动、爱科学、爱社会主义"。

2. 大力开展精神文明建设

改革开放后，经济社会快速发展对道德建设提出新要求。1981 年，《关于开展文明礼貌活动的倡议》提出，开展以 "讲文明、讲礼貌、讲卫生、讲秩序、讲道德" 和 "心灵美、语言美、行为美、环境美" 为主要内容的文明礼貌活动。"五讲四美三热爱" 随后在 20 世纪 80 年代成为社会上广泛宣传并为大家所遵守的道德标准。党的十二大明确了社会主义精神文明建设的根本任务和基本要求。党的十二届六中全会对社会主义精神文明建设的战略地位、根本任务、基本指导方针等进行了系统论述，提出社会主义道德建设的基本要求。党的十四届六中全会强调，以科学的理论武装人、以正确的舆论引导人、以高尚的精神塑造人、以优秀的作品鼓舞人，进一步肯定了 "五爱" 道德规范的地位和作用。

3. "以德治国" 纳入治国方略

为加强社会主义思想道德建设，发展先进文化，建立与社会主义市场经济相适应的社会主义道德体系，2001 年中共中央印发实施《公民道德建设实施纲要》，提出 "促进依法治国与以德治国的紧密结合，推动经济和社会的全面发展"。党的十六大提出，"坚持物质文明和精神文明两手抓，实行依法治国和以德治国相结合"，将以德治国正式融入治国方略。党的十六届六中全会提出，"倡导爱国、敬业、诚信、友善等道德规范，开展社会公德、职业道德、家庭美德教育"。党的十七大立足于国情、党情及社会发展状况，将 "以德治国" 写入党章，强调精神文明建设作为思想保证、精神动力和智力支持的作用。党的十八大提出，"要坚持依法治国和以德治国相结合，加强社会公德、职业道德、家庭美德、个人品德教育，弘扬中华传统美德，弘扬时代新风"。党的十八大以来，以习近平同志为核心的党中央高度重视道德建设问题，多次做出重要论述，明确提出 "以人民为中心" 的思想，培育和弘扬社会主义核心价值观，持续深入推进社会主义思想道德建设，对从国家层面的价值目标到社会层面的价值取向再到个人层面的价值准则进行了总结。2019 年 10 月，中共中央、国务院印发《新时代公民道德建设实施纲要》，明确了新时代公民道德建设的总体要求、重点任务和具体举措。

（四）新时代基层治理中的德治

从德治思想的历史发展可以看出，我们对德治的认识不断深化，走出治国理念和基层治理方式并重的道路。新时代的国情社情与治理实践向德治提出新挑战，德治在基层治理中的地位、作用与路径也越来越明确。

立足新时代，无论是在理论层面还是现实层面，基层社会都出现了新趋势，面临新情况。传统德治与当代社会生活之间的联系减弱，传统道德之于社会生活的有效性出现松动。"礼治的可能必须以传统可以有效地应付生活问题为前提。"[①] 基层德治建设面临新要求，完善党组织领导的自治、法治、德治相结合的城乡基层治理体系，有其现实性与必要性。

一方面，国情社情有新要求。传统中国社会熟悉性、封闭性强，而流动性弱。人与人之间的联系主要依靠血缘、地缘及日常生活中每天面对面持续互动。在这一社会中，传统道德体系发挥了社会联系和社会团结的纽带作用，调节人际权利义务及互动关系，维持社会秩序。费孝通在"乡土中国"论述中，称其为"熟悉社会"[②]，熟悉的不仅是人、事、物，更是行为举止、为人处世的规范，其中传统道德规范是重要内容。伴随社会分工深入发展，在生产力进步的同时，人与人的社会联系纽带也在发生变化。经典社会学理论关注从传统向现代的社会变迁过程，提出"共同体与社会""机械团结与有机团结""理性化""文明化"等理论分析模型。各理论分析模型视角与观点虽各异，但都认为在经济、政治、社会、文化等方面变迁背景下，个体道德观念、人与人之间的社会联系、权利义务以及个体之于群体的认同与归属等均会发生重大转变，对德治建设提出新要求。随着经济社会快速发展，中国社会变迁速度、广度和幅度都是空前的。社会中熟悉性仍然保持，但陌生化趋势明显[③]；流动性迅速上升，无论横向还是纵向上的社会流动都已普遍。以往相对封闭的村庄或社区加强了彼此联系，官方介入基层建设后的公共性也越来越强。[④] 社会结构表现出多元化发展趋势。人们对道德的评价也在发生变化，如图 5-1 所示，在 2021 年广东省省情调研中，68.32% 的受访者认为道德水平比以前高，9.40% 的受访者认为和以前差不多，12.75% 的受访者认为道德水平不如以前，另有9.53% 的受访者表示不清楚。

---

① 费孝通：《乡土中国　生育制度》，北京大学出版社，1998，第 52 页。
② 费孝通：《乡土中国　生育制度》，北京大学出版社，1998，第 6～11 页。
③ 贺雪峰：《论半熟人社会——理解村委会选举的一个视角》，《政治学研究》2000 年第 3 期。
④ 陆益龙：《后乡土中国的基本问题及其出路》，《社会科学研究》2015 年第 1 期。

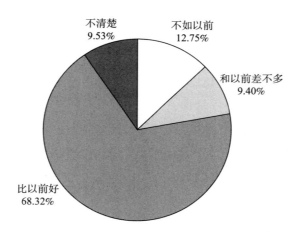

图5-1 对当前社会道德水平的评价分布（N=808）

资料来源：广东省省情调研网。

对于2021年广东省省情调研"在本社区住了多少年"一题，受访者回答最小值为0，即刚来社区不久，反映人口流动的社会现实；最大值为78.0年，反映生于斯长于斯的社会传统，均值则为30.3年。从调研结果看，人口的大流动早已成为不争的社会现实，传统的人与人之间的熟悉关系正在经历调整。与此相应，如图5-2所示，多数受访者认为与街坊邻居较熟，但值得注意的是，认为街坊邻居间关系一般的比例在各选项中最高，达到40.05%，基层社会传统熟悉性下降，陌生化程度提升的特点较为明显。传统社会和现代社会在基本态度、价值体系方面不同，"适应于匮乏经济的一套生活方式，维持这套生活方式的价值体系是不能再帮助我们生存在这个新的处境里了"①。在这一背景下，传统社会中维持社会联结的道德体系在当代中国社会变迁中逐渐失去赖以生存的基础，越来越难以发挥纽带作用回应现代社会治理需求。立足新时代，社会发展、改革走向不断深化的新阶段，我们也面临建设社会主义现代化强国新目标，国情社情的新变化亟须新的德治使社会安定有序、充满活力。

另一方面，德治实践有新要求。进入新时代，中国改革进入攻坚期、深水区，尤其是党的十八届三中全会提出社会治理后，德治实践不断探索，德治体系持续完善。当前，社会分工不断精细化，推动经济社会持续发展，宏观上表现出全球化、市场化、网络化等特点，微观上大众的政治

---

① 费孝通：《乡土重建》，中信出版社，2019，第12页。

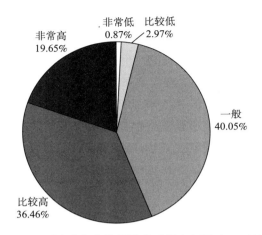

非常低 0.87%　比较低 2.97%
非常高 19.65%
一般 40.05%
比较高 36.46%

图 5－2　受访者与街坊邻居熟悉程度自评（N = 809）
资料来源：广东省省情调研网。

参与度在加大，民众的权利感提升①，普通居民对影响到自身的政策施加干预的意愿越来越强烈。② 治理理论为这一新形势提供了解释和行动框架，将多元主体和不同领域纳入一个有机统一的决策与行动结构。作为调节个体认知与行动、主体间关系的规范，道德在社会运行中占据至关重要的位置。在对社会治理、市域社会治理、基层治理的理解、探讨与实践不断深化过程中，亟须厘清德治在不同层级的内涵、构成、运行机制及工作任务。基层是国家治理的"神经末梢"。民众的日常生活在基层，基本需求在基层，对美好生活的向往在基层，对民主、法治、公平、正义的关注在基层。良好的基层治理能够推动活力与秩序相结合，保障社会长治久安，让人民群众更有幸福感、获得感、安全感。国家治理既是蓝图，也是实践，需要乡镇、街道、村居、社区、企事业单位等在内的广大基层单位通过踏实、有创造性的工作将党和国家的发展理念转化为具体实践。在当前推进国家治理体系与治理能力现代化的实践过程中，完善基层社会德治是应有之义与必由之路。从基层治理角度看，伴随当代中国数十年快速的经济发展和社会变迁，道德生活出现全方位变化。改革开放以来，农村中政社合一的体制发生了根本性转型，取消农业税以后，乡镇成为"悬浮型政

---

① 赵鼎新：《什么是社会学》，生活·读书·新知三联书店，2021，第 13 页。
② 左晓斯：《治理究竟是什么》，《学术研究》2015 年第 10 期。

权"①，城市中单位体制也逐渐转型②，基层社会的组织性程度降低，国家与民众间的组织化联系弱化。传统"熟人社会"等背景下的社会团结纽带所发挥的联系与约束作用相应降低，出现了利益诉求多元、矛盾纠纷不易化解等问题，传统基层管理实践面临不适应问题，亟须建立新的制度体系维护社会安定有序、充满活力。如图 5 - 3 所示，2021 年广东省省情调研中对"约定/承诺""他人评价""村规民约/居民公约"三项道德规范能否约束个体行为进行了询问，认为"约定/承诺""他人评价"基本没用及有点作用的比例之和都超过四成（42.66%、46.88%），认为"村规民约/居民公约"基本没用及有点作用的比例较低，但也接近 1/4（24.35%）。可见，当前基层社会中道德规范体系仍具备约束力量，但亟须完善基层德治，并对其予以巩固和提升。

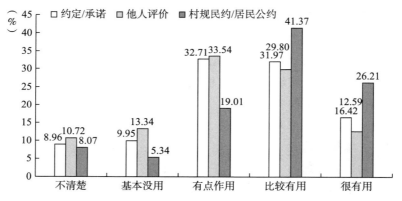

图 5 - 3　各项道德规范约束作用评价

资料来源：广东省省情调研网。

在基层社会不断发展变迁、对社会治理认识更加全面、治理体系更加健全、治理实践不断丰富的基础上，建立健全适应基层治理的德治机制，充分发挥道德在教化人心、加强社会团结、缩小社会差距、弥合社会裂痕等方面的重要作用，成为满足人们对美好生活的新期待、战胜前进道路上各种风险挑战的必然选择。

---

① 周飞舟：《从汲取型政权到"悬浮型"政权——税费改革对国家与农民关系之影响》，《社会学研究》2006 年第 3 期。

② 何海兵：《我国城市基层社会管理体制的变迁：从单位制、街居制到社区制》，《管理世界》2003 年第 6 期。

基层治理是在中国共产党领导下，"主要在农村乡镇、村和城市街道、社区层面，各类社会主体共同开展，服务基层大众、协调基层社会关系、化解基层社会矛盾、维护基层社会稳定的制度及其运作实践的总称"①。习近平总书记高度重视基层治理，指出一个国家治理体系和治理能力的现代化水平很大程度上体现在基层。党的十八届三中全会提出社会治理以来，德治经历了从管理向治理的转型。在基层治理受到强调的同时，德治之于基层社会的意义也越来越明晰。党的十九大报告提出，"健全自治、法治、德治相结合的乡村治理体系"；党的十九届四中全会进一步明确，"健全党组织领导的自治、法治、德治相结合的城乡基层治理体系"。基层德治相关论述日益增多，重要性愈加凸显，成为有待我们厘清和发展的重要内容。

二 当代基层德治的概念、特点与构成

费孝通笔下的传统中国社会具有熟悉性、不流动性、地方性等特征②，也产生了相应的德治理念和手段。在其提炼的"差序格局"中，"差"指社会关系以己为中心层层扩散，"序"指长幼尊卑有序，基本概括了传统中国社会道德秩序。中华人民共和国成立后，现代德治体系在新的经济、政治、文化基础上建立。③ 在当代中国快速变迁的社会背景下，生产、生活方式及社会结构发生较大转变，道德形成和作用机制也发生了相应变化。④ 在推动国家治理体系和治理能力现代化的过程中，要推动基层德治不断适应、调整和完善，建构与时代和社会相适应、符合城乡基层治理需求的基层德治体系。

（一）当代基层德治的内涵

当前基层社会尤其是乡村社会中的熟悉性、封闭性并未完全消失，城市社区中街坊邻居在长期互动下也保持一定程度的熟悉性，情感、道德、

---

① 朱忠彪：《国家治理视域下基层治理与社区教育融合研究》，《湖南工业大学学报》（社会科学版）2022 年第 1 期。

② 费孝通：《乡土中国 生育制度》，北京大学出版社，1998，第 6~11 页。

③ 翟欢：《古代德治传统与现代乡村德治建构》，《决策与信息》2019 年第 9 期。

④ 李建华：《现代德治论：国家治理中的法治与德治关系》，北京大学出版社，2016，第 31 页。

习俗等仍对规范个体行为、维护基层社会稳定发挥着不可替代的作用。在基层治理中，应当继承传统优秀文化，弘扬时代精神，充分发挥榜样示范、礼仪学习、舆论引导、居民公约等道德教化方式作用，建构与时代背景、社会发展阶段、基层治理相适应的德治体系。

"以德治国"从国家层面提出治国方略，整体上绘就了国家治理理想图景，是宏观层面治国理念和微观层面社会治理具体方式、手段的统一。基层德治既是社会治理体系中的一环，描绘了"以德治基层"的蓝图，也是对治理图景的具体化和操作化。对当代基层社会德治内涵的理解，需要从手段方式和理想图景两方面展开。

一方面，基层治理中"德治"具有理想图景含义，在基层治理中发挥着道德体系的教化、引领、规范、约束等作用，提高了基层党组织工作覆盖面及组织行动能力，增强了基层自治、法治体系底蕴，使基层党建法治和自治得到高度支持与认可，保障基层良性运行，维护基层社会稳定与秩序。这一含义从整体层面展现了德治对基层社会运行的推动促进作用，对基层德治的目标进行了精炼与概括。

基层德治理想图景向我们展示了三点内容：其一，在个体主观层面，行动者认同道德、法律等规范，内化为自身认知并付诸实践活动；其二，在社会关系层面，行动者之间、基层组织与居民之间、各组织机构之间建立密切稳定的社会联系纽带；其三，在社会秩序层面，由于个体行止有度，个体与组织、组织机构之间沟通顺畅，在党组织领导下，基层德治与自治、法治相互协调，基层社会得以高效运行，充满活力，安定有序。

另一方面，基层治理中"德治"也包括治理手段与方式的含义。《中共中央 国务院关于加强基层治理体系和治理能力现代化建设的意见》提出，"培育践行社会主义核心价值观，推动习近平新时代中国特色社会主义思想进社区、进农村、进家庭。健全村（社区）道德评议机制，开展道德模范评选表彰活动，注重发挥家庭家教家风在基层治理中的重要作用。组织开展科学常识、卫生防疫知识、应急知识普及和诚信宣传教育，深入开展爱国卫生运动，遏制各类陈规陋习，抵制封建迷信活动"。不同于理想图景，基层德治有明确对象，即基层社会。基层德治并不涉及国家层面各种荣誉和资源的分配，而是更重视具体的德治运行实践过程及与其他体系间的协调配合问题。其更多运用道德治理基层的手段和方式，意指道德在评价、教化、规范个体思想与行动方面的作用，完善道德标准，健全道德规范体系，运用榜样示范、礼仪学习、道德教化、舆论引导、居民公约等具体方式方法，将个人品德、家庭美德、职业道德、社会公德、民族精神等融入基层社会，内化于基层民众之心，从而正民心、树新风，营造基层社会良好氛围，保障基层社会良性运行，维持基层社会安定祥和平安有序。"德治即以道德规范来约束人们的行为从而形成社会秩序的治理观念和方式，道德规范约束是一种非正式制度约束。"①

（二）当代基层德治的特点

从概念辨析中可以看出，基层德治既包括理想图景和手段方式两层内容，又涵盖从个体、关系到社会这一从微观到宏观的全链条。因此，我们既不能混淆基层德治与宏观德治的区别，又要注意基层德治内部的具体性与复杂性。总体来看，基层德治至少具有以下四个特点。

1. 统一性

从道德本身来看，道德规范是人内心认可的思想行为规范，强调客观规范转变为主观规范的合法性，规定个体的行为举止边界，既包括允许和提倡的行为，所谓"老吾老，以及人之老；幼吾幼，以及人之幼"②，也包括禁止的行为，所谓"非礼勿视，非礼勿听，非礼勿言，非礼勿动"③。当代中国基层社会中的德治以道德规范为核心。作为最贴近民众生活的治理层级，基层治理要面向基层社会发展需求，面向民众日常生活问题和道德评价，既要规定提倡的行为，也要规定禁止的行为；既包括个体的道德权利，也包括应履行的道德义务，达到权利义务的统一。

2. 时代性

一个时代有一个时代的主题，社会发展不同阶段所面临的矛盾、问题和需求都不一样。道德体系虽然自古以来都发挥着维护社会稳定的作用，但其内涵、实践过程及具体作用在时代变化中也在不断调整。当代基层德治既包括优秀传统文化，又包含时代社会需要的品质精神，但其主要作用不是回答历史问题，而是指导基层民众的日常生活实践，因此具有鲜明的时代特征。"三纲五常"被认为是传统封建社会中的道德标准，随着时代、

---

① 郁建兴：《中国基层社会治理中的自治、法治与德治》，《学术月刊》2018 年第 12 期。
② 《孟子》，万丽华、蓝旭译注，中华书局，2007，第 14 页。
③ 《论语》，张燕婴译注，中华书局，2007，第 171 页。

社会发展，拘泥于原有含义势必会给民众的当代日常生活带来负面影响，因此当代基层德治建设必须去其糟粕、取其精华，赋予"仁、义、礼、智、信"以新的含义、新的解读，让其获得民众认可，在当代基层社会中富有生机活力，为民众提供必要的规范指引。当前我们进入新发展阶段，社会主要矛盾、经济社会发展状态、国内外形势、执政党建设等方面都出现新特点，面临新挑战。基层社会德治要立足新时代，回应基层社会和人民群众的诉求。

3. 实践性

道德并非先验的，而是嵌入具体社会的，伴随实践活动为人们所习得、认同并践行。当代基层社会德治具有鲜明的实践性质，这是其作为社会治理具体手段方式的最主要特点。基层德治建设不能只画蓝图、空喊口号，而是需要持续、实际的道德建设行动。需要通过榜样示范、礼仪学习、道德教化、舆论引导、居民公约等多形式、多内容的实践活动，让道德规范内化于人心。从实践层面将道德规范转化为身体力行，才能有效进行基层德治建设，进而完善基层治理体系。在 2021 年广东省省情调研中，82% 的受访者表示"经常"或"偶尔"会参加捐款、献血、志愿者等活动（见图 5－4），93.44% 的受访者表示会参加村居委会组织的活动，43.85% 的受访者表示曾向村居委会反映问题或提出建议。可见，在当前基层社会中，民众正在用具体的行动实践"一方有难八方支援""主人翁精神"等道德规范。

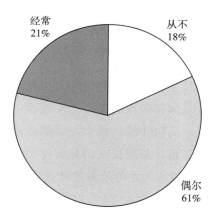

图 5－4　参加捐款、献血、志愿者等活动的频率分布（$N＝809$）

资料来源：广东省省情调研网。

4. 协调性

作为民众日常生活直接展开的场域，基层社会的具体性和复杂性决定了并非只有道德规范孤立地发挥引导、约束作用。无论是在传统社会还是当代社会，德治与自治、法治的关系都已经被学界所关注。中国共产党领导的革命、建设、改革的经验则明确了党建和德治之间的密切联系。因此，基层德治建设中要注意与其他领域的协调促进。党的十九届四中全会提出，要完善党委领导、政府负责、民主协商、社会协同、公众参与、法治保障、科技支撑的社会治理体系。实现基层社会安定有序，除了要进行适当的德治建设，还要注意处理好德治与基层党建、自治、法治之间的协同关系，在基层党组织领导下实现乘数效应、倍增效应。

（三）当代基层德治的构成

在费孝通论述的乡土社会中，个人并不完全遵从于法律规定的权利义务，人与人之间的亲疏远近在很大程度上决定了彼此的道德义务[1]，因此基层德治在社会秩序方面发挥着不可替代的作用。"道德观念是在社会里生活的人自觉应当遵守社会行为规范的信念。它包括行为规范、行为者的信念和社会的制裁。"[2] 与之相应的是，如图 5-5 所示，德治也包括认知、认同、行动三个层面。根据基层治理德治的内涵与特点，我们可以从主体、规范、内化及惩罚机制等方面理解其实践及构成。

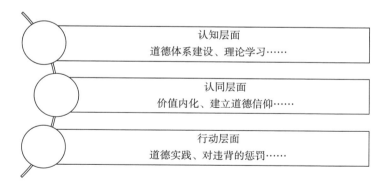

认知层面
道德体系建设、理论学习……

认同层面
价值内化、建立道德信仰……

行动层面
道德实践、对违背的惩罚……

图 5-5　基层德治认知、认同、行动三个层面

---

① 阎云翔：《差序格局与中国文化的等级观》，《社会学研究》2006 年第 4 期。
② 费孝通：《乡土中国 生育制度》，北京大学出版社，1998，第 31 页。

1. 多方主体互构

基层德治是多方主体实践中的关系系统，是基层政府、基层自治组织、社会组织、企业组织、社区居民等共同参与其中的互构过程及其结果。多方主体在道德层面的主观意志、诉求和偏好具有多样性，在围绕道德的交流、互动与实践以及对德治的建构中，主体间既相互影响，改变彼此的道德认知与道德实践，也因这一影响而改变自身的道德认知与道德实践，从而表现出在道德建设上各主体的共时性互构共变特点。作为一种社会事实，基层德治不是别的，正是社会行为主体间互构共变关系的产物。[①]

2. 多层次道德规范内容

从规范内容层面看，基层德治对行动主体日常生活提出全方位要求，包括个人品德、家庭美德、职业道德、社会公德、社会主义核心价值观等。其既包括优秀传统文化，也包括当代社会中建立的道德规范、时代精神；既包括约定俗成的权利义务关系，也包括正式成文的村规民约、居民公约、行业规范等。多层次的道德规范内容构成了对行动者自身、社会互动、社会秩序等多个层面的规范体系。从个人习惯（如作息习惯、个人卫生习惯等），到社会交往（如待人诚信、尊老爱幼等），再到宏观规范（如遵纪守法、爱国敬业等），基层德治对社会生活各方面都提出相应规定，要求人们遵守。尤其在当代社会生活环境中，在快速现代化变迁的社会背景下，基层德治要完善适应社会发展的道德规范体系。例如，英克尔斯关于"人的现代化"的分析，在一定程度上阐释了当代社会行动者应遵循的道德/行为规范。

3. 内化及行动

从内化机制层面看，基层德治包括将外在于行动者的道德规范转变为行动者内心信念和直接行动。外在秩序既包括道德秩序，也包括党建、法治、自治等方面的秩序。如何被行动者遵守和执行，关键在于让行动者内化成为自身认可的规范，解决秩序的合理性、合法性问题。伦理道德注重对内心的教化，对于社会行为有较强约束力。基层德治既要建设道德规范制度体系，也要通过个人学习、道德宣讲、模范评选、典型弘扬等方式，建立完善的道德教化机制，让行动者内化、接受、认可道德及法律规范，

---

① 郑杭生、杨敏：《社会互构论：世界眼光下的中国特色社会学理论的新探索——当代中国"个人与社会关系研究"》，中国人民大学出版社，2010，第199页。

遵循社会规范而行动，利用道德、法律等规范解决当代社会生活中所遇到的问题，维护社会安定有序。如图 5-6 所示，2021 年广东省省情调研数据显示，道德行动方面街坊邻居走动和互助程度较高。认为程度高（非常高和比较高）的比例分别为 44.63% 和 45.61%，认为程度低（非常低和比较低）的比例分别为 7.91% 和 8.03%。这反映出当前基层社会对道德规范的内化与践行有较好的基础。

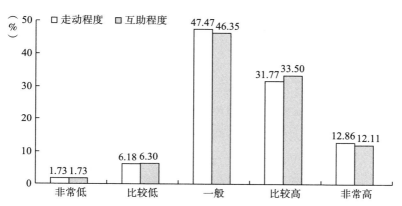

图 5-6　受访者街坊邻居走动与互助程度自评分布（N = 809）
资料来源：广东省省情调研网。

4. 惩罚机制

在长期共同生活中，人类创造了一系列文化手段，以共同的行为标准和价值准则对成员进行约束和控制。[1] 这套控制机制包括伦理道德、风俗习惯、信仰信念、社会舆论等。任何成员违反社会中的道德规范，都会受到内心谴责、舆论批评乃至行为或财产上的惩罚，以保持社会秩序和稳定。如图 5-7 所示，在 2021 年广东省省情调研中，对于违反村规民约/居民公约处罚方式这一问题，仅有 3.10% 的受访者认为无所谓，意味着绝大部分受访者认为违反道德规范应受到相应处罚，以彰显道德规范的约束作用。近八成受访者认为应该对违反道德规范的人进行批评教育。当代中国基层治理体系建设需要不断完善道德惩罚机制，从而在健全德治机制的同时促进基层社会整体良好运行，提升治理效率。

---

① 郑杭生主编《社会学概论新修》，中国人民大学出版社，2019，第 439 页。

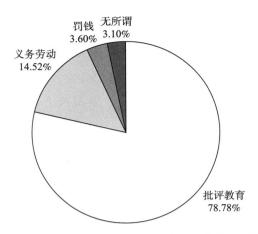

图 5 - 7　违反村规民约／居民公约处罚方式回答分布（*N* = 806）
资料来源：广东省省情调研网。

三　当代基层德治的建构路径

基层治理是国家治理的根基。在基层治理体系建设中，应重视发挥道德教化作用，以德化人，德润人心。应从多方面加强基层社会德治建设，多学多做，学以致用，固本强基，从而让道德体系成为社会秩序的有力保障，做到树俗立化、序融于俗。

（一）文规立德，挖掘资源健全规范

基层社会德治建设要明确何谓"德"。在传统道德规范和当代社会规范交融，共同作用于人们社会生活的背景下，一方面要充分吸收优秀传统文化，积极应对当代社会文化创新，丰富基层德治资源体系；另一方面要建立健全德治规范体系，软硬结合，内外协调。

1. 全面挖掘德治资源

以优秀传统文化为德治之源。在人类社会的发展中，不少传统文化逐渐消失，也有许多流传下来。在对传统文化进行扬弃过程中，要对优秀文化进行弘扬和创新，使之适应当代社会发展，成为当代基层社会德治内容建设的源泉，为当代基层社会德治源源不断地提供优秀道德思想内容。例如，儒家"仁、义、礼、智、信"五常的提出有其时代与社会背景，含义

也相应具有局限性。在保留合理部分的同时，赋予其鲜明的时代特色，如将科学精神、求知精神融入对"智"的解释，崇尚科学，热爱知识，鼓励人们主动求知，不迷信不偏信，使之成为当代中国社会道德建设的合适内容，为基层德治提供德治资源。

以优秀当代文化创德治之新。文化并非一成不变的，而是处在动态发展过程中。当代社会除向传统文化寻求德治资源外，社会上新出现、新发展的文化亦能为基层德治建设注入活力。伴随社会分工精细化，文化朝向维持分工链条稳定的方向发展。在此基础上，诺贝特·埃利亚斯提出"文明化"[①]理论。在当代中国社会中同样可以看到，社会变迁导致源源不断的新现象出现，创造出崭新的文化事项。将新出现的优秀文化纳入德治范畴，能够推动基层社会德治创新发展。例如，过去二十余年间互联网的快速发展，使网络社会深刻地改变了人们的观念和行为。2021年广东省省情调研数据显示，71.14%的受访者存在网上购物支出，网上购物最少花费金额为50元，最多花费金额为230000元，花费均值为5062.73元。将网络社会文化纳入德治领域，在基层德治中加入互联网行为准则，约束网络行为，改善网络环境，既鼓励基层民众积极学习使用新科技成果，又引导民众善于用网、健康用网，是对当代社会德治的推动与创新。

2. 建立健全德治规范

健全不言自明的日常生活规范体系。道德愿景或道德规范在付诸实践过程中不可避免地要进入民众的日常生活领域。作为和法律相较而言的"软规范"，很多道德规范并没有形成文字的正式文本，而是以非文本化的形式体现在日常生活的行为举止和相互交往中。基层社会德治建设要抓住道德规范这一特点，以当代中国社会主要矛盾、分工体系发展、社会生活现状等为基础，完善日常生活中的道德规范，推动社会"移风易俗"，建立适应当代社会发展的道德规范体系，使人们的日常生活得到更好指引。

推动德治规范有据可依、有章可循。以正式的、成文的基层社会规范体系作为道德规范的补充，将村规民约、居民公约、行业公约、议事章程等纳入德治建设范畴，发挥其在行为规范、公共议事、纠纷调解等方面应

---

① 〔德〕诺贝特·埃利亚斯：《文明的进程——文明的社会发生和心理发生的研究》，王佩莉、袁志英译，上海译文出版社，2013，第482页。

有的作用。在与法律不相抵触的情况下，健全违反德治规范的惩罚制度，让村规民约、居民公约等更好发挥对个人行为的影响和约束作用，更好地服务于基层社会。2021 年广东省省情调研数据显示，95.66% 的受访者认为自己会遵守村规民约/居民公约的规定，4.09% 的受访者表示不知道是否有村规民约/居民公约，仅有 0.25% 的受访者认为自己不会遵守。一方面，这意味着推动德治规范体系建设有较好的社会基础，在基层社会中得到较高认可；另一方面，这也意味着基层社会对于德治规范体系建设存在一定需求和期待，亟待基层社会德治建设予以有效回应。

（二）学行践德，教育引导实践养成

道德要发挥调节作用，必须内化为人们内心认可的规范。基层社会德治建设要抓住日常社会生活、学校教育、社会教育，有机结合，以学促德，深化道德教育引导，推动道德教育进基层、进学校、进生活。同时，道德的作用在于指引、约束人的思想和行为。基层社会德治建设要注重实践养成，道德习得与行动合一，使个体在文明实践中自觉遵守道德规范，思想得到熏陶，精神得到充实，日常社会交往与社会活动得到适当指引。

1. 深化道德教育引导

重视日常生活中的耳濡目染。德治规范因其不言自明的特点，与人们日常生活中司空见惯、重复性高的活动密切结合，帮助人们获得例行感，体现在衣食住行用各个方面。"勿以恶小而为之，勿以善小而不为。"基层社会德治建设要重视非文本化的道德规范体系，重视体现在一言一行中的对道德规范的身体力行，重视通过耳濡目染的方式习得道德规范，重视日常社会交往互动中的言传身教。2021 年广东省省情调研对一些日常生活现象进行了询问，以 1 分（非常不愿意）到 5 分（非常愿意）计算，平均值均高于 3.5 分，意味着受访者日常生活中邻里互助的意愿较高。从均值分布看，越是与公共利益相关、越是紧急的事情，受访者互帮互助的意愿越高（见图 5-8）。这说明当前基层社会有较好的助人为乐、见义勇为氛围。基层德治建设要弘扬这类体现在日常生活一言一行、"举手之劳"中的道德品质精神。

以学校教育深化道德教育。育人为本，德育为先。学校教育关系到培养什么样的人以及怎样培养人等重大问题，涉及青少年世界观、人生观、

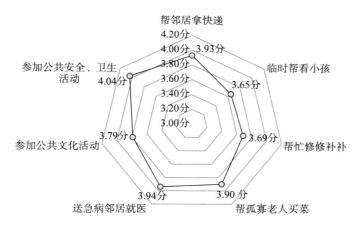

图 5 - 8　日常生活互帮互助意愿均值分布
资料来源：广东省省情调研网。

价值观培育，对青少年成长成才至关重要。基层社会德治建设要与学校教育有机结合，适时联动，一方面提升师德师风，另一方面促进青少年学德、明德、敬德、守德。促进学生德智体美劳全面发展，通过各种教育形式，推动学校德育发展。

以社会教育推动德治规范深入人心。以学习、教育手段健全德治，不仅要在学校内进行，也要在社会生活、家庭生活、团体生活中进行，通过规范学习、事迹宣讲、榜样学习等多种形式，营造崇德敬德社会氛围，引导全社会崇德向善。2021 年广东省省情调研数据显示，社会风气、家庭教育、学校教育、个人思想是受访者最看重的四个方面。完善基层德治要重视家庭、社会道德建设，全方位提升道德体系对基层社会的引领，以学促德。

2. 推动道德实践养成

推动践行个人品德。基层社会德治建设需要让基层社会中的民众有正确的自我认识，对周边的人和事物有正确的评价，与他人的互动有合适的态度方法。在基层社会各项活动中配套开展礼仪、礼节、礼貌相关学习及实践活动，引导民众文明行为，鼓励、推动民众践行以爱国奉献、明礼遵规、勤劳善良、宽厚正直、自强自律为主要内容的个人品德，养成健全的人格和健康的心理。

推动养成家庭美德。家庭美德是社会主义道德体系的重要组成部分。

家庭作为社会的细胞，是每个人接受道德教育的第一学校。^① 基层社会德治建设，要推动尊老爱幼、男女平等、夫妻和睦、勤俭持家、邻里互助等道德实践，继承优秀传统，倡导时代精神，树立家庭美德；引导家庭成员养成良好言行举止，形成良好家风，建设和谐家庭。2021 年广东省省情调研数据显示，尊老爱幼、男女平等观念有较好的社会基础，对于违背这些规范的情况，受访者认为要以批评为主进行处罚。

推动形成职业道德。随着中国特色社会主义市场经济体制建立和完善，以及市场竞争和职业分化日益加剧，职业道德的重要性愈加凸显。基层社会涵盖各行各业从业人员，在基层德治机制建立健全过程中，要重视和鼓励职业道德实践，弘扬爱岗敬业、诚实守信、办事公道、热情服务、奉献社会等职业道德精神，宣扬优秀事迹，加强职业道德培训，促进行业自律，将各行各业纳入基层治理体系，推动基层社会德治水平不断提高。2021 年广东省省情调研数据显示，受访者较为看重职业道德，认为对于违反相关职业道德的行为应予以惩罚。

推动培养社会公德。社会是进行公民道德教育的大课堂。伴随社会发展变迁，在当代基层社会中公共生活的分量越来越重，公共领域不断扩大，人与人之间的交往日益密切。在基层社会德治机制建立健全过程中，要大力倡导文明礼貌、助人为乐、爱护公物、保护环境、遵纪守法等方面的道德规范，使道德知识、道德规范、必要礼仪家喻户晓，在人与他人、人与社会、人与自然等方面倡导道德实践，维护公共利益、公共秩序。2021 年广东省省情调研数据显示，受访者认为公共场合违反社会公德应予以处罚，具体处罚方式以批评教育为主，但经济和劳动方面的处罚方式比例明显提高。

（三）评议崇德，榜样宣传激活力量

在建立德治规范、内化道德学习、开展行为实践的基础上，基层德治建设还要完善道德评价体系，并在全社会广泛宣传弘扬，激活德治力量。开展对可亲、可敬、可信、可学先进典型的评选，宣扬符合社会发展趋势和当代社会需求的优秀品质、精神和感人事迹，对个人品德、家庭美德、

---

① 任福全、吴德义、左守秋：《中国德治思想与政治实践》，中国书籍出版社，2017，第 151 页。

职业道德、社会公德等方面的先进典型进行表彰，激发基层社会知德、守德、敬德的积极性。

在基层社区中开展身边道德模范评选。基层社会最贴近民众，人们直接把道德力量运用于日常生活中并调节与他人之间的社会交往关系，日常生活中的一举一动都是最直观的道德实践和道德展示。开展身边道德模范、好人好事、职业工匠、社区卫士、志愿先锋等荣誉称号、头衔评选，弘扬活跃在人们日常生活中的优秀文化、精神品质，有助于从日常生活中提炼道德品质精神，营造讲道德、树新风的社会氛围，促进人们在日常生活中学习、内化、践行道德规范，推动基层社会德治建设。

让道德规范在基层社会听得见、看得见。基层政府、自治组织、社会组织要大力宣传符合当代社会道德风尚的事迹、案例，组织开展对道德模范、先进榜样、典型事迹的学习和讨论，对身边优秀典型事迹进行学习，引导社会塑造良好道德导向。开办各类道德讲堂。对各类好人好事、先进典型进行宣传，引导基层群众向身边看得见、摸得着、信得过、学得来的榜样学习。开展各类主题宣传、教育活动。充分利用传统文化，在春节、清明、中秋、重阳等传统佳节开展形式多样的文化活动，倡导文明礼仪，文明过节；充分发掘当代社会文化资源，在三八妇女节、五一劳动节、五四青年节、六一儿童节、十一国庆节等时间节点开展相关模范、先进事迹宣传；重视社会舆论，针对社会热点问题开展讨论活动。建立道德宣传讨论阵地。利用传统、新媒体平台，在基层组织与社会组织的公告栏、宣传栏、刊物、公众号、App、网络论坛等平台建立道德讨论与宣传阵地。

如图 5-9 所示，95.30%的受访者利用身边的各种平台了解社区公共信息，仅有 4.70%的受访者表示平时不了解社区内公共信息。可见，宣传栏、村居微信群/公众号、业主微信群和社区会议等是基层民众最常用的获取信息渠道。这意味着基层德治建设拥有较好的宣传条件和基础，利用各类公共平台开展道德宣传，能够有效将道德规范广泛传播到社区居民身边。

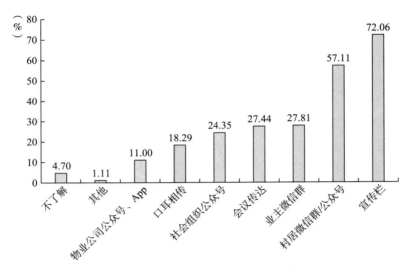

图 5 - 9 受访者获取公共信息途径回答分布

资料来源：广东省省情调研网。

（四）融合固德，协调运行健全体系

基层德治是一个复杂的系统工程，不能孤立地从道德建设单方面着手，而是需要综合施策，健全各项体制机制。党的十九届四中全会提出，"健全党组织领导的自治、法治、德治相结合的城乡基层治理体系"。基层治理体系强调了党组织领导自治、法治、德治的重要性，也对四者之间如何相互协调配合提出挑战。应在明确基层德治作为基层治理重要一环的基础上，一方面与党建、自治、法治协调配合，明确彼此角色定位①，优势互补，互促互进；另一方面健全德治支持体系，做好各方面保障。

1. 党建引领协调发展

无论是在早期社会管理还是在新时代社会治理中，中国共产党都高度重视道德建设对社会发展与稳定的促进作用。健全基层德治，要坚持以党建引领道德建设，发挥基层党组织在基层治理中总揽全局、协调各方的作用，落实基层社会道德建设工程负责制，为基层德治建设提供引领和保障。首先，思想引领，弘扬社会主义道德。中国共产党坚持站在全局性、

---

① 张明皓、豆书龙：《党建引领"三治结合"：机制构建、内在张力与优化向度》，《南京农业大学学报》（社会科学版）2021年第1期。

战略性、前瞻性角度看问题、干实事、谋大局，基层社会需要基层党建，基层党建需要以前瞻的视野眼光引领基层德治建设，以丰富的德治经验推动基层德治建设。中国共产党强调党员道德修养，既坚持密切联系群众优良作风，又坚持党的建设这一"法宝"，将道德建设作为执政能力建设的一部分，将依规治党和以德治党相结合，全面从严治党，积累了大量道德建设经验，涌现了一批批先锋模范、道德楷模、"红色事迹"。2016 年 1 月12 日，习近平总书记在第十八届中央纪律检查委员会第六次全体会议上强调，"我们深入研究探索，汲取全党智慧，坚持依规治党和以德治党相统一，坚持高标准和守底线相结合，把从严治党实践成果转化为道德规范和纪律要求，党内法规制度体系更加健全"①。基层党建在实践过程中要瞄准基层需求，创新基层工作，弘扬社会主义核心价值观，将党和政府道德建设工作任务贯彻落实，让社会主义道德体系在基层焕发生机活力，得到基层群众的认可与支持。其次，组织保障，推动德治落在实处。基层德治最终要落实到实践过程中。中国共产党建立了从中央、地方到基层上下贯通、执行有力的组织体系，既能有效贯彻落实中央、地方道德建设部署，令行禁止，落实到位；又能够以基层党组织为抓手密切联系群众、服务群众。党建引领德治，能够以完善的组织体系落实道德建设方面的政策、部署，发挥好基层党组织和党员干部作用。最后，党员发挥先锋模范带头作用。基层党员干部要努力改造主观世界，带头养成良好的个人品德、家庭美德、职业道德、社会公德，自觉接受党组织和群众的监督，用良好的道德形象取信于民，带动广大群众学习、践行社会主义道德，推动基层德治建设。通过党员发挥模范带头作用，将社会主义核心价值观等道德规范融于群众日常生活方方面面，从而以"少数"党员干部带动"多数"群众，组织动员基层民众参与德治建设，进行道德学习、评议、实践。在2021 年广东省省情调研中，92.29% 的受访者认识所在村居的党支部书记，91.84% 的受访者认为党群服务中心办事人员态度好，89.86% 的受访者认为党群服务中心办事人员能力素质好，82.18% 的受访者（"很好"和"较好"）认可身边党员干部发挥先锋模范作用（见图 5-10）。

---

① 习近平：《在第十八届中央纪律检查委员会第六次全体会议上的讲话》，人民出版社，2016，第 3 页。

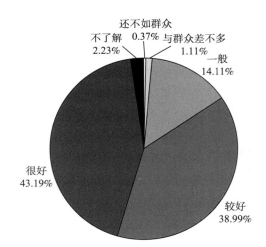

图 5 - 10　身边党员干部发挥先锋模范作用评价情况 （N = 808）

资料来源：广东省省情调研网。

德治完善党的基层领导方式和执政方式。完善基层德治，不是要在基层治理中削弱党的领导，而是要实现良性互动，完善党在基层的领导，不断提高党的基层组织能力和执政能力，实现基层社会安定有序。首先，提升认识，树立基层工作理念。在推动社会治理重心向基层下移的背景下，坚定党员干部理想信念，提升对基层社会及基层工作的认识与理解，树立正确的基层工作理念，建立和谐党群关系，充分发挥基层党建效能。作为柔性规范力量，基层德治为基层党建提供精神源泉，借助理想信念、思想道德，将党纪、国法等刚性规范转化为党员干部内心的约束，促使党员干部坚定崇高理想信仰，遵守职业道德，廉洁自律。[1] 其次，提高能力，提升工作质量效益。基层党组织是中国共产党执政的最大组织优势和宝贵资源。党员干部是党和国家事业的中坚力量。[2] 完善基层德治，在党员干部中坚定理想信念，树立正确的政绩观，从实际出发开展工作，提高干部队伍素质和能力；在基层社会和群众生活中树立良好的人民公仆形象，强化与群众的血肉联系，增强基层党组织动员力和凝聚力。再次，提供支撑，激发基层党建活力。出于组织禀赋和政治使命要求，中国共产党需要基层

---

[1]　田旭明：《善规与善德的统一：依规治党与以德治党互动互促的多维论析》，《理论导刊》2017 年第 3 期。

[2]　张晓东：《以德治党：新时代党建思想的伦理之维》，《东南大学学报》（哲学社会科学版）2019 年第 3 期。

组织嵌入社会，以获取强大的组织动员能力①，但也带来了如何融入基层社会、与基层文化协调、进行功能调适等方面问题。推动基层社会德治建设，以德治促党建，提高党组织在基层的合理性、合法性、权威性。另外，德治建设要为基层党建提供丰富多样的主题和内容，丰富基层党建方式手段，完善基层党组织的道德内涵，促进党组织更好融入基层社会，融入民众日常生活，更好发挥组织、动员、利益聚合、利益协调等方面功能，激发基层党建活力。

2. 凝聚力量推动基层自治

德治为基层自治提供价值引导。传统中国基层社会之所以能够实现乡村自治，维护基层社会秩序，传统德治起到重要的保障和推动作用。② 在当代中国基层自治体系建设中，在以实用主义为原则制定村规民约、居民公约、行业规范、基层议事协商规则等涉及基层社会事务的规章制度的同时，也需要德治提供价值引导，使基层自治体系及其规范成为基层民众内心认可的社会文化和生活方式。首先，描绘愿景，打造理想自治蓝图。推动基层德治建设，在道德教化和规范内化过程中建构淳朴民风、和谐乡里的理想自治图景，明确基层自治体系建设的目标和蓝图，为基层社会自治指引方向，从而使基层自治体系建设既有血肉，即自治的方式方法及社会结构，又有灵魂，即自治的思想理念及目标境界。其次，丰富内涵，道德教化价值引领。道德体系为个体提供了思想、行动上的规范，对修养素质、精神气质、价值取向乃至终极归宿等方面的问题进行了回答。在自治层面，道德建设要进一步回答"何为自治""为何自治"等问题，从内心认可进而到自觉行动的层面推动民众尊重并遵守规范秩序，从个体认知及行动层面实现民众自律，为社会提供解决文化传承难题的方法，为基层自治体系建设提供道德教化和价值引领。最后，开辟途径，拓宽自治方式方法。基层德治建设中的道德学习、道德教化、道德评价、道德宣传等具体方式，为基层自治体系建设提供了行之有效的手段方法，激发了基层民众内在的自治热情。运用德治培育出崇德向善的社会氛围，从多方面将道德引领的精神力量转化为社会自治力量，促进基层治理体系有效运转。

<hr>

① 彭勃、邵春霞：《组织嵌入与功能调适：执政党基层组织研究》，《上海行政学院学报》2012 年第 2 期。

② 吴倩：《精英、德治与教化——传统乡村自治与当代基层协商治理》，《中国农村研究》2019 年第 1 期。

德治凝聚基层自治力量。弘扬优秀传统文化、践行社会主义核心价值观、培养社区居民的认同感、归属感、责任感和荣誉感，基层德治建设能够提升基层社会凝聚力，有效促进基层自治力量建设。首先，和谐邻里，增进居民道德联系。通过德治建设，弘扬与新时代适应的道德品质。通过个人品德、家庭美德、职业道德、社会公德等方面建设，增进基层民众之间的道德联系，确立人与人之间适当的权利义务关系，避免社会分裂，出现原子化现象，增进基层社会凝聚力、向心力。其次，团结社会，推动形成自治单位。德治建设在建立人与人之间道德联系的基础上，能够加强组织间、社区间的联系，加强社会团结，推动基层社会更紧密地形成一个自治单位，健全基层自治体制机制，增强基层组织动员能力，提升基层社会行动力，推动基层社会有效解决发展运行中遇到的困难与问题。①

3. 与法治相辅相成

德治是法治的基础。法律和道德都是约束人们行动的规范，它们有一个共同的目标，即追求社会稳定有序。二者相辅相成，从国家治理的宏观层面到人民群众生活的微观层面共同维护社会良性运行。"法治重在'抑恶'，德治则强调'扬善'。"② 孟子提出："徒善不足以为政，徒法不能以自行。"③ 首先，德治提供价值导向。基层法治建设既要体现社会安定有序，又要体现公平正义、社会责任，注重政策效益和社会效益相统一，实现良法和善治相统一。基层德治为法治提供价值导向，影响法治社会建设方向，推动法、理、情三者相统一。基层社会法治目标不是建立冷冰冰的法律规范体系，而是要体现真、善、美，回应变迁下的社会需求，回应民众日常生活所需，引导民众合理合法表达利益诉求，妥善化解各类社会矛盾。在这一目标下，无论是法律规则内容制定，还是具体的普法、执法工作，都要体现相应的道德价值与伦理精神，体现社会主义核心价值观及社会主义道德建设要求。其次，德治推动法治规则内化。现代分析法学家哈特认为道德的力量在于唤起人们对规则的尊重，其重要意义在于对社会

---

① 王文彬：《自觉、规则与文化：构建"三治融合"的乡村治理体系》，《社会主义研究》2019 年第 1 期。

② 李兰芬：《当代中国德治研究》，人民出版社，2008，第 12 页。

③ 《孟子》，万丽华、蓝旭译注，中华书局，2007，第 145 页。

成员造成社会压力，从而获得社会成员对道德规范的服从。[①] 基层社会法治体系要想充分发挥法律在社会生活中的规范作用，需以基层民众发自内心对法律体系及法治规则的遵从为前提。道德作为教化人心的力量，在强化人们对道德规范的认可与服从时，也能加强人们对法律体系和法治规则的认可，从而将外在的法律规范转化为基层民众的思想与行为准则，提高基层法治化水平。最后，德治推动基层学法、用法、守法、执法、普法。一方面，新时代道德建设要求人们遵纪守法，从思想层面要求个体主动学习法律知识、遵守法律规定、培养法律思维、提升法治素养、运用法律工具、维护合法权益，提升基层民众学法、用法、守法及参与法治体系建设的积极性。另一方面，基层德治建设要求党员干部和工作人员树立崇高的职业道德和法治精神，以身作则，推进基层法治化和文明化建设，更好地推动基层执法、普法工作的进行。

道德是思想来源。美国现代法哲学家博登海默提出，人与人社会交往中的道德原则，可以通过转化为法律规范而具有普遍意义的强制约束力。[②] 首先，拓宽规源，吸纳优秀道德规范。当代中国基层社会在对优秀传统文化的历史继承中，建构了较为完备的道德体系，积累了丰厚的德治资源。在基层法治体系建构过程中，基层规章制度的制定可以吸纳部分道德规范，将社会主义核心价值观以及民众日常生活中每天实践着的道德规范提升为具有普遍性、强制性的制度规范，推动基层社会文明进步。增强法律体系、法治规范对于民众的亲和性，提高民众对法律体系、法治规则的认可与遵从。提升基层社会在矛盾纠纷调解、依法依规行事等方面的能力，提升基层社会法治化水平，保障基层社会安定有序、充满活力。其次，多方补充，发挥柔性道德约束。《中共中央关于全面推进依法治国若干重大问题的决定》中提出，要"发挥市民公约、乡规民约、行业规章、团体章程等社会规范在社会治理中的积极作用"。乡规民约、市民公约等与基层民众的日常生活、风俗文化、道德体系联系紧密，作为德治建设的一环，加深了基层民众对规则和法律的熟悉程度和遵从程度，与法治体系实现了良性互动，为法治体系提供了有效补充，从"软"方面弥补了法治体系的

[①] 〔美〕博登海默：《法理学——法律哲学及其方法》，邓正来、姬敬武译，华夏出版社，1987，第176页。

[②] 〔美〕博登海默：《法理学——法律哲学及其方法》，邓正来、姬敬武译，华夏出版社，1987，第361页。

不足。

4. 发挥制度保障作用

加强组织领导。新时代基层德治建设要坚持党的领导。各级党委、政府要健全由上到下的社会治理体系，担负起各自道德建设工作责任，确保基层社会德治建设在面临基层自身无法解决的问题时，能够有效协调各层级、各方面力量，加强对基层德治建设的组织领导。

强化法律法规保障。发挥法治对基层德治建设的保障和促进作用。一方面，在宏观层面出台相应法规政策推动基层德治建设；另一方面，在基层普法、执法、司法、守法工作各环节体现道德建设要求，弘扬符合时代社会需求的道德观念和道德规范。对违反公序良俗的行为进行严格查处，以法治力量维护道德、凝聚人心、惩恶扬善。

健全社会参与体制机制。道德建设不能由党和政府唱"独角戏"，需要全社会广泛参与。在党的领导下，政府、企业、社会组织、社区居民等多方主体进行良性互动，共同推进基层德治建设。要充分发挥群团组织、社会组织、基层自治组织的作用，鼓励支持各类组织参与道德建设，在组织规章、行业规章等制度制定中进行道德引导，强调道德约束；加强政府与群团组织、社会组织、企业、基层自治组织在德治建设中的分工合作；以人民群众喜闻乐见的形式进行宣传、教育和引导，让道德规范深入人心，提高社区居民参与德治建设的积极性，吸引广大群众参与道德学习和实践。

第六章
科技赋能：基层治理中的智治

在 2018 年首届数字中国建设峰会开幕之时，习近平总书记发去贺信并指出，"当今世界，信息技术创新日新月异，数字化、网络化、智能化深入发展，在推动经济社会发展、促进国家治理体系和治理能力现代化、满足人民日益增长的美好生活需要方面发挥着越来越重要的作用"①。在全球处于数字技术驱动变革的新形势下，世界各国家和地区均在尝试将数字技术广泛应用于社会治理。2021 年，世界银行发布了题为《让数据创造更好生活》的发展报告，呼吁"在全球建立新的数据社会契约，推动数据的使用和再利用，创造经济和社会价值；同时确保所有人享有从数据中受益的公平机会"②。在中国，随着经济社会发展变迁，基层治理转型面临诸多挑战。利用信息技术的结构性优势，运用技术手段赋能与赋权，提升基层治理的智能化水平，是解决中国在新时代基层治理转型面临的各种挑战的迫切需要，也是提升基层治理效能和水平的战略选择。

一 科技支撑基层治理现代化

伴随着全球化的发展与社会经济变迁，流动性增强、异质性增强和"风险超载"是新时代基层治理转型面临的主要挑战。与此同时，数字技术的发展有希望为这些挑战提供高效、可靠的解决方案。

（一）新时代基层治理转型面临的主要挑战

1. 流动性对基层治理的挑战

伴随着工业化和城市化的进程，传统社区在现代城市的命运一直是社

---

① 《习近平致信祝贺首届数字中国建设峰会开幕》，央广网，2018 年 4 月 22 日，http://news. cnr. cn/native/gd/20180422/t20180422_524207601. shtml。

② The World Bank, "World Development Report 2021: Data For Better Lives," https://www.worldbank. org/en/publication/wdr2021.

区研究的一个经典议题。在中国，学术界延续了西方社会学界关于"社区失落论""社区继存论""社区解放论"的视角①，对转型期的社区变迁也有诸多讨论。"社区失落论"的研究者认为，"虽然当代城市社区存在中等程度的社区归属感，但邻里关系的重要性却日渐下降，社区参与低下。城市社区已经不是传统意义的共同体，并且，随着商品房社区的增加，城市社区的共同体色彩可能会进一步淡化"②。中国城市社区出现"碎片化"特征，"不仅社区内部形成了差异化的、割裂的片区、小区，而且社区内部的社会群体也高度分化，思想观念多种多样。这不仅使社区失去了认同感和归属感，更使社区失去了达成共识的基础，失去了其作为社会共同体的基本意义"③。不可否认，特别是在大城市，匿名性、流动性、便利性使社会的个人化、原子化特征更加明显，社区变得脆弱。与单位制社区和传统邻里社区相比，商品房住宅小区因为缺乏"业缘"和"地缘"纽带，居民的社会关系网络脱域化，居民的社区认同和社区参与受到抑制。④ 流动性带来的个体化、原子化趋势同样出现在农村社会。在农村，大量青壮年劳动力人口流动到经济发达地区，乡村社会结构被改变。农村成为"被剩下的农村"，留守老人、留守儿童成为生活在农村社区的主体，乡村治理的人才短缺。流动人口的季节性流动特征也为城乡基层治理带来难度：他们一年之中的大部分时间在城市里"打工"，但是户籍又不在城市，被视作"外来人口"，城市社区管理难度大；同时，因为常年不在农村，理应在农村社区落实的各种权利也难以落实，流动人口处于"两头不到岸"的尴尬位置。此外，近些年全国各地推行的"撤村并居""撤村并镇"，也使乡村

---

① "社区失落论"（community lost）认为城市人口多、高密度、异质性的特点会改变传统社区中的人际关系，因此滕尼斯所讲的社区在城市中不会存在；"社区继存论"（community saved）则通过城市移民社区的研究驳斥了"社区失落论"的观点，认为大城市中的传统社区社会网络特点依然存在；"社区解放论"（community liberated）则主张社区居民应从地域和场所的局限中解放出来，建立超越邻里的群体关系。参见程玉申、周敏《国外有关城市社区的研究述评》，《社会学研究》1998 年第 4 期；夏建中《现代西方城市社区研究的主要理论与方法》，《燕山大学学报》（哲学社会科学版）2000 年第 2 期。

② 桂勇、黄荣贵：《城市社区：共同体还是"互不相关的邻里"》，《华中师范大学学报》（人文社会科学版）2006 年第 6 期。

③ 李强、葛天任：《社区的碎片化——Y 市社区建设与城市治理的实证研究》，《学术界》2013 年第 12 期。

④ 兰亚春：《居民关系网络脱域对城市社区结构的制约》，《吉林大学社会科学学报》2013 年第 4 期。

由原来的"熟人社会"变成"半熟人社会"，村民之间、村民与村干部之间的熟悉程度下降。总而言之，无论是在城市还是乡村，作为"地域生活共同体"的社区都有弱化的趋势。与此同时，城乡社区作为"社会治理基本单元"的功能却越来越被重视。2017 年，《中共中央 国务院关于加强和完善城乡社区治理的意见》的开篇即明确"城乡社区是社会治理的基本单元"；2021 年，《中共中央 国务院关于加强基层治理体系和治理能力现代化建设的意见》的开篇也提到："基层治理是国家治理的基石，统筹推进乡镇（街道）和城乡社区治理，是实现国家治理体系和治理能力现代化的基础工程。"作为"治理基本单元"的城乡社区有以下特征：第一，有人为划分的、相对固定的管辖边界；第二，承担了上级委派的行政事务和行政职能；第三，是科层制组织的末端，行政等级中的基层。蔡禾与黄晓星提出当下中国城市社区的"二重性"特征："它既是城市社区的治理单元，也是人们生活的社会单元，二者在动态匹配中表现出张力：治理单元的强化与社会单元的弱化、治理单元的标准化与社会单元的异质化、治理单元的区域化与社会单元的非区域化、治理单元的公共性欠缺与社会单元成员的脱域等。"① 基层治理现代化则需要有效化解这种张力。

2. 异质性对基层治理的挑战

随着社会转型、人口流动和城市扩大，当前中国社会的主要矛盾发生转变。人民群众的物质生活水平普遍提高，需求结构和需求层次也发生变化。社会群体的异质性增强，其利益诉求也日益复杂化。如上所述，作为"生活共同体"的社区与作为"社会治理基本单元"的社区往往呈现一种不一致。例如，作为"社会治理基本单元"的社区可能同时包含单位小区、物业小区、城中村、村改居等不同类型的"生活共同体"，这导致基层社区面对的是分散的个体，其需求也较为分散。从生命历程的视角来看，儿童和老年人需要更多的社会服务支持。特别是"80 后"② 一代兄弟姐妹少，"一小一老"的抚育和照护负担沉重，家庭的脆弱性加剧，个体对基层的福利供给功能需求加强。然而，在职能和服务均等化的标准化管理体制下，社区服务都依社区（村）的行政边界来供给，这种行政管辖的边界往往与公共服务的需求边界不一致。社区公共服务体系的建设往往是

① 蔡禾、黄晓星：《城市社区二重性及其治理》，《山东社会科学》2020 年第 4 期。
② 在这里，"80 后"是指 20 世纪 80 年代出生的人。

标准化的，在服务流程、方法、评估等环节都有相应的标准，通常以纵向行政发包的方式通过层级政府不断向下发包，但无法精准地将服务与居民的需求相对接。虽然政府资源和社会资源不断进入社区公共服务领域，但是如何精准对接越来越多样化的居民的实际需求，依然是当前基层治理中的一大难题。

3. "风险超载"对基层治理的挑战

所谓"风险超载"，指的是"风险发生后，其发展速度、冲击强度、影响广度和深度超出所处区域治理系统的决策反应力、社会承受力、组织动员力、资源供给力、制度调整力，从而造成当地治理系统暂时性停摆，秩序混乱，甚至治理系统的崩溃"①。风险超载是风险社会的具象化。"风险社会"是德国社会学家贝克于20世纪80年代提出的概念。现代社会的风险不仅包括地震、水灾、瘟疫等难以预料的自然灾害，也包括层出不穷的社会问题，如恐怖主义、金融危机、工业污染、食品安全、网络风险和老龄化等。风险是现代性的产物，风险的常态化已成为现代社会的基本特征。随着全球化的发展，风险也具有全球性的特点，超越地理空间的界限，具有"超辖区化"特征。而网格化的基层治理则带有"辖区化"的属性：治理是围绕辖区内人口展开的，"在运行方式上是封闭的，自成体系的，所能动员和支配的治理资源必然是有限的"②。因此，"风险超载"必然是基层社会治理不得不面对的难题。

（二）数字技术促进基层治理现代化

1. 数字技术促进治理结构现代化

基层治理所面临的人口流动性增强、异质性增强、居民社会网络脱域、"风险超载"等问题，都有望通过数字技术的结构性优势来解决。黄晓春总结了通信技术的四个结构性特征。第一，现代信息技术可以很方便地帮助社会成员或组织克服地理距离上的鸿沟，使人们在远距离范围内进行合作、协同解决问题，不仅可以为现代组织提供更为高效处理事务的现实路径，还可以帮助公众更为快捷地与地方政府沟通。第二，信息技术自

---

① 杨雪冬、陈晓彤：《风险超载，治理"辖区化"限度与善治的空间路径》，《治理研究》2021年第3期。

② 杨雪冬、陈晓彤：《风险超载，治理"辖区化"限度与善治的空间路径》，《治理研究》2021年第3期。

身暗含一种网络化逻辑，有可能使运用该技术的系统在运作中呈现网络特征，建立更加扁平化、更加多线性的沟通机制——这些都使信息流通和组织沟通的成本大为下降。第三，信息技术有可能使不同群体、组织聚合为一个高度复合的系统，使许多旨在提升组织整合度的新管理思路获得可靠的支持。第四，信息技术为组织和社群提供了解决问题的弹性。这意味着改革者可以在尽可能控制对既有治理架构的深层调整从而控制变革风险的同时，通过运用新技术得到相近的治理成效。① 总而言之，数字技术为基层治理结构的现代化提供了有效的技术手段。

2. 数字技术赋能治理能力现代化

2017 年 12 月 8 日，习近平总书记在主持中共中央政治局就实施国家大数据战略进行第二次集体学习时强调，要运用大数据提升国家治理现代化水平。② 从基层治理的角度来看，技术赋能的第一个主要方面是赋能基层公共服务。数字技术可以改善基层提供公共服务的水平和质量，提高基层应对风险的反应速度和能力，可以为精准了解人民群众需求提供坚实的数据基础和技术路径。其中包括程序公开、规则公开、结果公示和信息发布等在内的政务公开，涉及网上办事、意见征询、网上投诉、实时反馈等在线政务，可以提高治理时效，节省办事成本，提升人民群众办事的"用户体验"。技术赋能的第二个主要方面是赋能治理主体间的互动。一方面，人民群众参与公共议题网络讨论的过程，是不断地对信息进行收集、理解、判断和处理的过程，也是公众理性培育和训练的过程，这些过程使人民群众切实看到网络技术对公共话语权所赋予的力量。另一方面，互联网也为各级政府减少信息不对称提供可能，为政府回应带来治理创新的新机遇。截至 2020 年 12 月，中国 31 个省（区、市）均已开通政务机构微博、政务头条号、政务抖音号等新媒体传播账号；在基层，街道、社区/村镇的工作人员通过微信群、公众号等直接和人民群众交流沟通，移动互联网已成为更广泛、更方便、更快捷地收集和掌握社情民意，听民声、知民

① 黄晓春：《技术治理的运行机制研究：关于中国城市治理信息化的制度分析》，上海大学出版社，2018，第 2~6 页。

② 《习近平主持中共中央政治局第二次集体学习》，央广网，2017 年 12 月 10 日，http://news. cnr. cn/native/gd/20171210/t20171210_524056075. shtml。

情、解民忧、聚民智的新阵地。①

3. 数字技术赋权治理途径现代化

数字技术为个体与组织参与治理、协同共治提供了新路径。孟天广认为，数字技术对个人和组织发挥着显著的"赋权"功能。一是赋权公民参与，数字技术的革命带来信息自由，普通人在公共议题上拥有了选择、制作和传播信息的能力；二是赋权社会组织，数字技术的更新促进了组织内部自治能力的提升、组织形态虚拟化和边界模糊化，提升了各类社会组织在社会治理中发挥积极价值的能力；三是赋权政社协同，新兴数字技术有利于组织实现与个人和政府机构的交流和合作，形成个人、组织与政府三者协作共治的社会治理新局面。数字技术的发展在加强社会组织内部力量的同时，也有利于其与个人和政府之间三者沟通协作力量的建设。② 吕鹏等讨论了企业参与共同治理的案例，发现数字平台企业在社会领域也扮演着越来越重要的角色，如京东的精准扶贫、阿里的"淘宝村"、腾讯的"99 公益日"等，都是利用自身的商业优势，发挥企业的社会价值，形成"社会问题的创新解决方案"。这些创新经验不仅可以使中国有效地应对当前的社会问题，在全球领域也是有价值的前沿实践。③ 数字技术对弱势群体的赋权能力也不容忽视。全球范围内信息技术的飞速发展对各行各业产生深远的影响。然而，国家/地区之间、城乡之间、性别之间"数字鸿沟"的产生与扩大，使乡村妇女成为信息化社会中的边缘群体。这一问题已经引起国际社会的高度重视，并产生了众多信息与传播技术赋权发展中国家乡村妇女的实践案例。冯剑侠以孟加拉国"信息女士"项目为个案，借助该项目的年度报告、财务报告等文献资料以及与项目负责人的访谈，分析该项目以"信息女士"为"信息中介"来为乡村提供信息与传播技术接入服务的赋权模式。他指出，"孟加拉国的'信息女士'项目深入发掘地方性知识来建构行动者网络，尊重和培育乡村妇女的主体性以及探索建立独立自主的可持续性赋权机制，产生了'信息中介''基于家庭的信息创业'

---

① 张延强、唐斯斯、单志广：《移动互联网时代的城市治理创新》，载唐维红主编《中国移动互联网发展报告（2021）》，社会科学文献出版社，2021，第 75～88 页。

② 孟天广：《政府数字化转型的要素、机制与路径——兼论"技术赋能"与"技术赋权"的双向驱动》，《治理研究》2021 年第 1 期。

③ 吕鹏、房莉杰等：《寻找"座头鲸"：中国企业是如何进行社会创新的?》，社会科学文献出版社，2021，第 16～52 页。

'投资收益''义利兼具型社会企业'等具有本土性与创新性的概念，正在通过海地、尼泊尔等南方国家的模式输出促进南南之间的对话、合作和知识共享，致力于共同建立由南方国家主导的 ICT 赋权新模式。这对我国的乡村振兴、网络扶贫和妇女发展同样具有借鉴意义"①。邱泽奇也指出，中国农村发展最大的问题，在于如何有效地把农民组织起来。在乡村，政治、经济、社会力量有各自的目标，按照各自的逻辑运行，即所谓"三秩并行"，因而无法形成乡村发展的合力。他以山东菏泽曹县某村的电商产业发展为例，分析了一个不容忽视的"革命性"变化：电商崛起吸引的返乡创业人口，正在重塑整个乡村的秩序。首先，电商突破了地理条件的限制，建构起一个更为开放的线上线下互动的经济秩序；其次，电商让资历与能力分离，形成乡村社会秩序"能力权威"与"资历权威"的"双权威"格局，使年轻创业者成为备受尊敬的"新乡贤"；最后，在该案例中，基层政府顺应电商发展需要，为电商的发展提供了良好的政策环境，运用行政资源补足了村民能力的短板，及时响应了村民对于政府服务的需求。电商克服了乡村振兴中常见的政治、经济、社会力量各怀目标、各行其道，即"三秩并行"的弊端，使政治、经济、社会"三秩归一"。②

（三）现阶段基层智治面临诸多挑战

1. 对智慧治理存在理解误区，碎片化程度较高

陈介玄等在讨论技术变迁给治理带来的挑战时指出，基层政府的智慧治理存在两大误区：一是把社会治理等同于监控，而以监控为基础的治理还属于传统治理；二是把社会治理等同于机器代替人进行治理。③吕鹏也指出，中国数字应用的碎片化程度较高，缺乏全国性的整体规划。在城市，虽然智慧城市、智慧社区建设在一些地方取得不错的成绩，但在大多数地区还是以碎片化场景为主；在乡村，虽然县域治理、乡村文化、公共服务和生态治理智慧化建设已开始探索，但是这些应用很多时候没有实现

---

① 冯剑侠：《全球南方视角下的 ICT 赋权与乡村妇女发展——以孟加拉国"信息女士"项目为个案》，《妇女研究论丛》2019 年第 4 期。

② 邱泽奇：《三秩归一：电商发展形塑的乡村秩序——菏泽市农村电商的案例分析》，《国家行政学院学报》2018 年第 1 期。

③ 陈介玄、邱泽奇、刘世定、司晓：《金融和技术变迁给治理带来哪些挑战——陈介玄、邱泽奇、刘世定、司晓对话录》，《中国社会科学评价》2018 年第 3 期。

数据的整合，也无法实现治理效能的合力。① 在一些地方，智治被简化理解为安装摄像头、增加监控设备，或者增添一些政务自助服务机等。基层对于数据的使用主要停留在收集层面，数据收集之后通常只是汇总到更高的层级，并没有应用于基层社会的日常治理。广东省省情调研网的村居问卷填写情况显示，即使是在智慧治理水平居于全国前列的深圳市，数据的使用权也没有下沉到村居一层，以至于居委会的工作人员无法实时、准确地把握居委会辖区的人口情况等基本信息。数据治理的碎片化问题依然存在。

2. "信息孤岛"：数据的条块分割、重复建设与浪费

智慧治理在基层的主要应用领域之一是政务服务领域。一方面是因为政务服务构成了社区服务的基础支持体系，其高水平供给对于提升居民的社区满意度和增进社区认同都具有重要意义；另一方面是因为政务服务领域始终存在"条块分割"和"信息孤岛"现象，以至于跨部门协同面临深层挑战，高效率的政务服务也由此面临困境。黄晓春对21世纪初以来上海市基层政府试图通过构建"一门式"政务服务中心解决跨部门资源整合难题的改革历程进行研究发现，许多改革最初从技术便利度的角度着眼设计技术治理方案，但是这些改革无一例外陷入体制内的诸多困境，最终搁浅。造成这种困境的原因在于改革以来，社区政务服务中的"条""块"关系几乎一直处在调整中，其中的核心难题可以概括为一种"两难困境"。一方面，"条"上的职能部门大多是专业治理部门，并因垂直化水平的不同而与上级职能部门保持着水平不一的标准化衔接。在"条"的内部，要实现专业化能力的有效提升，就必须实现一定水平的封闭。同时，从"条"的科层化技术理性发展角度来看，也势必要求"条"内形成自上而下强有力的权威运营机制，这同时会强化"条"保持相对独立性的内在诉求。另一方面，"块"上的政府要有效地对辖区实施综合管理，实现守土有责的"行政发包"的治理机制，就必然试图对辖区内"条"上的职能部门进行多方面的整合，使其在"块"统一领导下以较高水平开展协作治理。这种内在诉求必然要求"块"打破"条"的组织边界，实现有效的跨部门协同。这两种诉求都有着深远的体制内渊源，且难以达成恰当的平衡。因

---

① 吕鹏：《数字社会建设与数字化时代的社会科学发展》，中国社会科学网，2021年9月1日，http://www.cssn.cn/zx/bwyc/202208/t20220803_5464244.shtml。

此，社区政务服务领域有效率的技术治理方案必须对这种两难困境做出恰当的应对。技术方案能否被现有治理体系接纳，取决于其在多大程度上兼顾保持独立与强调整合的两种制度逻辑。① 在本课题组对深圳、梅州、江门、韶关的村居调研中，工作人员也反映不同上级部门有不同统计口径，数据收集经常是重复作业，给基层工作增加了许多负担。

3. 重视平台建设，忽视平台运营和群众需求

近年来，各地政府都尝试引入信息技术等智慧手段，搭建各种智慧服务平台、各类公众问政平台。然而，其效果常常处于不稳定的状态。以"智慧养老"为例，杨菊华指出，中国智慧康养体系的发展尚不健全，无论是学界还是社会，均忽视了对老年人需求和认知的了解，更忽视了老年人智能产品使用能力的建设。摸清老年人服务需求是探索智慧康养服务的首要前提，但社会各界对于这些问题的关注还很不够。这些问题也是智慧康养面临的最大困境，成为制约其发挥成效的最大瓶颈。② 此外，在基层政府网络问政平台建设的实践中，也普遍存在公众参与不足等局限。例如，网络平台以信息发布和问政为主，强调的是公众有问题找政府，但是并未同步构建一个促进公众横向交流的平台。在对深圳、韶关、梅州、江门4地城乡社区工作人员的调研中，课题组发现社区内通常有人专门负责这类政务平台的对接，其他社区工作人员对此类平台的应用不甚了解，甚至直言"不好用"，社区日常事务的沟通与联络依然是通过"微信群"进行。

4. "数字鸿沟"：智治发展的地区、城乡、代际不平衡

"数字鸿沟"（digital divide）源于美国未来学家托夫勒对全球化进程中发达国家与发展中国家信息技术应用差距的表述。数字鸿沟也表示人群间、行业间和企业间的信息利用差距，反映信息时代下一种新的不平等。中国的数字鸿沟突出地表现在地区之间、城乡之间和代与代之间。清华大学数据治理研究中心发布的《2020数字政府发展指数报告》从组织机构、制度体系、治理能力和治理效果4个维度，评估了省级和城市数字政府的发展指数，其分析结果显示：东部地区数字政府的发展显著领先于中部和西部地区；中部地区数字政府的发展整体上落后于东部地区，中部各省份

① 黄晓春：《技术治理的运行机制研究：关于中国城市治理信息化的制度分析》，上海大学出版社，2018，第32~35页。
② 杨菊华：《智慧康养：概念、挑战与对策》，《社会科学辑刊》2019年第5期。

之间的差异并不显著；西部地区呈现两极分化趋势，其中四川、贵州等省份凭借后发优势，正在迎头追赶领先省份，数字政府得分排名居于高位；另有一些省份在数字政府建设方面发展较为落后，整体排名处于全国后位段。[①]

另外，根据 2022 年 2 月发布的《第 49 次中国互联网络发展状况统计报告》，截至 2021 年 12 月，在中国 10.32 亿网民中，城镇网民规模为7.48 亿，占比为 72.5%，而农村网民规模为 2.84 亿，占比为 27.5%；城镇地区的互联网普及率为 81.3%，而农村地区的互联网普及率为 57.6%，虽然互联网普及率的城乡差距在不断缩小，但城镇地区的互联网普及率依然高于农村地区 20 多个百分点；中国非网民规模为 3.82 亿，较 2020 年 12月减少 3420 万人；从地区来看，中国非网民仍以农村人口为主，农村地区非网民占比为 54.9%，高于全国农村人口比例 19.9 个百分点；从年龄来看，60 岁及以上老年群体是非网民的主要群体；截至 2021 年 12 月，中国60 岁及以上非网民群体占非网民总体的比例为 39.4%，较全国 60 岁及以上人口比例高出 20 个百分点。根据同一报告，使用技能缺乏、文化程度不高和设备不足是非网民不上网的主要原因。[②]

在对深圳市老年人群体的调查中，我们也发现即使是能够使用智能手机的老年人，在对各种智能应用、技术手段的熟悉程度和利用程度上，相较于年轻人依然处于劣势地位。例如，深圳市的社会组织在申请政府的资金支持时，必须通过"深圳微时事"和"活力基金"两个平台进行申请，而老年社会组织（如老年协会）在申请操作上遇到各种难题，从而影响到老年社会组织社会参与的积极性。

现有对于基层治理中技术手段应用讨论的文献中，大多数是基于城市社区的案例，而对于农村社区中的智治论述不多。这也与农村基层治理中数字技术手段应用起步晚相关联。如表 6－1 所示，根据广东省社会科学院2021 年省情调查中对深圳市、江门市、梅州市、韶关市村居委会使用智慧化手段情况的调查，我们也可以观察到城市社区对于智慧化手段的应用比例总体依然高于农村社区。

---

① 清华大学数据治理研究中心：《2020 数字政府发展指数报告》，http://www.dps.tsinghua.edu.cn/__local/A/F6/E2/27F9F56999BF0D99D0F9780A067_1CB0296C_3B1EA7.pdf。
② 中国互联网络信息中心：《第 49 次中国互联网络发展状况统计报告》，http://cnnic.cn/NMediaFile/old_attach/P020220721404263787858.pdf。

表 6 - 1　广东省城乡社区对于智慧化手段的应用情况

单位：%

智慧化手段	城市	农村
信息发布平台	73.47	81.82
社区管理系统	55.10	36.36
养老服务	24.49	18.18
志愿者管理	46.94	22.73
自助办事	28.57	22.73
门禁	18.37	4.55
防灾（防火）	20.41	22.73
交通管理	8.16	13.64
特殊人员管理	14.29	13.64
网格化管理	69.39	59.09

资料来源：广东省省情调研网。

二　新时代基层智治的理论与实践

厘清基层智治的内涵，梳理中央对基层智治的顶层设计及各地方的基层智治实践，并在此基础上探究基层智治的理想类型，有利于实现从感性认识到理性认识的升华。应汲取既有经验教训，顺应新形势，面对新情况，解答新问题，奋力开创新时代基层智治新局面。

（一）基层智治的内涵

智慧治理是基于数字技术的治理模式，其内涵与"（信息）技术治理""数字治理"非常接近。因此，"技术治理""数字治理"也可以被视为智慧治理研究的一个组成部分。"技术治理"是当今社会学研究中的重点领域，也是治理研究领域的热点问题。随着信息技术的发展，技术应用已经渗透到社会生活的各个领域和环节，"信息技术"逐渐成为技术治理新的概念变量，强调利用先进的信息技术提高国家治理的效率和效能。[1] "数字

① 陈天祥、徐雅倩：《技术自主性与国家形塑：国家与技术治理关系研究的政治脉络及其想象》，《社会》2020 年第 5 期。

治理"是公共管理研究的重要议题，数字治理理论是"治理理论与互联网数字技术结合催生的新的公共管理理论准范式，它主张信息技术和信息系统在公共部门改革中的重要作用，从而构建公共部门扁平化的管理机制，促进权力运行的共享，逐步实现还权于社会、还权于民的善治过程"①。

沈费伟和叶温馨认为，基层政府数字治理的内涵可从以下三个层面理解："第一，在理论内涵层面，基层政府数字治理是基层政府运用大数据、互联网、区块链、信息通信技术等数字化工具辅助履行职能、提供服务的基层治理方式的技术化过程，也是包含着治理组织重整、制度体系跟进、行政方式与流程优化等在内的治理技术化过程。第二，在治理实践层面，基层政府数字治理作为一种先进治理模式，注重数字治理理念与基层政府治理实践的有效结合，通过提升公众数字素养、健全数字治理制度体系、调整政府数字治理结构推动数字治理在智慧城市、社会治理、社区街道、乡村振兴、精准扶贫等领域深度延伸。第三，在价值取向方面，基层政府数字治理不仅内含着效率的工具性价值，也包含着民主、公众参与互动等现代化治理取向，推动治理实践的发展。"②

中央政法委秘书长陈一新在《人民日报》理论版发表的署名文章《加强和创新社会治理》中提出，"'智治'是社会治理方式现代化中体现新科技革命的重要标志。现代科技为'中国之治'引入新范式、创造新工具、构建新模式。要把智能化建设上升为重要的治理方式——'智治'，推进社会治理体系架构、运行机制、工作流程智能化再造。构建'智治'基础设施体系，统筹规划政务数据资源和社会数据资源，完善基础信息资源和重要领域信息资源建设，形成万物互联、人机交互、天地一体的网络空间。构建'智治'深度应用体系，推进'智辅科学决策''智防风险挑战''智助管理服务'，拓展社会治理场景应用。构建'智治'安全防护体系，加强工业、能源、金融、电信、交通等关系国计民生的重要行业、领域关键信息基础设施安全保护，提高网络安全态势感知、事件分析、追踪溯源能力"③。"智治"的这一定义出自国家智治相关部门要员，在决策层面通常有一定的权威性。

---

① 韩兆柱、马文娟：《数字治理理论研究综述》，《甘肃行政学院学报》2016 年第 1 期。
② 沈费伟、叶温馨：《基层政府数字治理的运作逻辑、现实困境与优化策略——基于"农事通""社区通""龙游通"数字治理平台的考察》，《管理学刊》2020 年第 6 期。
③ 陈一新：《加强和创新社会治理》，《人民日报》2021 年 1 月 22 日，第 9 版。

综上所述，基层智治是基层治理的智能化、智慧化，是基层治理方式的技术化转型过程。基层智治既是工具应用和方法的创新，也是制度结构和理念价值的创新。

（二）基层智治的顶层设计

2021年4月，中共中央、国务院印发的《关于加强基层治理体系和治理能力现代化建设的意见》，是推进新时代基层治理现代化建设的纲领性文件。这份文件对基层智治的内容做出明确要求。回溯基层智治的发展沿革，王颖等认为，在中央政策文件中将数字技术应用于社会管理始于2006年。当时中央政府的引领作用可以归纳为七个方面：一是创新性地提出社区信息化的概念和动员各方力量共同建设的新工作方式；二是组织科研力量开展研究；三是深入社区了解实际情况，及时总结，及时指导；四是吸引各领域专家学者和相关企业开研讨会，集思广益，解决难点问题；五是发挥典型示范作用，发现典型、培育典型，以典型的成功经验带动整体发展；六是疏通相关部委的关系，整合力量，努力开拓合力共建的局面；七是国家政策引导，用国家的财政力量和政策的推动力量去发展社区信息化，以实现信息时代社区的转型和重建，着力建设好中国城市社会的基层组织。[①]

表6-2梳理了中央政府与基层智治相关的主要政策。可以看出基层智治被包含于两类政策框架之内。一是智慧城市/数字乡村建设的框架。2012年，《关于开展国家智慧城市试点工作的通知》《国家智慧城市试点暂行管理办法》相继出台，拉开了中国智慧城市建设的序幕；2014年，《国家新型城镇化规划（2014—2020年）》出台，首次把智慧城市建设引入国家战略规划；2016年，国家"十三五"规划出台，提出要"建设一批新型示范性智慧城市"，智慧社区/乡村信息化被包含在智慧城市/数字乡村建设的框架之内，成为其重要组成部分。二是基层治理的框架。2017年，《中共中央 国务院关于加强和完善城乡社区治理的意见》提出要"增强社区信息化应用能力"；2021年，《中共中央 国务院关于加强基层治理体系和治理能力现代化建设的意见》专设一章"加强基层智慧治理能力建设"，都强调数字技术在提升基层治理能力中的作用。

---

① 王颖等：《信息化改变社区》，社会科学文献出版社，2012，第24~26页。

表6－2 中央政府与基层智治相关的主要政策

年份	文件名称	颁布单位	相关内容
2006	《中共中央关于制定国民经济和社会发展第十一个五年规划的建议》	中共中央办公厅	"推进国民经济和社会信息化"
2006	《国务院关于加强和改进社区服务工作的意见》	国务院办公厅	"要建设社区公共服务平台，使公共服务覆盖到社区"
2006	《2006—2020年国家信息化发展战略》	中共中央办公厅 国务院办公厅	首次将"推进社区信息化"列为中国信息化发展的战略重点之一
2007	《"十一五"社区服务体系发展规划》	国家发改委 民政部	"5年中，70%以上的城市社区要具备一定的现代信息技术服务手段，满足社区居民多样化的服务需求"
2007	党的十七大报告	中共中央	第一次将信息化与工业化、城镇化、市场化、国际化一起作为新时期主要任务正式提出
2010	《关于加强和改进城市社区居民委员会建设工作的意见》	中共中央办公厅 国务院办公厅	在原国信办和民政部起草文件的基础上，首次提出积极推进社区信息化建设的要求，描述了社区信息化建设的内容和目标，并提出社区信息化建设纳入财政预算
2012	《关于开展国家智慧城市试点工作的通知》 《国家智慧城市试点暂行管理办法》	住房和城乡建设部	"通过积极开展智慧城市建设，提升城市管理能力和服务水平"，并构建智慧城市试点指标体系
2014	《国家新型城镇化规划（2014—2020年）》	中共中央办公厅 国务院办公厅	首次把智慧城市建设引入国家战略规划
2014	《关于促进智慧城市健康发展的指导意见》	国家发展和改革委员会等八部门	提出指导思想、基本原则、目标和顶层设计等指导意见
2015	《促进大数据发展行动纲要》	国务院办公厅	"大数据是提升国家治理能力的新途径，是促进经济转型增长的新引擎，是提升社会公共服务能力的新手段"
2016	《新型智慧城市评价指标体系》	国家市场监督管理总局、国家标准委	第一份智慧城市标准文件，包括客观指标、主观指标、自选指标三部分
2016	《中华人民共和国国民经济和社会发展第十三个五年规划纲要》	中共中央办公厅 国务院办公厅	"以基础设施智能化、公共服务便利化、社会治理精细化为重点，充分运用现代信息技术和大数据，建设一批新型示范性智慧城市"

续表

年份	文件名称	颁布单位	相关内容
2017	《中共中央 国务院关于加强和完善城乡社区治理的意见》	中共中央办公厅 国务院办公厅	"增强社区信息化应用能力；提高城乡社区信息基础设施和技术装备水平，加快城乡社区公共服务综合信息平台建设，探索网络化社区治理和服务新模式，加强农村社区信息化建设"
2018	《中共中央 国务院关于实施乡村振兴战略的意见》	中共中央办公厅 国务院办公厅	"实施数字乡村战略"
2018	《乡村振兴战略规划（2018—2022年）》	中共中央办公厅 国务院办公厅	"夯实乡村信息化基础"
2019	《数字乡村发展战略纲要》	中共中央办公厅 国务院办公厅	"推进乡村治理能力现代化""数字乡村是伴随网络化、信息化和数字化在农业农村经济社会发展中的应用，既是乡村振兴的战略方向，也是建设数字中国的重要内容"；规划了数字乡村建设的四阶段任务目标
2019	《数字农业农村发展规划（2019—2025年）》	农业农村部、中央网络安全和信息化委员会办公室	"建设乡村数字治理体系"
2020	《2020年数字乡村发展工作要点》	中央网信办、农业农村部、国家发展改革委、工业和信息化部	"推进乡村治理能力现代化"主要任务有：提升乡村治理信息化水平，推动"互联网＋"乡村治理；推进"互联网＋村级公共服务"，加快村级公共服务综合信息平台建设；完善民生保障信息化服务等
2020	《关于开展国家数字乡村试点工作的通知》	中央网信办、农业农村部、国家发展改革委、工业和信息化部、科技部、国家市场监督管理总局、国务院扶贫办	"探索乡村数字治理新模式"
2021	《中华人民共和国国民经济和社会发展第十四个五年规划和2035年远景目标纲要》	中共中央办公厅	专设一篇"加快数字化发展 建设数字中国"，提出"加快建设数字经济、数字社会、数字政府，以数字化转型整体驱动生产方式、生活方式和治理方式变革""建设智慧城市和数字乡村"

年份	文件名称	颁布单位	相关内容
2021	《中共中央 国务院关于加强基层治理体系和治理能力现代化建设的意见》	中共中央办公厅 国务院办公厅	专设一章"加强基层智慧治理能力建设",对做好规划建设、整合数据资源、拓展应用场景提出明确要求
2022	《关于深入推进智慧社区建设的意见》	民政部等九部门	提出力争到2025年基本构建起网格化管理、精细化服务、信息化支撑、开放共享的智慧社区服务平台,初步打造成智慧共享、和睦共治的新型数字社区

从表6-2也可以看出,相对于起步早、发展快的城市社区信息化和"智慧城市""智慧社区",数字技术在乡村治理中的应用较滞后。针对这样的状况,从2018年开始,中央政府出台了一系列与"数字乡村"相关的发展政策。2019年5月,中共中央办公厅、国务院办公厅印发的《数字乡村发展战略纲要》规划了数字乡村发展的四阶段任务目标;2020年7月,中央网信办、农业农村部、国家发展改革委、工业和信息化部、科技部、国家市场监督管理总局、国务院扶贫办七部门联合印发了《关于开展国家数字乡村试点工作的通知》(以下简称《通知》),规定了七个方面的试点内容;2020年10月,中央网信办与农业农村部、国家发展改革委、工业和信息化部、科技部、国家市场监督管理总局、国务院扶贫办七部门组织开展国家数字乡村试点工作,确定了数字乡村试点地区名单;在试点开展一年后的2021年7月,中央网信办、农业农村部、国家发展改革委、工业和信息化部、科技部、国家市场监督管理总局、国家乡村振兴局七部门联合发布了《数字乡村建设指南1.0》(以下简称《指南》),分别从省、县两级层面给出指导性建议,提出数字乡村建设的总体参考架构以及若干可参考的应用场景。在这份《指南》中,乡村数字治理被分为智慧党建、互联网+政务服务、网上村务管理、基层综合治理信息化、乡村智慧应急管理五个维度。[①]

近年来,在国家政策支持和重视下,中国乡村治理数字化水平大幅提升。《中国数字乡村发展报告(2020年)》显示,"互联网+政务"加快向

---

① 中央网信办等七部门:《数字乡村建设指南1.0》,http://www.cpad.gov.cn/module/download/downfile.jsp?classid=0&filename=5adc4fc9a4af4c7688222f7590d4f68f.pdf。

农村延伸，农业"放管服"电子审批初见成效，三资管理的体制机制借助数字化平台理顺；"互联网＋基层党建"建设全面展开，以智慧党建引领强村善治；平安乡村数字化平台初步建成，涵盖中央、省、市、县、乡镇、村6级联网应用体系基本建成；智慧乡村信息平台为乡村疫情防控提供支撑，创新互联网运用模式，努力克服疫情对脱贫攻坚的影响。在公共服务方面，乡村信息服务更加完善，基层信息服务体系进一步健全，信息进村进户工程取得显著成效，乡村公共服务的数字化水平不断提升，民政服务信息系统建设全面推进，乡村网络文化管理与创作加速优化，乡村公共数字文化服务提档升级，农耕文化保护与传承活动风靡网络平台，公共法律线上服务水平不断提高，乡村就业、社保、医保服务信息化水平大幅提升。①

（三）各地基层智治实践

如果把社区信息化建设作为基层智治的开端，各地的发展水平并不相同。总体而言，长三角、珠三角发达地区的城市起步早，发展快，建设全面（见表6-3）。例如，宁波市在2003年发布了《宁波市社区信息化发展规划（2003—2007年）》；杭州市在2004年发布了《杭州市社区信息化建设实施纲要（2004—2006年）》，为社区信息化建设提供了指导意见。与社区信息化的地区发展差异类似，智慧城市建设也有许多"先行一步"的城市。2010年9月，宁波市出台《中共宁波市委 宁波市人民政府关于建设智慧城市的决定》；2011年9月，上海市出台《上海市推进智慧城市建设2011—2013年行动计划》；2011年12月，南京市出台《南京市"十二五"智慧城市发展规划》，均早于国家智慧城市试点政策出台时间。

表6-3 2003~2009年省级、市级政府出台的社区信息化文件/规划

年份	文件名称	相关内容
2003	《宁波市社区信息化发展规划（2003—2007年）》	着重建设社区资源数据中心、社区管理和服务信息交换平台、社区政务管理信息系统、社区服务信息系统

---

① 农业农村信息化专家咨询委员会：《中国数字乡村发展报告（2020年）》，http://www.moa.gov.cn/xw/zwdt/202011/P020201129305930462590.pdf。

续表

年份	文件名称	相关内容
2004	《杭州市社区信息化建设实施纲要（2004—2006年）》	"全市社区信息化建设的纲领性、指导性文件"，包括发展目标、主要任务、实施进度、主要措施
2005	南京市《关于建设全市社区管理信息系统的通知》	"该信息系统是我市电子政务建设的重要组成部分"，包括社区统一软件平台和综合业务应用平台两部分
2005	《东莞市社区管理信息系统建设实施方案》	系统建设、运营和完善几个阶段相应的目标、任务和配套
2006	《上海市电子社区"十一五"规划》	"十一五"期间的总体目标、具体目标和主要任务等
2006	广州市《关于全面推进社区信息化建设与应用的意见》	"整合各类信息系统和资源，推广统一的社区信息平台，推动电子政务公共服务延伸到街道、社区，加强常住人口和流动人口的信息化管理，完善和发展社区服务"
2006	《哈尔滨市社区信息化建设实施方案》《哈尔滨市社区信息化"十一五"发展规划》《哈尔滨市社区信息化建设技术规范》	全面推进哈尔滨市社区信息化建设
2006	《深圳市社区政务信息化管理暂行办法》	明确了社区政务信息化、项目管理机构、标准规范、项目管理社区信息资源、经费保障和人员培训等
2007	《湖北省社区信息化建设实施方案》	"社区信息化建设的主要内容是建设社区管理信息平台和以城市为单元的社区服务信息平台"，社区管理信息平台的建设分三个层次（社区、市级、省级）进行
2007	北京市《关于加强社区信息化建设的指导意见（征求意见稿）》	北京市社区信息化的总体目标，增强各类社区服务渠道的信息服务能力建设，加强业务支撑体系的信息整合等
2007	《深圳市人民政府办公厅关于加快推进我市社区政务信息化建设的通知》	各区应由区信息化部门牵头，统一推广在罗湖区试点成功的社区服务与综合管理平台软件
2007	《三亚市社区政务信息化管理办法》	与深圳市的暂行办法类似
2008	《关于江苏省社区信息化工作的指导意见》	整合各类信息系统和资源，推进社区管理和社区服务信息化；制定了社区信息化评价指标体系（区、街道）

续表

年份	文件名称	相关内容
2008	济南市《关于进一步推进市区信息化社区建设的意见》	"广泛应用信息技术为社区居民提供政务、商业、公益等信息服务，提升社区管理与服务水平"
2009	天津市《关于推进我市社区信息化工作的实施意见》	制定了发展目标和主要任务、实施步骤、保障措施等
2009	安徽省《关于进一步加强社区信息化建设工作的通知》	有针对性地推出信息社区解决方案，如社区管理系统、社区医疗服务、社区百事通、平安社区、居民远程教育
2009	福建省《关于推进社区信息化建设工作的指导意见》	"促进电子政务、电子商务发展，推动社区公共服务信息化"
2009	《蚌埠市社区信息化建设实施方案》	主要包括社区管理信息平台建设（内部管理门户）与社区居民服务两方面
2009	鄂尔多斯市《关于全市数字化社区建设工作意见》	建立覆盖社区各类业务的社区综合数据库和统一标准的社区信息平台及服务设施

资料来源：王颖等《信息化改变社区》，社会科学文献出版社，2012，第27～29页。

经过多年的探索与实践，在珠三角、长三角的"智治"先行城市，已经形成诸如上海市徐汇区的"一张网"全域管理、深圳市宝安区的"智慧管控微中心"、杭州市的"城市大脑""社区智治在线"等多个较为成熟的基层智慧治理平台。相比之下，数字乡村治理则是在2019年之后开始蓬勃发展。为了贯彻落实国家《数字乡村发展战略纲要》，各省级政府都相应地推出数字乡村建设行动计划/方案/实施意见（见表6-4）。虽然侧重点有所不同，但在"重点任务"中"推进乡村治理能力现代化"部分，大都涵盖了"互联网＋党建"，推动党务、财务、村务网上公开，"互联网＋社区"，"雪亮工程"，"互联网＋公共法律服务"，在线政务服务等内容。如表6-5所示，《数字乡村建设指南1.0》中提供的案例，也是遵循这样的框架。

表6-4　各省份数字乡村建设方案

日期	文件名称	"乡村治理能力现代化"相关内容
2019年10月	《广西加快数字乡村发展行动计划（2019—2022年）》	农村基层党建信息化、网上政务服务进村、"互联网＋公共法律服务"进村，推进党务、财务、村务网上公开

续表

日期	文件名称	"乡村治理能力现代化"相关内容
2020 年 4 月	《河南省人民政府办公厅关于加快推进农业信息化和数字乡村建设的实施意见》	推动"互联网＋党建"发展、村务财务网上公开、农村集体经济和集体资产数字化管理，加强农村生态系统建设、人居环境整治等数字化监管。推进数字技术在民生保障、社会管理、安全管理等方面应用，推进"雪亮工程"实施，持续推动网络扶贫
2020 年 4 月	云南省《关于加快推进数字乡村建设的实施意见》	完善"云岭先锋"党建信息化系列平台，拓展网上党支部功能，推广网络党课教育。推动党务、村务、财务网上公开。推动"互联网＋社区"向农村延伸，加快推进实施农村"雪亮工程"，积极探索"互联网＋平安建设"、"互联网＋调解"、"互联网＋基层自治"、"互联网＋公共法律服务"等，推进云南政务服务网与"云岭先锋"平台对接，升级完善"一部手机办事通"，将政务服务办理下沉到乡、村级
2020 年 5 月	《广东省贯彻落实〈数字乡村发展战略纲要〉的实施意见》	试点探索广东政务服务网、"粤省事"、"粤商通"与农村基层网格化治理系统的整合，推进全科网格服务管理标准化建设，建立一体化的信息系统和综合指挥平台，基于"数字政府"构建全方位覆盖的现代化乡村治理体系。推动"互联网＋党建"，推动党务、村务、财务网上公开，加快推进实施农村"雪亮工程"；推进"互联网＋公共法律服务"
2020 年 7 月	《湖南省数字乡村发展行动方案（2020—2022 年)》	构建"远程教育＋基层治理"模式，以远程教育平台为纽带，形成集党务、村务、财务于一体的乡村治理信息化平台，加快推动党务、村务、财务网上公开，持续实施农村"雪亮工程"，推进乡村治理信息化平台与"互联网＋监督"平台相互衔接，提高乡村社区服务信息化程度
2020 年 8 月	《辽宁省数字乡村发展规划》	建设完善农村基层党建信息化平台；加强辽沈智慧党建云平台建设和应用，优化升级全省党员干部现代远程教育系统，提升农村党员教育管理信息化水平；创新农村基层党组织活动内容和方式，大力推进"智慧党建"，推动党务、村务、财务网上公开。推进村委会规范化建设，推动"互联网＋社区"向农村延伸，加快推进实施农村"雪亮工程"，加快推进"互联网＋公共法律服务"，建设法治乡村；依托在线政务服务平台，重点推动省市县三级涉农行政审批、行政执法监管、便民服务项目的协同化、在线化，全面提升农业农村政务服务水平

续表

日期	文件名称	"乡村治理能力现代化"相关内容
2020 年 8 月	《陕西省加快数字乡村发展三年行动计划（2020—2022 年)》	推动"互联网＋党建"、提升乡村治理信息化水平、提高农村集体经济监管水平
2020 年 9 月	《河北省数字乡村建设试点示范工作方案》	推动"互联网＋党建"，推动党务、村务、财务网上公开，推动"互联网＋政务服务"向乡村延伸覆盖
2021 年 1 月	《浙江省数字乡村建设实施方案》	依托浙江政务服务网，推进政务服务一体机乡村基层覆盖，推动党务、村务、财务网上公开，助推村级组织建设管理规范化，充分释放"互联网＋四治融合"新效能；推进平安乡村建设，优化"基层治理四平台"系统；加强网络舆论正面引导和管理，发挥网络"瞭望哨"作用，有效回应基层社会关切和舆论关注；加强乡村优秀文化资源数字化保护
2021 年 9 月	《江苏省数字乡村建设指南（试行)》	党务管理信息化、新媒体党建宣传、党员网络教育；"互联网＋政务服务"；"互联网＋村务管理"；"网格化社会治理智能化"；"智慧司法"；"乡村智慧应急"；乡村网络文化

表 6－5　数字乡村试点中乡村数字治理的案例实践

试点	案例名称	相关领域
内蒙古自治区鄂托克前旗	深化智慧党建 助力乡村组织振兴	党员网络教育（智慧党建）
江苏省张家港市	政务服务进农村 一网通办送便捷	乡村政务服务最后一公里（"互联网＋政务服务"）
辽宁省沈阳市辽中区	探索农村集体"三资"数字化监管新路径	村务财务网上公开（网上村务管理）
湖北省宜城市	打造"百姓通"数字平台 探索乡村治理新模式	"互联网＋村民自治"（网上村务管理）
黑龙江省同江市	以标准化网格作战体系推进基层社会治理现代化	基层网格化治理治理（基层综合治理信息化）
广东省兴宁市	打造智慧司法"云"时代	法治乡村数字化（基层综合治理信息化）

资料来源：根据《数字乡村建设指南 1.0》整理。

　　梳理从中央对基层智治的顶层设计到各地方的基层智治实践，可以发现，基层智治经历了从早期偏重城市社区的信息化，到近年来重视数字乡村发展，智慧城市/智慧社区与数字乡村齐头并进的发展趋势。从应用领域上看，智慧治理在基层的应用主要集中于社区服务（如各类服务中心）、新型政社关系（如各类网络问政平台）、公共管理（如网格化管理平台建设）三个领域。近年来，党建也成为智慧治理的一个重要应用领域。

（四）理想类型的基层智治

总而言之，理想类型的基层智慧治理是在法律与道德的约束之下，以信息技术等数字化手段提升基层组织能力，为德治、法治、自治提供平台与技术支撑，从而实现基层治理的现代化。

1. 智治与党建引领：提升基层组织能力，实现整体性治理

整体性治理是 20 世纪 90 年代以来在西方国家公共管理领域兴起的范式。20 世纪 90 年代末，以佩里·希克斯和帕却克·登力维为代表的学者开始批判新公共管理运动，提出整体性治理（holistic governance）的概念。整体性治理理论诞生于两个背景之下：一是盛极一时的新公共管理的衰微；二是信息技术的发展，即数字时代的来临。根据希克斯的定义，整体性治理就是"以公民需求为治理导向，以信息技术为治理手段，以协调、整合、责任为治理机制，对治理层级、功能、公私部门关系及信息系统等碎片化问题进行有机协调与整合，不断从分散走向集中、从部分走向整体、从破碎走向整合，为公民提供无缝隙且非分离的整体型服务的政府治理图式"①。社会治理资源整合的必由之路，是充分利用信息化、智慧化技术手段，搭建公开、透明、便民、利民的跨部门（跨行政、跨行业）政府管理和服务平台。在中国基层治理中，"党建引领"就体现了这一治理理念，要求基层党组织围绕日常治理中遇到的难题，形成以组织优势为依托的"整合""智慧""协同"的治理框架，而数字技术为此提供了科技支撑。

2. 智治与德治：以道德教化约束，为道德教化提供平台

2019 年 10 月，中共中央、国务院印发了《新时代公民道德建设实施纲要》，特别提出要"抓好网络空间道德建设"，其内容包括"加强网络内

---

① 参见竺乾威《从新公共管理到整体性治理》，《中国行政管理》2008 年第 10 期；胡象明、唐波勇《整体性治理：公共管理的新范式》，《华中师范大学学报》（人文社会科学版）2010 年第 1 期；胡佳《迈向整体性治理：政府改革的整体性策略及在中国的适用性》，《南京社会科学》2010 年第 5 期。

容建设""培养文明自律网络行为""丰富网上道德实践""营造良好网络道德环境"，为规范网络社会行为、调节维持网络社会关系及秩序指明方向。同时，互联网是社会主义核心价值观的重要宣传阵地和学习平台。积极探索新媒体传播方式在道德教化宣传中的运用，在传播内容和话语体系上贴近人民群众，尝试形式多样、生动有趣的表达方式，实现春风化雨的道德教化。互联网也为企业践行社会责任，公益活动、志愿者活动的召集和管理提供平台，促进社会团结。

3. 智治与法治：以法治防范潜在安全风险，为法治提供技术支撑

虽然中国已经出台《中华人民共和国网络安全法》《中华人民共和国数据安全法》《中华人民共和国个人信息保护法》等法律，对互联网基础设施建设和管理、数据安全风险防范、个人信息处理等做出了基本规范，但是由于数字技术的飞速发展，相关法律法规的制定依然相对滞后。数字化治理中的个人安全风险并不少见，手机 App 违规收集个人信息问题突出，个人信息保护监管合力不足，需要以更健全的法律法规来防范潜在的安全风险。智治为法治提供了技术支撑。在立法方面，运用信息公开、数据统计、网络意见征询等技术手段，可以使法律更好地体现"以人民为中心"和代表人民；在执法方面，采用信息公开、对执法者的技术监控及技术记录等技术手段，可以更好地实现执政为民；在司法方面，采用信息公开、鉴定科学、电脑流程化分配与管理案件等技术手段可以有效地排除人为干扰；在守法方面，符合法治伦理的技术监控、技术识别、大数据管理及应用，有利于公民更加自觉地规范行为或接受处罚，也有利于监管部门更加有效地发现和预防违法犯罪。

4. 智治与自治：提升公众参与能力与社区凝聚力

信息化手段的快速发展为公众参与提供了新的公共空间，QQ 群、微信群以及小程序、社区 App 等网络社群与实体社区相结合，大量的交流平台涌现。在城市，许多小区的业主在购房后就成立各种业主群，在未入住时就开始在网络上进行交流。从装修到拼车、团购、讨论公共事务、组织兴趣爱好活动等，城市社区的邻里交往从一开始就呈现线上线下相结合的特点。随着乡村数字基础设施的逐渐完善，现今无论是在城市还是农村，由村居工作人员、物业公司与居民（村民）组成的"群"都成为城乡基层治理中最常见、最主要的沟通与联络方式。这些社区议事平台有助于推动社区对话、居民互助和社区参与，形成社区规范和有约束力的社区舆论，

增强社区认同感和归属感，从而有助于社区凝聚力的提升，形成社区自治的基础。

三　新时代基层智治的发展图景

新时代基层智治的发展图景，应该包括社会科学视野和数字技术并重的顶层设计，开放、共享、增效的数据资源，以群众需求为本、建设与运营并重的智慧平台，以及兼顾效率与公平的应用场景。

（一）社会科学视野和数字技术并重的顶层设计

建立坚实的制度支撑是实现基层智治的根本。《中共中央　国务院关于加强基层治理体系和治理能力现代化建设的意见》指出，市、县级政府要将乡镇（街道）、村（社区）纳入信息化建设规划，统筹推进智慧城市、智慧社区基础设施、系统平台和应用终端建设，强化系统集成、数据融合和网络安全保障。健全基层智慧治理标准体系，推广智能感知等技术。

智治强调的不仅是技术手段的发展，也受到制度、组织、文化等多方面因素的影响。协调好"技术"与"组织"的关系，是智治成功的关键。社会治理的数字化转型，需要组织机制的创新，需要政府、市场、基层社会组织等不同主体的一整套组织运作机制的创新，尤其需要组织之间以及组织内部的协作机制创新。[1] 政府应该从多元主体整合着手，鼓励私营部门、公众与政府一起协商、合作，共同发力、共同创新，实现更方便、更多维、更完善的政务服务。他国经验也告诉我们，政府与科研院所、互联网企业、民众合作，通过制定总体战略规划、优化资金扶持政策、建立基础研究平台等措施，可以充分发挥调控、引导与服务功能。用开放、创新的理念吸纳社会各方参与到数字社会的建设中，有助于实现政府与社会力量的良性整合。[2]

特别是领导干部、社会组织领导者对智慧治理的认知应与时俱进，提升大数据素养与数字领导力。在一些优秀基层智慧治理案例中，领导干部

---

① 向静林：《社会治理数字化转型：问题指向与发展趋势》，中国社会科学网，2021 年 8 月 20 日，http://cssn.cn/zx/202209/t20220916_5515705.shtml。

② 倪旻卿、徐鹏、纪律：《新加坡数字化协同治理创新模式研究》，《全球城市研究》2022 年第 1 期。

对数字技术理解和应用的能力起到非常关键的作用。因此，需要通过多种方式或途径建设基层专业化数字人才队伍，培养一批兼具社会科学视野和数字技术素养的人才。通过数字能力培训课程、论坛/研讨会、线上教育和实地调研学习等多样化途径，引导领导干部学习新知识、补充新技能，为实现有效的智慧治理打好基础。

（二）开放、共享、增效的数据资源

《中共中央 国务院关于加强基层治理体系和治理能力现代化建设的意见》指出，要整合数据资源。实施"互联网＋基层治理"行动，完善乡镇（街道）、村（社区）地理信息等基础数据，共建全国基层治理数据库，推动基层治理数据资源共享，根据需要向基层开放使用。完善乡镇（街道）与部门政务信息系统数据资源共享交换机制。推进村（社区）数据资源建设，实行村（社区）数据综合采集，实现一次采集、多方利用。

数据共享需要跨部门的协作，而"条""块"分割被认为是阻碍实现信息资源共享的一大要素。林雪霏基于某区级政府数据共享改革的案例研究发现，该区在推动数据共享过程中采取内部整合、谈判交易与自主生产等能动性策略，关键行动者能动性地把握了条块结构所释放出来的机会空间以采取行动。这种地方性持续创新的动力、策略与行动资源都来自条块结构在体制性调适中形成的多层次机会空间，包括在组织层面塑造以创新为使命的关键行动组织，基于组织间的相互依赖关系构建创新网络集群，以及借由组织场域的结构性变动与重构开发持续创新的契机。[1] 另有研究在分析两个市级政府跨部门数据共享存在的问题及其原因后，提出需要构建有效的政府数据治理体系，加强跨部门数据共享的统筹与协调；完善数据共享的制度保障体系，加快法规、技术标准及其实施细则的制定；提升数据共享平台的技术水平，完善平台功能，提高平台利用率。[2] 也有研究关注技术方案的发展，认为区块链技术中的智能合约概念为复杂运行逻辑

---

[1] 林雪霏：《条块结构中的地方政府"持续创新"行为——基于 P 区政务数据共享改革的案例分析》，《学海》2021 年第 3 期。

[2] 王芳、储君、张琪敏等：《跨部门政府数据共享：问题，原因与对策》，《图书与情报》2017 年第 5 期。

在跨部门数据共享中的运算表达提供了可能性。①

（三）以群众需求为本、建设与运营并重的智慧平台

智慧治理并非仅仅是信息和服务平台的搭建、技术产品开发或者其他硬件建设，能够满足群众需求，协调关系、解决问题才是基层智治成功的关键。群众参与的热情来自与个人利益相关的问题，只有将智慧平台的建设与人们的日常生活、切身利益、现实需要联系起来，使群众关注的各类热点、重点、难点问题拥有更便捷、更有效的表达渠道、空间和平台，才能形成基层治理的合力。有研究表明，社交媒体（微信群）在社区营造中发挥了"再组织""搭平台""促行动"作用，其本质是通过媒介赋权、制造认同、柔性动员、主体互嵌等机制整合社区内外资源，从而形成社区治理合力。②

以群众需求为本，一是要利用新一代信息技术发现群众反馈的问题，增强基层组织等对群众需求的回应；二是对于服务类平台，要开展需求调查，从整体上摸清居民的需求与意愿，注意到居民的差异化需求，针对需求提供多样化服务；三是要公开透明，让公众知晓问题解决的进展、遇到的困难和可能的应对措施，形成不同主体之间的信任机制；四是要形成自下而上的压力机制，改革基层政绩考核指标和绩效评估模式，引入相应的民调技术，注重自下而上的社会评估。

（四）兼顾效率与公平的应用场景

《中共中央 国务院关于加强基层治理体系和治理能力现代化建设的意见》指出，要拓展应用场景。充分考虑老年人习惯，推行适老化和无障碍信息服务，保留必要的线下办事服务渠道。2020 年 11 月，国务院办公厅印发《关于切实解决老年人运用智能技术困难的实施方案》，提出四条基本原则。一是坚持传统服务与智能创新相结合。在各类日常生活场景中，必须保留老年人熟悉的传统服务方式，充分保障在运用智能技术方面遇到困难的老年人的基本需求；紧贴老年人需求特点，加强技术创新，提供更

---

① 张楠、赵雪娇：《理解基于区块链的政府跨部门数据共享：从协作共识到智能合约》，《中国行政管理》2020 年第 1 期。

② 吴义东：《微治理：城市社区营造中的社交媒体实践——一项媒介人类学研究》，《新闻与传播评论》2022 年第 1 期。

多智能化适老产品和服务，促进智能技术有效推广应用，让老年人能用、会用、敢用、想用。坚持"两条腿"走路，使智能化管理适应老年人，并不断改进传统服务方式，为老年人提供更周全、更贴心、更直接的便利化服务。二是坚持普遍适用与分类推进相结合。强化问题导向和需求导向，针对老年人在运用智能技术方面遇到的突出共性问题，采取普遍适用的政策措施；对不同年龄段、不同教育背景、不同生活环境和习惯的老年人，分类梳理问题，采取有针对性、差异化的解决方案。三是坚持线上服务与线下渠道相结合。线上服务更加突出人性化，充分考虑老年人习惯，便于老年人使用；线下渠道进一步优化流程、简化手续，不断改善老年人服务体验，与线上服务融合发展、互为补充，有效发挥兜底保障作用。四是坚持解决突出问题与形成长效机制相结合。围绕老年人出行、就医等高频事项和服务场景，抓紧解决目前最突出、最紧迫的问题，切实保障老年人基本服务需要；在此基础上，逐步总结积累经验，不断提升智能化服务水平，完善服务保障措施，建立长效机制，有效解决老年人面临的"数字鸿沟"问题。2020 年 12 月，工业和信息化部印发《互联网应用适老化及无障碍改造专项行动方案》，提出优先推动 115 家网站、43 个 App 进行适老化改造，这些网站、App 涵盖了交通出行、社交通信、生活购物、搜索引擎、金融服务、医疗健康等方方面面，着力解决老年人、残疾人在智能技术方面遇到的问题。①

　　整体而言，缩小"数字鸿沟"，一是需要提高信息化水平，降低信息化成本。中国通过大规模信息基础设施建设，使越来越多的低收入群体能够上网，有效控制了"数字鸿沟"的扩大，但依然需要持续构建城乡之间、区域之间新型基础设施建设的均衡化资源配置机制。二是需要提高全体人口的数字素养和利用信息技术的能力。教育程度、读写水平与使用信息技术的能力之间存在紧密联系，需要不断提高教育均等化水平，缩小城乡、区域之间差距。三是需要兼顾效率与公平，重点关注特殊群体需求，发动多方力量参与、帮助特殊群体融入数字化转型中的社会。

---

① 参见《工业和信息化部关于印发〈互联网应用适老化及无障碍改造专项行动方案〉的通知》，中国政府网，2020 年 12 月 24 日，http://www.gov.cn/zhengce/zhengceku/2020 – 12/26/content_5573472.htm。

第七章
事在人为：基层治理中的队伍建设

作为基层治理体系的核心参与主体，基层治理队伍是基层发展的推动者和执行者，承担着政治建设、公共服务、基层建设等职能，涵盖行政工作与居民生活的方方面面，是基层治理的"最末梢"，其治理能力直接关系基层治理效能。当前，中国从传统农业社会步入现代工业社会，从"乡土中国"向"迁徙中国"转变①，社会结构日趋复杂，人民群众利益诉求日趋多样，对基层治理体系提出更高要求。面对新时代新任务，党的十九届五中全会审议通过的《中共中央关于制定国民经济和社会发展第十四个五年规划和二〇三五年远景目标的建议》提出，"健全党组织领导的自治、法治、德治相结合的城乡基层治理体系""加强基层社会治理队伍建设"。《中共中央 国务院关于加强基层治理体系和治理能力现代化建设的意见》进一步将加强基层治理队伍建设作为基层治理体系和治理能力现代化建设的重要组织保障。这是推动实现基层治理体系和治理能力现代化的新要求，也是新时代基层治理创新的重点任务。站在新的历史交汇点上，深刻认识加强基层治理队伍建设的历史必然性和重要性，全面把握基层治理队伍建设的科学内涵和发展方向，建设一支强大且适应新时代发展需求的基层治理队伍，既是加强基层治理体系现代化建设、夯实基层治理基础的关键一环，也是实现基层治理能力现代化迫切需要回答的实践命题。

一 历史的必然与时代的召唤

回答好"为什么要加强基层治理队伍建设"这一时代问题，既要从基层治理的内涵出发探讨治理队伍建设理论逻辑，也要在基层治理的变迁历程中总结其历史必然性，更要抓住推动实现基层治理队伍能力现代化的关

---

① 段成荣、吕利丹、王涵、谢东虹：《从乡土中国到迁徙中国：再论中国人口迁移转变》，《人口研究》2020 年第 1 期。

键问题，揭示其现实必要性。

（一）理论逻辑：充实基层队伍是创新基层治理的题中要义

加强基层治理队伍建设，充实基层治理力量蕴含着丰富的理论内涵，是坚持以人民为中心的社会治理核心价值与群众路线作为党的根本路线的时代特征的有机统一。历史唯物主义强调，人民群众既是历史活动的主体，也是历史的创造者和推动社会发展的决定力量。习近平总书记多次强调："人民是历史的创造者，是决定党和国家前途命运的根本力量。"[1] 波澜壮阔的中华民族发展史由中国人民书写，人民群众是中华民族走向复兴的深厚根基。应加强基层治理队伍建设，充实基层治理力量，紧紧依靠人民群众推进治理能力现代化。

1. 以人民为中心是现代基层治理队伍建设的价值指引

党的十八届三中全会通过的《中共中央关于全面深化改革若干重大问题的决定》明确，"全面深化改革的总目标是完善和发展中国特色社会主义制度，推进国家治理体系和治理能力现代化"，提出要"加快形成科学有效的治理体制""创新社会治理""提高社会治理水平""改进社会治理方式"。从"管理"到"治理"，一字之差凸显党执政理念的升华，治国方略从传统社会管理向现代社会治理转变，是坚持以人民为中心的时代体现。坚持以人民为中心的发展思想，是新时代加强和创新基层治理的价值指引。把实现好、维护好、发展好最广大人民根本利益作为基层治理的出发点和落脚点，也更加"突出了人的地位、作用与价值"[2]，强调提高基层治理现代化水平必须紧紧依靠人民，充分调动广大人民群众的积极性、主动性和创造性，从而实现"一切为了人"与"一切依靠人"的有机统一。换句话说，在治理过程中，不能仅把人民群众当作被服务对象，关注人民群众日益增长的物质和精神文化需求；也要尊重人民群众的主体性和主观能动性，帮助他们实现自我管理、自我服务。加强基层治理队伍建设，拓宽基层治理参与途径和方式，积极引导群众、社会组织等社会力量参与基层社会治理，调动基层队伍的积极性和主动性，增强基层队伍的满意度和

---

① 《习近平关于"不忘初心、牢记使命"论述摘编》，党建读物出版社、中央文献出版社，2019，第 52 页。

② 丰子义：《人学视野中的国家治理》，《华中科技大学学报》（社会科学版）2018 年第 4 期。

归属感，是以人民为中心的重要体现。

2. 群众路线是实现基层治理现代化的重要法宝

中国共产党在百年征程中，始终遵循"人民群众是历史的创造者"这一历史唯物主义观点，提出"一切为了群众，一切依靠群众，从群众中来，到群众中去"的群众路线，并把它作为党的生命线和根本工作路线。[①]群众路线本质上是马克思主义基本原理与中国实践的有机统一。在革命战争年代，群众路线是克敌制胜的法宝；在和平建设时期，群众路线是改革创新的智慧源泉。新时代推进基层治理体系和治理能力现代化，应从理论上遵循群众路线，在实践中贯彻群众路线，继承和更好地运用群众路线这一重要法宝。在2019年1月召开的中央政法工作会议上，习近平总书记指出，"要贯彻好党的群众路线，坚持社会治理为了人民，善于把党的优良传统和新技术新手段结合起来，创新组织群众、发动群众的机制，创新为民谋利、为民办事、为民解忧的机制，让群众的聪明才智成为社会治理创新的不竭源泉"[②]。这一重要指示为新时代做好基层治理工作提供了重要遵循。社会治理的主体说到底是人民群众，社会治理的任务说到底是维护人民群众的根本利益，衡量社会治理的成效最终要看人民群众的满意度。群众路线为创新基层社会治理提供了生生不息的动力源泉。在基层社会治理中贯彻党的群众路线，不仅体现为"一切为了群众，一切依靠群众"的思想方法，也不仅体现为"从群众中来，到群众中去"的工作方法，还要体现在社会治理的制度体系中，用制度来保障群众路线在基层社会治理中发挥作用。[③]

（二）历史逻辑：基层治理队伍是基层治理的中坚力量

"为治之要，莫先于用人。"[④]历史和现实表明，一个政党、一个国家，能不能建设一支政治可靠、业务精通、廉洁高效、群众满意的高素质基层治理队伍，在很大程度上决定着这个政党或国家的兴衰存亡。[⑤]习近平总

---

① 习近平：《坚持历史唯物主义不断开辟当代中国马克思主义发展新境界》，《求是》2020第 2 期。

② 习近平：《论坚持全面依法治国》，中央文献出版社，2020，第 247 页。

③ 王宗礼：《基层社会治理中贯彻群众路线的制度化路径》，《社会治理》2019 年第 3 期。

④ （北宋）司马光：《资治通鉴》（五），《中华书局》，1956，第 2329 页。

⑤ 唐奕主编《治理之基 中国基层治理队伍建设纵横谈》，中国社会科学出版社，2016，第 2 页。

书记在省部级主要领导干部学习贯彻十八届三中全会精神全面深化改革专题研讨班开班式上发表重要讲话，指出"一个国家选择什么样的治理体系，是由这个国家的历史传承、文化传统、经济社会发展水平决定的，是由这个国家的人民决定的"①。推进基层治理队伍建设，必须根植于基层治理的历史土壤，对传统治理经验进行重新思考和合理借鉴。新中国成立以来，基层管理体制建设不断探索，基层管理队伍因地制宜、适时调整适应基层治理目标，由此产生了城乡有别的基层管理机制和基层队伍。

1. 城市基层治理队伍变迁

新中国成立之初，城市基层管理体制采取"单位制"为主、"街居制"为辅的社区治理模式，逐步确立了居民委员会（简称"居委会"）制度。居委会是城市基层治理的主要机构，是自我管理与服务的组织，更多承担着基层社区管理服务工作。② 居委会干部多数由社区里的积极分子担任③，以工人阶级为主，还包括小手工业者、小商人、知识分子等④。当时的居委会工作者被居民称为"0号首长"⑤。从2000年开始，社会建设从根本上改变了原来纵向控制的管理体系，国家、社会、市场等不同力量参与到城乡社区治理中，基层治理主体从单一逐渐走向多元。2000年，《民政部关于在全国推进城市社区建设的意见》发布，标志着基层治理正式进入"社区制"。居委会试图淡化其行政色彩，强调以居民为主体，积极动员居民参与社区事务。居委会工作者则由社区居民直接选举产生，与居民联系密切并对社区内各类事务身体力行，被称为"小巷总理"。2006年，党中央正式提出要建设一支专业社会工作队伍。在一系列政策支持下，越来越多具有高校背景的专业人才从事社区工作，基层队伍建设也逐渐迈入职业化和专业化发展道路。2020年3月10日，习近平总书记在湖北省考察新冠疫情防控工作时，称呼社区工作者、志愿者、下沉干部等为"临时的'小巷总理'"。不管是在抗击新冠疫情期间，还是在常态化治理时期，"小

① 《习近平关于全面深化改革论述摘编》，中央文献出版社，2019，第21页。
② 刘学：《回到"基层"逻辑：新中国成立70年基层治理变迁的重新叙述》，《经济社会体制比较》2019年第5期。
③ 汪鸿波、费梅苹：《新中国成立70年来我国城市社区工作者形象的变迁与重构——基于上海的历史考察》，《内蒙古社会科学》（汉文版）2019年第5期。
④ 毛丹：《中国城市基层社会的型构——1949—1954年居委会档案研究》，《社会学研究》2018年第5期。
⑤ 赵兰英：《"0号首长"的甜酸苦辣》，《瞭望新闻周刊》2000年第4期。

巷总理"都发挥了不可或缺的作用。[1] "小巷总理"既是一支基层治理队伍，也代表着一种基层治理模式。

2. 农村基层治理队伍变迁

自古以来，农村通常是同宗或同族的聚居地，农村基层治理体制常常围绕着宗族与行政力量进行。[2] 改革开放以前，从土地改革到农业合作化运动、人民公社化，农村自治力量从分散到集中，农村社会管理队伍由各种自治力量组成。1982 年 12 月，第五届全国人民代表大会第五次会议通过的《中华人民共和国宪法》明确规定，村民委员会是我国农村基层群众性自治组织，确立了村委会的法律地位，为农村社会管理指出实行村民自治的基本方向。1998 年，《中华人民共和国村民委员会组织法》正式颁布，明确村民委员会决定有关村民利益的自治事务，农村经济和社会事务也由村民委员会集体组织负责。村民委员会、"村两委"干部、宗族长老等构成农村基层管理队伍。21 世纪以来，乡村基层治理体制逐渐实现"村集体企业化"和"资本下乡市场化"，政府选派驻村机构和人员、社会组织与社会资本进入农村，不仅改变了经济发展和社会面貌，也参与到基层管理中来，改变了乡村政治生态，以不同的方式和互动模式重塑新时代乡村社会治理体制。农村传统的宗族制度和宗族力量与现代的行政力量、社会力量共同构建农村基层治理体制，形成重要治理力量。

（三）现实逻辑：基层治理现代化要求夯实治理根基

城乡基层治理体制从根本上改变了原来纵向控制的管理机制，逐渐从城乡分割走向统筹推进，治理手段和治理主体逐渐多样化和多元化，基层治理队伍不断壮大，基层治理骨干力量不断充实，队伍老化、专业队伍不足的矛盾持续缓解，人才培养体系日臻完善，治理队伍现代化建设成效显著，为新时代创新治理队伍建设奠定了实践基础。我们也要清楚地认识到，进入新时代，基层治理体系和治理能力现代化对基层治理队伍提出更高要求，在基层治理队伍"选用育留"过程中，部分环节、部分领域仍存在结构性矛盾，亟须补齐短板、锻造长板，为实现基层治理能力现代化提

---

[1] 吴晓林：《"小巷总理"何以推动基层治理创新》，《人民论坛》2020 年第 20 期。

[2] 刘学：《回到"基层"逻辑：新中国成立 70 年基层治理变迁的重新叙述》，《经济社会体制比较》2019 年第 5 期。

供力量支撑。

1. 基层治理体系现代化对基层治理队伍提出更高要求

习近平总书记在党的十九大报告中指出，"中国特色社会主义进入了新时代，我国社会主要矛盾已经转化为人民日益增长的美好生活需要和不平衡不充分的发展之间的矛盾"；同时强调，"社会主要矛盾的变化是关系全局的历史性变化，对党和国家工作提出了许多新要求"。这就要求我们在推动高质量发展的同时坚持保障和改善民生，更好满足人民日益增长的美好生活需要。《中华人民共和国国民经济和社会发展第十四个五年规划和2035年远景目标纲要》提出要"健全党组织领导、村（居）委会主导、人民群众为主体的基层社会治理框架"。2021年，中共中央、国务院印发《关于加强基层治理体系和治理能力现代化建设的意见》，要求"建立健全基层治理体制机制，推动政府治理同社会调节、居民自治良性互动，提高基层治理社会化、法治化、智能化、专业化水平"，"坚持共建共治共享，建设人人有责、人人尽责、人人享有的基层治理共同体"，"建立起党组织统一领导、政府依法履责、各类组织积极协同、群众广泛参与，自治、法治、德治相结合的基层治理体系"。盘活、整合各种力量共同参与基层治理是新时代基层治理的关键。毛泽东依据党的历史经验，做出过规律性论断，即政治路线确定之后，干部就是决定的因素。习近平总书记强调指出，办好中国的事情，关键在党，关键在人，关键在人才。新时代基层治理能力现代化的总体要求对基层治理队伍建设提出更高要求，也为队伍建设指明方向。坚持共建共治共享，强调"政府治理同社会调节、居民自治良性互动"，是尊重人民主体地位、坚持以人民为中心的重要体现，也是群众路线的时代特征。治理方式从过去自上而下的单向管理转向多方良性互动，激活基层社会各要素、促进各要素整合以充实基层治理力量，从而建设人人有责、人人尽责、人人享有的社会治理共同体，实现基层治理效能最优。

2. 基层治理队伍建设个别环节存在短板

首先，社会力量参与基层治理内生动力不足。长期以来，在自上而下的社会管理模式下，基层事务主要由基层党政部门作为单一管理主体实施自上而下管理。无论是制定法律法规和政策，还是实施和执行法律法规和政策，都由党政机关负主要责任。同时，通过自上而下的科层制，向社区居委会分派行政任务，社区居委会再次行政化或者被动行政化。居委会虽是基层自治组织，但并非在社群中自发产生，而是在政府指导下形成，并与政府存在互动关系。在互动过程中，居委会与政府形成上下级管理关系。在这种行政思维影响下，居委会虽不属于政府机构，却按照行政机构的逻辑处理社区事务。长此以往，这种行政思维导致居委会工作人员过多关注上级行政机构需求，而少有精力去深耕如何更好服务社区群众①，也鲜少发挥引导群众、社会组织参与治理的作用，往往忙于应付各种上级检查、上报数据、参加会议等行政性事务，不仅负担重，还无法得到社区居民的认可。在这种情况下，基层政府工作人员、居委会工作人员成为基层治理最活跃的主体，基层治理的行政化倾向明显；群众、社会组织等其他治理主体参与治理的时间和空间有限，参与基层治理的内生动力不足，基层治理主体未能构建多主体的结构化聚合网络②，导致治理体系结构和功能的失衡，进而限制基层治理主体的行动能力③和基层治理效能。

其次，基层治理人才队伍面临发展滞后、供需缺口大、结构欠合理、素质能力待提升等困境。一是专业干部青黄不接。基层专业干部老龄化现象严重、年龄结构失衡，新招聘的人才缺乏基层工作经验。二是年轻干部难招难留。基层工作、生活环境相对艰苦，经济待遇保障不足，流动渠道较窄，导致基层招录优秀人员难度大，时常出现报考者多、应试者少现象。同时，招录的年轻同志一旦培养成熟，往往会通过考试、调动、上派等渠道脱离基层，导致基层年轻干部流失严重。三是基层治理人才紧缺。基层治理队伍在提高社会服务水平、解决群众困难、化解社会矛盾等方面的作用日益显现。但当前队伍能力不足、"本领恐慌"问题比较突出。④ 现有村居干部知识文化素养不高，难以适应治理现代化要求。在培养新的村居干部过程中，往往有意愿加入村居干部队伍的人能力不足，有能力的人才又不愿意留在基层发展，面临人才断层处境，人才成为基层治理最为紧迫的现实需要。四是职业化程度与专业事务能力不足，队伍治理能力与人民群众日益增长的社会服务需求不相适应，也与基层治理体系和治理能力现代化的要求存在较大差距。以基层党务工作队伍为例，基层党组织存在队伍

① 沈立里、池忠军：《"去行政化"的限度：获得感视角下居委会社区治理困境论析》，《理论月刊》2022年第3期。
② 曾凡军、潘懿：《基层治理碎片化与整体性治理共同体》，《浙江学刊》2021年第3期。
③ 许晓东：《当前基层治理存在的突出问题与治理路径》，《国家治理》2020年第26期。
④ 习近平：《努力造就一支忠诚干净担当的高素质干部队伍》，《求是》2019年第2期。

整体素质和能力水平不高、队伍结构不合理、党务工作干部"一身多职"、工作积极性不高等问题，难以发挥基层党建在社会治理中的引领作用。另外，基层党务工作者的思维方式、工作作风和服务能力与人民群众利益诉求不相适应，导致公信力不高，引领作用发挥有限。

再次，基层人力资源管理机制不畅。由于基层传统组织结构、人才管理体制、考核机制与现代基层治理不适应，基层治理队伍对治理现代化主动适应能力不强。一是进出机制不合理。社区工作队伍是基层治理队伍的重要组成部分。社区工作队伍进入基层工作门槛低，公益性岗位较多，一些年龄偏大人员通过各种渠道进入社区工作，适应力、学习力往往较弱，工作热情和动力不足，难以胜任社区安排的工作。虽然公开招聘可以吸引年轻人到社区工作者人才队伍中来，但由于工作环境、薪资待遇、工作前景等问题，年轻社区工作者往往稳定性低，不利于社区工作顺利开展。二是薪资、绩效考核和激励体系不完善。薪资问题一直困扰基层队伍建设，薪资增长机制不完善和不合理制约社区队伍稳定发展。由于条块分割，缺少针对专职人员统一规范、具有可操作性的考核标准，"多头考核"现象尤为突出。由于治理体系不顺，社区工作者承担超量超负荷工作，加上缺乏有效激励手段，其积极性不高、职业倦怠感强烈。三是缺乏职业发展机制。基层治理队伍建设缺乏职业发展规划与合理的晋升途径。基层工作条件艰苦、任务繁重，晋升难、待遇低，基层优秀人才流失率高，不利于稳定人才队伍和实现基层治理队伍职业化。

二　基层治理队伍建设的时代内涵

党的十九大报告明确指出，"加强社区治理体系建设，推动社会治理重心向基层下移"。党的十九届三中、四中全会再次强调，"推动治理重心下移，尽可能把资源、服务、管理放到基层，使基层有人有权有物，保证基层事情基层办、基层权力给基层、基层事情有人办"，"推动社会治理和服务重心向基层下移，把更多资源下沉到基层，更好提供精准化、精细化服务"。《中共中央　国务院关于加强基层治理体系和治理能力现代化建设的意见》指出，"力争用 5 年左右时间，建立起党组织统一领导、政府依法履责、各类组织积极协同、群众广泛参与，自治、法治、德治相结合的基层治理体系"，"坚持共建共治共享，建设人人有责、人人尽责、人人享有的基层治理共同体"。这些顶层设计均为基层治理队伍建设指明方向，赋予时代内涵，提供建设框架。概括地说，基层治理队伍建设的时代内涵可从以下方面来理解：坚持党的全面领导是核心，充实基层专职骨干力量是基础，盘活社会力量是关键，提高基层治理队伍治理能力是目标。

（一）坚持党的全面领导是核心

习近平总书记在参加十三届全国人大一次会议广东代表团审议时强调，"要创新社会治理体制，把资源、服务、管理放到基层，把基层治理同基层党建结合起来"①。基层党建与基层社会治理同向发力，能够激发社会治理人人参与、人人尽责的澎湃活力。在基层治理过程中，能否充分发挥基层党组织的引领作用，激发广大党员的积极性，充分发挥党员的先锋模范作用，关系着基层治理能否达到目标效果。只有重点抓好基层党组织队伍建设，在基层治理队伍建设中贯彻坚持党的全面领导，才能确保充分发挥基层党组织人才队伍的优势，最终在基层党组织引领下有效推进基层治理。基层党组织人才队伍建设包括基层党组织带头人、基层党务工作者和基层党员三支队伍建设。

1. 基层党组织带头人队伍建设

推进基层社会治理，核心是基层党组织发挥引领作用，发挥党建引领优势和党员先锋模范优势，把党的组织优势更好地转化为基层治理效能。基层党组织带头人"领头雁"角色的发挥与基层党组织整体战斗力的强弱密切相关。解决好基层治理人才队伍问题，首先要通过基层党组织将最适合推进基层治理工作的人才挖掘出来，将最有潜力的干部培养并提拔起来，确保基层治理有人干事、有能人干事。加强城乡社区党组织带头人队伍建设，选优配强社区党组织书记，建设一支服务意识强、服务作风好、服务水平高的基层服务型党组织队伍，切实强化书记抓党建的主责意识，建立"一把手"抓基层党建责任清单，确保各项任务落实落地；切实提高书记的人力、物力、财力资源统筹能力和水平，紧紧围绕治理效能提升抓党建，有效加强基层党组织的组织力和战斗力，使全面坚持党的领导落到实处。

---

① 《习近平参加广东代表团审议》，央视网，2018 年 3 月 7 日，http://news.cnr.cn/native/gd/20180307/t20180307_524156681.shtml。

2. 基层党务工作者队伍建设

习近平总书记在中央和国家机关党的建设工作会议上指出，"做好新时代机关党建工作，离不开一支高素质专业化的党务干部队伍。要注重选拔政治强、业务精、作风好的干部从事机关党建工作，推进党务干部和业务干部的交流，使党务工作成为既成就事业又成就人才的工作。要加强和改进专兼职党务干部教育培训，提高素质能力，把党务干部培养成为政治上的明白人、党建工作的内行人、干部职工的贴心人"①。基层党务工作者是基层党组织开展党的建设的具体组织者、实施者，高素质专业化的党务工作者是各级党组织发挥职能作用的关键。除此之外，兼职党务工作者的合法性和合理性应得到充分肯定，兼职党务干部队伍建设完全符合党和国家机构改革的精神和原则，行政业务与党务工作"一肩挑"②。不少地方已经根据相关规定和程序，在基层设置兼职党务干部，如实行村党支部书记、村委会主任"一肩挑"或村党支部书记、村委会主任、村经济组织负责人"一肩挑"；村党支部委员会、村民委员会干部"交叉任职"，充实基层党务工作者队伍。

3. 基层党员队伍建设

基层党员是基层治理的示范者。一个党员就是一面旗帜，党员的一言一行就是群众的标杆。党员工作生活在基层的各个组织、机构和社区，将分散的基层党员汇聚在一起，能形成具有更强力量的基层党员队伍，充分发挥党员的先锋模范作用。党员要始终牢记自己是模范先锋代表，要有创新性和先进性，尽最大努力用行动带动身边的人；要有大局观念和全局意识，能够引领群众正确认识当前基层治理的重要性、必要性，提高广大群众参与基层治理的主动性和积极性；以创新的方式方法解决生活和工作中的矛盾问题，为基层治理工作奠定良好的思想基础。

（二）充实基层治理骨干力量是基础

1. 充实基层干部队伍

基层干部是基层政府实施元治理的主体，是协同优化配置社会资源、理性选择治理组合、寻求合理制度安排的直接执行者，其治理能力直接影

① 习近平：《论坚持党对一切工作的领导》，中央文献出版社，2019，第319页。
② 荣继伟：《兼职党务干部队伍建设探析》，《党政干部学刊》2021年第1期。

响执行效果。本书的基层干部，是指乡镇政府或县（市）区政府派出机构街道办事处的公务员、乡镇（街道）机关事业单位工作人员、县（市）区政府负责一线执法或者直接与民众接触的业务部门的公务员（如公安、城管、社保、医保、养老等职能部门的工作人员）以及下沉至城乡社区的其他人员。他们处于行政体制的末端，向上承接党政职能部门，向下连接城乡社区。其中，基层执法队伍（含辅助人员）是社区建设和社区管理的执行者。习近平总书记高度重视基层干部队伍建设工作，突出强调建设一支宏大的高素质基层干部队伍，并指出"基层干部离群众最近，群众看我们党，首先就看基层干部。基层是加强党的执政能力建设的基础，基础不牢，地动山摇""提高党的执政能力，关键在于提高包括基层干部在内的各级干部的能力，广大基层干部的工作能力如何，对加强党的执政能力建设具有基础性作用"。①

2. 充实社区工作者②队伍

2014年3月5日，习近平总书记在参加全国两会上海代表团审议时强调，"基础不牢，地动山摇。社会治理的重心必须落到城乡社区，社区服务和管理能力强了，社区就实了""我们国家的真正稳定，靠我们基层的同志"。③ 推进落实社区治理主要依靠社区工作者。建设一支数量充足、结构合理、素质较高、业务精通、服务到位的专业化、职业化社区工作队伍，是推动实现基层治理体系和基层治理能力现代化的必要手段和重要基石。社区工作者队伍主要职责是实现社区管理者及社区居民对社区各项公共事务的管理建设，促进社区的稳定和发展。就目前而言，在社区建设无法完全摆脱行政化的状况下，提高社区工作者的素质和能力成为加强社区工作者队伍建设的关键。

---

① 习近平：《之江新语》，浙江人民出版社，2007，第111页。

② 在中国，社区工作者有广义和狭义之分。从广义上讲，社区工作者是指所有从事社区公共事务、为社区建设做出贡献的工作人员，包括社区党委干部、居委会干部，以及民政部门、社会福利事业单位、街道主管部门的下沉工作人员，也包括社区志愿者、社区专业服务人员以及各类社会组织和协会的组成人员。狭义层面的社区工作者则专指社区党委和居委会工作人员，即指在社区从事党政管理、社会事务、社会救助、劳动保障、文教卫生、城市管理、司法调解等方面工作的专职工作者。为避免混淆，本章采用社区工作者狭义层面的内涵。

③ 《当好改革开放的排头兵——习近平上海足迹》，人民出版社、上海人民出版社，2022，第188页。

3. 充实专职网格员队伍

2013 年，《中共中央关于全面深化改革若干重大问题的决定》提出"创新社会治理体制""改进社会治理方式""坚持源头治理，标本兼治、重在治本，以网格化管理、社会化服务为方向，健全基层综合服务管理平台，及时反映和协调人民群众各方面各层次利益诉求"。实践表明，"网格化管理＋基层治理"可有效推动社会治理和服务重心向基层下移，将资源和力量下沉至基层，有效破解基层治理中人力资源不足和人力资源碎片化难题，同时依托网格管理体系，将区级职能部门力量和执法力量直接下沉至网格中，增强基层快速响应能力。网格员队伍一般由网格长、专职网格员、兼职网格员组成。网格长是网格管理服务工作总责任人，一般由村书记、主任担任。专职网格员由街道整合各类协辅人员担任，以及采取政府购买服务方式统一招聘，统筹配置到网格中。按照"一格多员"的要求，配足配强专职网格员。同时，每个网格确定若干名兼职网格员，兼职网格员一般由党员骨干、村民代表、小组长、"两代表一委员"①、志愿者等担任。

4. 充实社区服务人才队伍

不断实现人民对美好生活的向往，提升人民群众获得感、幸福感、安全感是基层治理的最终落脚点。基层治理中，城乡社区服务人才队伍建设有利于基层治理能力提升，是实现社会治理专业化的重要基础。尤其是社会工作专业人才队伍建设是基层社会治理体制机制建设和能力提升的重要组成部分。②新时代社会治理需要专业支撑，而社区服务人才队伍专业化是基层治理专业化的重要依托。

（三）激发基层活力是关键

推进基层治理能力现代化是一个宏大的系统工程，涉及党的建设、经济、政治、文化、社会、生态文明等各领域，需要基层各方力量积极参与。

1. 发挥人民群众在基层治理中的主体作用

群众既是基层治理的重要参与者，也是基层治理的主要受益者。基层治理成效如何，既与人民群众是否积极参与密切相关，又直接关系到人民

---

① "两代表一委员"是指党代表、人大代表、政协委员。

② 周晓：《基层社会治理中社会工作专业人才队伍建设问题研究——以吉林省"三社联动"实践为例》，《中国人事科学》2020 年第 3 期。

群众的获得感、幸福感、安全感是否显著提升。推动实现基层治理体系和治理能力现代化，构建基层治理新格局，建设人人有责、人人尽责、人人享有的社会治理共同体，必须充分发挥人民群众在基层治理中的主体作用，充分调动其积极性、主动性、创造性，提高人民群众对基层治理的参与度，不断激发基层治理内生动力，紧紧抓住群众参与基层治理的着力点使实劲、见实效。充分发挥基层党组织的战斗堡垒和党员的先锋模范作用，引领带动人民群众自觉主动投身到基层治理中，构建起广大群众广泛参与的基层治理体系。

2. 积极引导社会力量参与基层治理

《中共中央关于制定国民经济和社会发展第十四个五年规划和二〇三五年远景目标的建议》明确指出，"发挥群团组织和社会组织在社会治理中的作用，畅通和规范市场主体、新社会阶层、社会工作者和志愿者等参与社会治理的途径，全面激发基层社会治理活力"。市场主体、新社会阶层、社会工作者、志愿者等是推动基层治理和社会建设的重要力量，是群众参与治理的重要载体，承担着弥补基层治理资源力量不足、提升基层公共服务供给能力和质量、有效化解基层矛盾纠纷等重要功能，能有效促进政府与社会良性互动。通过完善基层志愿服务制度，畅通和规范各类社会力量参与基层治理的制度化途径，构建基层治理力量的联动机制，搭建志愿服务平台，健全志愿服务体系，全面激发基层治理活力。

（四）提高基层治理队伍治理能力是目标

党的十九大报告明确提出，"提高社会治理社会化、法治化、智能化和专业化水平，打造共建共治共享的社会治理格局"。党的十九届四中全会通过的《中共中央关于坚持和完善中国特色社会主义制度 推进国家治理体系和治理能力现代化若干重大问题的决定》强调，"把提高治理能力作为新时代干部队伍建设的重大任务"。新时代基层治理队伍建设应以社会化、专业化、职业化为方向，以提高治理能力为目标，建设一支规模宏大、结构合理、素质优良的基层治理队伍。

1. 基层治理队伍社会化

随着社会主体日益多元化，市场机制和社会机制的作用日益显著。社会治理不是政府独自承担的任务，而是亿万人民的共同事业，社会治理社会化和公共服务市场化已成为当今社会发展的趋势。推进基层治理社会化，需要坚持协同共治，画好基层治理"同心圆"。社会化就是要坚持共建共治共享，建设人人有责、人人尽责、人人享有的基层治理共同体。一方面，要促进各类组织积极协同发展。引入市场力量，培育各类社会组织，在资金、场地等方面给予充分支持。另一方面，要充分激发群众自治活力。群众是基层治理的重要主体，要瞄准群众急难愁盼，调动群众参与积极性，把群众的智慧和力量汇聚到共同建设美好家园上来，引导基层治理从"单打独斗"走向"全员治理"，打造共建共治共享的社会治理格局。

2. 基层治理队伍专业化

推进基层治理专业化，需要优化干部队伍，铸牢基层治理"主心骨"。要选培并重，打造一支政治过硬、业务精通、作风优良的专业化队伍，为基层战斗堡垒提供人才支撑。一方面，拓宽干部选拔渠道。选优配强党支部书记队伍，从现任村（居）"两委"干部、致富能人、复退军人、返乡农民工党员等中，择优选拔政治觉悟高、民主作风好、群众工作能力强、对村（居）情况熟悉、踏实肯干的干部担任支部书记。另一方面，加大干部能力培养力度。教育引导全体党员干部加强学习，持续充电蓄能，强化科学理论武装。开展多形式、分层次的干部业务技能培训，注重补短板、强弱项，提升干部干事创业本领。同时，增加后备人才储备，解决村（居）"两委"年龄老化、能力弱化、工作边缘化等问题，将有培养前途的优秀青年纳入村（居）后备干部队伍进行重点培养，建好人才"蓄水池"。

3. 专职队伍职业化

《中华人民共和国国民经济和社会发展第十四个五年规划和 2035 年远景目标纲要》提出，构建专职化、专业化的城乡社区工作者队伍。深化社区专职工作者职业化建设，优化社区专职工作者成长发展的制度环境，打造一支顺应时代发展、满足群众需求、结构科学合理、素质专业优良的专职社区人才队伍，夯实基层治理人才支撑基础。社区工作者队伍专职化建设应健全社区工作者职业体系，赋予社区专职工作者职业身份，在范围定义、配备方式、管理机制、培养发展、薪酬体系等方面建立起全周期管理体系，使社区专职工作者的进入、成长、发展和退出有章可循，使专职社区工作者进得来、留得住、能发展。

三 内外兼修汇聚基层治理队伍新动能

基层治理队伍是推进基层治理体系和治理能力现代化的关键变量。常言道："外练筋骨皮，内练一口气。"基层治理队伍本领和能力提升过程，就是在不断的磨砺中奋起前进。基层治理队伍的"修炼"之路，要"外练""内练"两手抓、两手硬，内外兼修，齐头并进，锻造基层治理"硬核队伍"。"外练"就是要激发基层活力，调动各方参与基层治理的主动性、积极性；"内练"就是要充实基层治理骨干力量，优化基层治理队伍结构，提升基层治理队伍治理能力。实现基层治理队伍向社会化、专业化、专职化的道路发展，提升基层治理能力。

（一）统筹治理力量，做大基层队伍

1. 发挥党建引领作用，激活基层治理队伍"动力源"

基层党组织是推进基层治理体系和治理能力现代化的保障。只有建强基层组织战斗堡垒，充分发挥党支部的组织优势、组织力量和组织功能，才能让党组织在基层社会治理中担重任、唱主角。一是健全基层党组织书记后备人才库，保障基层党组织领头雁队伍建设。二是健全基层党员干部联系群众机制，切实凝聚辖区单位、党员、群众力量，建强基层组织，打造基层治理共同体。三是着力提升服务群众能力，组织党员干部深入群众，主动下沉参与基层治理，架起群众与党员干部的信息桥梁和服务纽带，打通服务群众的"最后一公里"。四是把党组织建设与基层治理结合起来，切实发挥党的领导、组织、协调、动员作用，不断引领带动市场主体、新社会阶层、社会工作者和志愿者等协同、广泛参与，充分调动基层治理力量的积极性、主动性和创造性，引导党员亮身份、当先锋、做表率，带动普通居民融入社区、参与治理，真正实现基层管理向基层治理转变、各支治理力量并肩作战，激活基层治理队伍动力源，保障推进基层治理体系和治理能力现代化建设。

2. 推动治理力量下沉，为基层治理队伍"强筋骨"

《中共中央 国务院关于加强基层治理体系和治理能力现代化建设的意见》提出"推进编制资源向乡镇倾斜"。基层干部是基层治理的主要力量，把基层干部下沉到街道、乡镇、社区，为基层治理和基层服务充实骨干力

量。一是推动"干部下沉"常态化。"干部下沉"常态化是实现基层治理体系和治理能力现代化的重要方式。通过组织动员选派广大领导干部、机关事业单位干部下沉基层，到基层工作，充实基层治理骨干队伍。二是建立基层干部分级培训制度。加强对基层治理干部、村（居）两委干部的培养，提升理论水平和治理能力。三是规范管理职能部门驻基层干部，按照"谁使用谁管理"原则规范辅助人员执法行为，打造专业化、法治化基层执法队伍。

3. 盘活基层社会力量

发挥人民群众、群团组织、社会组织和市场主体在基层治理中的作用，畅通和规范市场主体、新社会阶层、社会工作者和志愿者等参与社会治理的途径，全面激发基层治理活力。一是加强社区后备人才建设，选聘任用优秀社区服务人才，引导高校毕业生从事社区工作，并将其纳入社区干部后备人才库，选优配强社区工作者队伍。二是健全基层志愿服务体系，搭建志愿服务平台，支持和发展社会工作服务机构和志愿服务组织，壮大志愿者队伍。三是培育和规范行业协会商会、公益慈善组织、城乡社区社会组织，加强财政补助、购买服务、税收优惠、人才保障等政策支持和事中事后监管。

（二）改善队伍结构，做强基层队伍

1. 紧盯"关键少数"，选好基层治理队伍"领头雁"

"火车跑得快，全靠车头带。"在村党支部书记、村主任"一肩挑"大背景下，领头雁这个"关键少数"至关重要。要以村（社区）"两委"换届为契机，主动深入基层一线调研，了解现任村（社区）领导班子运行、村（社区）干部履职、后备力量储备等情况，为选优配强"领头雁"打好坚实基础。把好"入口关"，必须坚持严的主基调，对村（社区）党支部书记"过筛子"，严把人选审核、资格联审、档案审查关，全面精准掌握人选情况，将不符合任职资格人选或不宜继续任职的村"两委"成员拒之门外。要注重加强对"领头雁"人选在重大问题上能否始终与中央保持一致，在工作行动上能否始终坚持群众路线，在贯彻执行党的方针政策上能否始终坚持不打折扣等情况的考察，把对党忠诚、政治坚定、担当作为的优秀人才作为"领头雁"的首要选择，真正强化基层党组织带头人队伍，助力"头雁领飞，雁群高飞"。

2. 强化正向激励，着力激发队伍创业精气神

栽下梧桐树，才能引得凤凰来。越是基层，越是艰苦，越应该得到关爱和支持。人才充实一线，扎根基层，要有实干精神、奉献精神。同时，在干部选拔使用时，既要对基层干部压担子，又要让基层干部的职业生涯有奔头，而不是"一眼望到头"。改善基层干部待遇，营造支持实干、褒奖奉献的良好氛围。从公平公正的选拔制度，到干事创业的容错机制，每一项政策措施的落地都需要付出巨大的努力。第一，健全社区工作者职业体系，明确社区工作者的基本职责、任职条件、范围规模和配备方式，建立健全资格认定、教育培训、职级评定、日常监督等制度。第二，拓展社区工作者职业发展空间。畅通社区工作者职业发展通道，分类分级分档建立岗位管理和职级晋升制度。通过将社工职业资格与社区工作者岗位职级衔接，设立专门的专业社区工作者职级制度。第三，建立合理的薪酬福利水平、有效的晋升途径、较高的社会地位和社会认同等激励措施，增强基层队伍的满意度和归属感，调动基层队伍的积极性和主动性。

（三）激活人才变量，做优基层队伍

习近平总书记强调："基层社会治理成效如何，基层干部是决定性因素。要统筹考虑基层干部队伍建设，逐步建立一支素质优良的专业化社区工作者队伍。"[①] 可从培育、培训和实践锻炼多方入手，锻造一支专业化基层治理队伍。

1. 加强人才培育，打造基层治理队伍"主力军"

要发现储备、培训培养、选拔使用基层治理人才，必须扩大选人范围，重点从年轻党员、致富带头人、退役军人等群体中发现政治素质高、群众口碑好、带富能力强的人才，充实基层治理后备力量，扩容基层治理队伍"蓄水池"，始终保持治理队伍水源充足。立足基层治理队伍需求，制订科学培训计划、规划合适培训课程，重点围绕政治理论、乡村振兴、基层治理建设等内容，构建加压式、补短式、点单式培养体系，进一步培育出"适销对路"的基层治理人才。运用"理论培训＋实践锻炼"的方式，让村（社区）干部在"理论课堂""基层一线"中提升本领、增长才干、促进成长，打造一支能征善战、善作善成的基层治理队伍。

---

① 习近平：《关于社会主义社会建设论述摘编》，中央文献出版社，2017，第129页。

2. 专业培训和实践锻炼相结合

习近平总书记在中国共产党第十九次全国代表大会上的报告中强调："注重培养专业能力、专业精神，增强干部队伍适应新时代中国特色社会主义发展要求的能力。"专业化培养、完善知识结构是打造高素质治理队伍的重要方式，提升专业素质是提高治理能力的必然要求。首先，加强基层治理专业训练，主要通过组织培训，利用各级党校（行政学院）、干部学院、高校等，按照"干什么学什么、缺什么补什么"的原则，有针对性地开展领导艺术、岗位业务、群众工作等务实管用的专题培训，提高基层党员干部的专业技能。实践证明，新时代基层治理对干部的专业素质提出更高要求，必须有针对性地加强干部专业训练，培养专业能力，才能胜任基层治理工作。其次，加强基层治理队伍，尤其是专职社区工作者的实践锻炼。在基层实践中培养锻炼干部，提升治理能力。通过专业培训和实践锻炼相结合，打造一支能征善战、善作善成的基层治理队伍。

3. 撬动基层专业化力量

基层治理专业力量是实现基层治理专业化的重要保障。第一，将社区工作者队伍建设纳入国家和地方人才发展规划，结合实际制定社区工作者队伍发展专项规划和社区工作者管理办法，把城乡社区党组织、基层群众性自治组织成员、专职网格员以及其他社区工作人员纳入社区工作者队伍统筹管理，建设一支素质优良的专业化社区工作者队伍。第二，创新购买服务新机制，推动外部人才资源内部化。在社会专业化分工持续深化的大趋势下，城市建设和城市管理的专业化领域越来越多，专业化要求越来越高，但这并不意味着政府部门自身要拥有各个领域、各个方面的"高精尖"人才，而是要善用社会与市场中的专业化资源。创新专业服务购买机制，从社会组织、企事业单位购买专业服务。第三，吸引社会组织、高校、科研院所、企业等力量参与，提高治理精细化和精准化水平。

第八章
树标立杆：社区治理评价体系

在基层治理体系中，社区治理体系是主要的体系，因为城乡社区是所有公民、所有家庭赖以生存与发展的最基本的空间聚落。那么，对国家、对社会、对广大人民群众，社区治理究竟发挥了多大的作用，应该如何实现有效的社区治理，是国家、社会和广大人民群众普遍关心的问题。因此，必须探究"为什么要建构"、"什么是"以及"如何建构"科学有效的社区治理评价体系等问题。

一 科学评价社区治理的重要意义

党的十八届三中全会提出推进国家治理体系和治理能力现代化建设的目标。社区治理体系是国家治理体系的基本组成部分，城乡社区治理事关党和国家大政方针贯彻落实，事关居民群众切身利益和基层和谐稳定。作为社会治理的重要组成部分，基层社区治理在国家治理体系中具有基础性地位和作用。

（一）社区治理体系的重要组成部分

城乡社区是社会治理的基本单元。社区治理指地方政府、居民自治组织、居民及辖区单位、企业、社会组织等主体，基于社会理性、社区公共利益最大化和社区认同等原则，注重多方协商、对话、合作，有效供给社区公共物品，以满足社区需求、优化社区秩序、提升社区生活品质的活动过程与机制。[①] 2017 年发布的《中共中央 国务院关于加强和完善城乡社区治理的意见》提出"到 2020 年，基本形成基层党组织领导、基层政府主导的多方参与、共同治理的城乡社区治理体系，城乡社区治理体制更加完

[①] 徐选国：《农村社区发展、社会工作介入与整合性治理——兼论我国农村社会工作的范式转向》，《华东理工大学学报》（社会科学版）2016 年第 5 期。

善，城乡社区治理能力显著提升，城乡社区公共服务、公共管理、公共安全得到有效保障。再过 5 到 10 年，城乡社区治理体制更加成熟定型，城乡社区治理能力更为精准全面，为夯实党的执政根基、巩固基层政权提供有力支撑，为推进国家治理体系和治理能力现代化奠定坚实基础" 的总体目标，指出要健全城乡社区治理体系，充分发挥基层党组织领导核心作用，有效发挥基层政府主导作用，注重发挥基层群众性自治组织基础作用，统筹发挥社会力量协同作用，不断提升城乡社区治理水平。社区治理体系包括多元治理主体的参与（社区治理结构）、社区治理机制、社区服务体系、社区社会资本、社区共识和凝聚力、社区治理评价体系等。社区治理评价体系是社区治理体系的重要组成部分。

（二）治理体系和治理能力现代化的重要体现

社区治理是社会治理的基础工程，也是国家治理的基础工程。社区是推进国家治理体系与治理能力现代化的基层探索场域，社区治理水平、治理成效直接影响着国家治理体系和治理能力现代化能否实现。加强社区治理创新，加快推进社区治理体系和治理能力现代化，对于推进国家治理体系和治理能力现代化、加强和创新社会治理意义重大。

（三）社区治理和公共管理结果的客观评价

社区治理评价反映社区治理过程、公共产品和公共服务供给的输出结果，反映社区治理活动的有效性。在新公共治理理论的视角下，治理作为一种过程和方法，其结果和质量需要进行绩效评价。一方面，社区治理和服务创新效果需要接受社会和政府的检验和评价；另一方面，探索性的、碎片化的社区治理创新需要遵循工作指引、明确发展方向。这就要求必须构建科学有效的社区治理评价体系。

（四）实现有效治理的重要工具

社区治理评价是社区治理结果的表达形式。投入社区的人力、财力、物力、资源等日益庞大，但其回报如何，是否实现了资源的最优配置还有待检验。相对于经济效益，社会效益的评价和测量更困难，需要建立科学的评价机制，通过明晰政府行政服务和社区自治服务权力边界，合理区分政府、居民和社会责任，提高资源配置效率。由于目前社区中政府、社会、市场和居民自治的边界难以明确界定，社区中充斥着大量低效甚至无效的投入，社区投入的效率难以测量，投入的产出效益也不清楚。社区治理评价有助于从理论上厘清社区治理评价的复杂来源，促进实践中社区的有效治理。我们可以从社区治理体系和社区服务体系两大方面评价社区治理效率。考察社区治理活动的直接效用和间接效用，有利于发现社区治理中存在的问题，科学地进行社区治理决策，提升社区治理效能，促进社区发展。绩效导向是有效提升社区治理能力和社区居民满意度的解决途径，社区治理评价是社区治理实践的指挥棒。

二 社区治理评价的目的、复杂性、现实困境和分析框架

社区治理评价是政府、社会和市场等多元治理主体基于不同分工对社区事务分类治理的客观效果评价。要建构社区治理评价体系，就必须明确社区治理评价的目的、复杂性、现实困境、分析框架和视角以及评价体系建构的基本要义。

（一）社区治理评价的目的

社会治理评价通常以目标层、目的层、产出层和投入层为结构。社区治理评价的目标层是社区治理的社会可持续性和环境可持续性，促进社区发展，实现社区利益最大化，提升社区居民的幸福感、安全感和获得感。如果从社区管理、社区服务、社区公共意识、社区环境等方面进行衡量，在社区管理方面应和谐有序、充满活力、安全舒适，在社区服务方面应设施先进、功能完善、服务便捷，在社区公共意识方面应共同参与、亲密包容、相互关怀，在社区环境方面应绿色文明、生态优美、干净整洁。社区治理评价的目的层是为居民提供社会福利和社会服务，满足居民服务需求，使其获得社区认同感，维持社区和谐和可持续发展。社区治理评价的产出层是社区治理资源投入的直接产出，主要包括社区公共环境秩序好转、社区治安好转、社区认同感提高、社区参与度增加、社区生活便利性提升等。社区治理评价的投入层是指社区活动的资源投入和管理实施过程，包括组织结构、组织制度、基础设施等。好的社区治理，应该树立现代治理理念、优化治理体系、创新治理机制、提升治理能力、完善服务体系、培育公共精神、提升社区居民认同度和幸福感。英国公共服务善治独

立委员会 2004 年发布的《公共服务善治标准》总结了善治的核心原则，涉及组织目标、组织功能和角色、组织价值实现、风险管理、组织能力以及组织响应六个方面。

（二）社区治理评价的复杂性

要全面客观评价社区治理是不容易的，因为社区治理主体来源复杂，众多因素对社区治理结果产生影响。社区治理评价是复杂的，这决定了难有唯一、简单的社区治理评价体系。

1. 社区治理主体多元

社区是公共管理实践的微观场域。在城市社区，社区内的各方治理主体包括社区基层党组织、社区居委会、物业公司、业主委员会、市场组织（企业）、社会组织以及居民等。多元主体在一个持续互动、协商共赢的治理过程中构成社区治理结构。该结构决定了社区治理中的权力运行机制、资源分配机制、监督制约机制等。居委会不再是唯一的管理者，城市社区权力结构开始从"一元集权型"向"多元分散型"转变，社区党组织、居委会、业委会、物业公司"四位一体"的管理模式不断完善。由于治理主体隶属于不同的权威来源和关系体系，社区多元治理主体关系交错，社区资源缺乏有机整合。在农村社区，社区里的力量除了行政性力量（村两委）和村民以外，还有乡村精英、回乡青年、社会组织、社区组织、新乡贤、外来人口、宗教、宗族、社区理事会、在外乡亲等。在社会整合过程中，需要提供平台和途径，让各方力量可以表达诉求、参与治理。不同的治理主体参与程度差异巨大，利益协调也存在较大困难。

2. 社区事务多种多样

社区的很多问题是由政社关系不清、职责不明造成的。理清政府与社会的互动边界、全面梳理社区事务是首要问题。我们的调查结果显示，被调查社区各类事项近 200 条，分类较难，难以理清政府和社会的边界。需要明确政府行政服务和社区自治的行动边界，为社区人、财、物等资源的配置搭建科学分类框架。在社区事务中，既有公共服务类的行政事务，也有自治发展类的社区事务，需要理清社区事务，为政社良性互动打好基础。

3. 社区治理内容复杂

社区公共服务包括社区家政服务、社区教育服务、社区医疗服务、社区就业服务、社区消费服务、社区治安与管理服务、社区文化服务、社环境卫生管理服务、社区老年人婴幼儿托育服务、社区兜底服务、社会福利与救助服务等。社区自治和发展类的服务事项更是种类繁多，个性化特征明显。

4. 社区需求多元化、精细化

随着人口结构的变化，社区的需求也逐渐多样化，不仅有社区公共设施建设改造需求、公共秩序重建需求、公共服务满足需求，还有政策变化带来的社区不同主体的利益需求等。社区需求日渐多元，社区利益关系日益复杂。在此情况下，有效治理社区、实现社区的有序整合面临巨大挑战。

5. 社区治理经验碎片化

各地探索社区治理的积极性较高，亮点纷呈，但呈现碎片化、无序化、难以推广运用的特征。许多改革创新以试点的方式进行，试点单位多数是基础条件较好的样板项目点，难以复制。其主要原因是社区治理体系的顶层设计还未成熟定型，街镇和社区的关系定位不明确，政府和社会的关系还未理顺，政府和社会在社区的行动边界模糊。

6. 治理评价多元化

综观目前运用的社区治理评价，有学者归纳为三大类。[①] 一是针对社区两委的绩效评估。对社区居委会、村委会的绩效评价或考核较为成熟，如厦门思明区的社区居委会绩效评估管理系统，整个评估指标体系从评估纬度、评估主体、评估指标、指标要素四个方面构建。二是针对单项社区服务的绩效评价。如从自然资本、生产的经济资本、人力资本和社会与制度资本四个方面，确立测量健康社区的指标体系；从人均资源、生态住宅水平、自然环境、支持网络和规划、经济文化五个方面，构建生态绿色社区的指标体系；从社区服务内容（医疗、预防、保健、康复、健康教育、计划生育的开展情况）、服务方式、服务质量（包括直接指标和间接指标）、工作效率、卫生服务效率及效益等方面，构建社区卫生服务评价的指标体系。三是针对某项社区目标或行动所进行的绩效评价，如对城市"和谐社区""文明社区""幸福社区""星级社区"等进行评价的指标体系。少数城市政府针对"和谐社区"提出建设标准，如北京市政府、南京

---

① 龚翔荣、陈天祥：《基于粗糙集的城市社区治理绩效指标分析》，《北京行政学院学报》2018 年第 5 期。

市政府和青岛市政府等都提出一系列建设标准，从社区服务、社区安全、社区文化、社区环境、社区自治和社区党建六个方面设定了和谐社区的标准，并根据和谐社区的评价指标，以群众满意度为主要标准，制定了区属各委、办、局，街道办事处，社区居委会的社区工作指标。

（三）社区治理评价的现实困境

从实践层面来看，由于社区治理的复杂性，社区治理评价面临困境。社区治理评价既要总结基层社区治理的规律和经验，又要形成客观评价标准，对实践进行指导。但在实践中，要想两全其美，可谓难上加难。一是由于社区信息能力和治理能力有限，治理效果存在供需偏差，缺乏治理的精准性和有效性，亟须建立科学的社区治理评价体系。二是社区治理评价始终无法像衡量基层政府绩效一样对基层社区治理情况进行客观和定量的衡量，定性评价多，评价的偏差较大，随意性、主观性较强。三是绩效评价短视化。"运动式治理"等实践行为能够带来短期的显著绩效，但从长远角度来说绩效并不显著。从社区治理绩效来说，其内涵也不应是投机主义的结果、现时的结果，而应是在长效机制下的产出，成效可以巩固，具有可持续性。[①] 四是目前中国社区治理能力无法适应社区信息化的发展，治理效果精准性差，治理效率低，面临治理绩效低下和合法性冲突的双重困境。五是以治理绩效代替治理效果（结果），缺乏社区治理整体性、标准化评价。这种错误的评价认知必然导致社区治理过程中出现追求个人利益和政绩而忽视主体利益实现的偏差和弊端。六是治理的"行政有效，治理无效"[②]。那种认为只要政府的行政有效，基层治理就有效的认识是错误的。好的治理是政府的行政管理和居民的参与良性互动。只有政府进行行政管理，没有社会参与的治理是存在缺陷的，是不可能达到有效治理的效果的。

从理论层面来看，社区治理的复杂性同样使社区治理评价陷入困境，主要表现为以下几点。一是社区治理评价的内涵复杂多变，如果不对社区治理绩效的内涵这一本质问题进行重新思考，会给研究带来风险。二是已

[①] 单菲菲、高敏娟：《社区治理绩效的内涵、框架与实现路径——基于20个案例的模糊集定性比较分析》，《上海行政学院学报》2020年第5期。

[②] 林尚立：《上海基层治理有效吗?》，复旦发展研究院网站，2016年3月29日，https://fddi.fudan.edu.cn/da/47/c19147a186951/page.htm。

有研究多为社区治理绩效实现的单一因素解释，社区治理绩效实现的复杂性导致其发生必然是多重因素的共同结果，而并非简单的结果与要素两个变量之间的线性增长。[①] 一些研究仅关注社区内某个具体问题的评价指标，如健康卫生、环境卫生、体育、安全等，缺少综合性的社区治理评价指标。有的研究采用单一主体的评价方法，具有片面性。三是研究方法上多为定性研究和比较分析，实证研究和定量分析的使用相对较少。[②] 定性研究和比较分析，主要依据个人的现有知识进行评价，具有一定的主观性，需要进一步的研究检验。四是构建社区治理评价指标体系多数只是停留在理论层面，囿于数据收集困难或数据质量差等问题，没有经实践检验的社区治理评价体系产生，有的甚至未对评价体系进行指标化操作。在社区治理评价的实践中，应在现有评估体系基础上，收集社区的主观和客观数据，建立指标数据库，根据一定的理论逻辑构建指标体系。在指标筛选环节，选取实际案例进行验证，不断修正指标维度，使其更具合理性与可行性。五是对整体社区治理进行评价的指标体系不够完善，有的只是列举了一些指标体系设置的维度和原则，有的是筛选指标主观性较大，大多依赖于主观调查访谈来确定指标数量与权重，缺乏逻辑演绎和代表性。六是运用大数据技术进行评价只停留在理念层面，难以操作化。大数据在应用的过程中，具有多重的非确定性，尤其是数据标准化的困难让人望而却步，加上社区智慧化信息化建设仍在起步阶段，数据的获取也是困难重重。

（四）社区治理评价的分析框架和视角

社区治理是多因素综合作用的结果，社区治理评价具有复杂性，因此，社区治理评价的基本框架十分重要。好的社区治理评价体系，需要基于评价的目的，选择合适的分析框架和评价维度，遵循一定的逻辑，或演绎或归纳，最后接受实践的检验。国内学者从不同的理论视角，构建分析框架和指标体系维度，构建社区治理评价体系。下面择要介绍。

1. 社会行动系统论

社会行动系统论的分析框架，尝试回答"何为城市社区治理质量；城

---

① 单菲菲、高敏娟：《社区治理绩效的内涵、框架与实现路径——基于 20 个案例的模糊集定性比较分析》，《上海行政学院学报》2020 年第 5 期。
② 田铮：《社区治理绩效评估研究述评》，《产业与科技论坛》2018 年第 15 期。

市社区治理质量包含哪些子系统，子系统间如何相互调适以实现整体推进；城市社区治理质量的系统化行动遵循何种演进路径"等问题。为了明确城市社区治理质量的属性、内涵和评价维度，借用帕森斯 AGIL 范式进行框架分析，可知社区治理质量具有系统属性和动态演进属性，与社会行动系统论的基本概念模型高度相关，可用于理解社区治理质量的内涵。[①]帕森斯 AGIL 范式，即适应（Adaption，缩写为 A）、达标（Goal Attainment，缩写为 G）、整合（Integration，缩写为 I）、维模（Latency Pattern maintenance，缩写为 L），每部分各代表一个功能的系统问题。同理，社区治理质量呈现多元互动的复杂系统形态，各子系统之间并不是单线递进的因果关系演进，而是多系统沟通交流、多因素相互作用的阶段性演进，表现为基本服务、组织结构、制度规范和观念共识等多方面的变革、调整、完善和优化。社区治理质量作为子系统自主运行和互动融合的结果，代表着社区系统整合运行的绩效控制。社会生活"共同体"是社区的本质存在和治理载体，是由聚居在一定地域范围内的人组成的，强调血缘、地缘、情感和自然意志之上的认同感。A、G、I、L 之间构成了完整的闭环，通过各社区治理子系统的自主运行与互动融合，实现了由适应到维模之间的自然整合运行，契合了社区治理质量的系统属性。而当社区治理系统面临外部冲击亟须进行动态调整以渡过崩溃危机时，A、G、I、L 之间则是单向有序的开放过程，通过社区治理系统各部分之间的重新相互调适，实现由分化到适应性升级，再到包容和价值观概化的演进路径，迈入新的发展阶段，契合了社区治理质量的动态演进属性。评价维度包括服务精准、组织协作、治理精细和共识构建四个维度。其中，服务精准包含资源配置高效、公共服务健全和基层福利覆盖三个二级指标，组织协作包括组织功能融合、组织参与共建、组织资源多元三个二级指标，治理精细包括手段方式创新、运行机制有效、制度体系完善三个二级指标，共识构建包括治理格局优化、利益纽带重塑、价值共识达成三个二级指标。

2. 政府—社会互动视角

政社互动是指政府与社会两者之间的关系及其联系。社会是政府、企业主体以外的各类主体，包括基层群众自治组织、社会组织等治理主体。

---

① 李晓梅：《城市社区治理质量的属性、内涵和评价维度——基于社会行动系统论的分析框架》，《行政论坛》2021 年第 1 期。

通过政府与社会的衔接互动，理顺社会管理职能，改进社会管理方式，更加有效地建立利益协调机制、诉求表达机制、矛盾调处机制和权益保障机制。政府—社会良性互动，就是有效治理的体现。社区治理绩效是多元主体合作的产物，城市社区治理的研究主要采用"国家与社会关系"分析视角和结构—过程分析框架，探究城市社区治理中不同治理主体的互动机制和行为规范，是对城市社区治理系统的横断面式剖析研究，注重探讨群与群、组织与组织之间的机械整合关系。① 在社区层面的政社关系中，既包括政府和社会组织的关系，也包括政府和社区自治组织的关系。实现政府行政管理和社区居民自治有效衔接的核心问题是社区自治主体，即村（居）委会的角色和职责定位。明确政社互动边界，可以规范政府行政行为，理清村居自治组织治理边界，推动基层治理由单向的、强制的、行政推动式的管理运行机制向社会化、市场化、平等互动的基层治理运行机制转变。此外，政社互动的视角还强调社会公众参与的覆盖面和参与程度。

3. 治理主体评价视角

在社区治理评价时，单一主体的评价方法具有片面性与不足。社区治理评价要客观，需要利益相关者对社区治理的成果进行评价。有学者构建了多元主体参与的评价体系②，评估主体包括居民、上级政府、居委会、物业、社区企业等；评估维度包括民主、财务、公众和社区学习与成长维度。其中，民主维度又包括民主选举、民主管理、民主决策和民主监督4个二级指标。公众维度包括14个二级指标，即社区组织参与社区服务情况、完备的经济服务功能、基本公共服务、社会福利提供情况、公众信息获取的公正充分、居民对社区服务治理和管理水平的期望、居民对整体服务质量的感知、居民愿意为社区建设贡献时间和技能、居民对社区的抱怨与投诉、居民对社区的信任、社区归属感、社区意识、居住环境的改善、居民民主参与意识。社区学习与成长维度下设8个二级指标，包括体现社区特征的员工管理制度、党组织核心作用、合理的福利与晋升等激励制度、合理的人才培养机制、社区工作人员对职业发展的满意情况、社区的中长期发展规划、社区绩效评估按期完成、社区有意识培养工作人员的认

---

① 李晓梅：《城市社区治理质量的属性、内涵和评价维度——基于社会行动系统论的分析框架》，《行政论坛》2021年第1期。
② 王菁：《城市社区民主治理绩效评估体系的构建与指标设计》，《华东经济管理》2016年第3期。

同感。不同指标由不同群体代表打分评价，如社区学习与成长维度指标由社区工作人员评价，公众维度指标基本由居民评价。又如在开展现代化社区治理能力评价时①，将治理主体分为社区居委会、社区组织和社区居民，分别进行治理能力评估。虽然主体分类的标准不同，但以多元主体为视角设计指标评价体系，可以更为全面、客观地反映参与主体的社区治理能力，以及各主体互动、协调与合作的过程。

4. 公共价值视角

只有体现公共价值的绩效，才具有合法性和合理性。王学军、单菲菲等提出公共价值分析框架②，指出治理系统通过价值建构、组织管理和协同领导共同发挥作用。价值建构是识别多元主体的偏好与需求进而达成公共价值的过程；组织管理既要继承新公共管理的管理主义取向，又要重视在公共价值的基础上对管理流程的重塑，凭借科学管理的方法与流程实现绩效产出的最大化；协同领导是整合不同层次、不同环节各种价值冲突，用以沟通使命、协同冲突、形成战略的机制。社区的价值建构将社区治理绩效建立在公共价值的基础上，保证了绩效的合法性。价值建构关注社区公共价值的确立、生成和表达，是参与社区治理的多元主体交互的过程。基于公共价值视域，社区的组织管理要求社区资源的投入、社区的治理过程与方式必须置于社区公共价值的约束下，进而追求社区治理效率。若社区治理实践的目标导向和居民的价值目标相契合，则能够激发社会活力，从而推动社区治理创新，实现社区治理绩效。这一共同目标也规范和引导着社区居民的行为，反映了社区的公共价值。社区居民通过参与社区治理来表达需求和偏好，是形成共同治理目标的前提。表达自身诉求、为改进社区服务而建言献策等一系列参与，能增强社区居民主人翁意识，使其成为绩效的"生产者"。多元参与和有效的互动模式是实现绩效的必要环节。在社区价值建构过程中，居民参与必不可少，但居民参与还需要借助一定的渠道或平台，以保证参与活动的有效开展。社区场域中的利益相关方对政策议题和公共问题开展相互协商、对话讨论。只有当公共部门的政策、

---

① 陆军、丁凡琳：《多元主体的城市社区治理能力评价——方法、框架与指标体系》，《中共中央党校（国家行政学院）学报》2019 年第 3 期。

② 王学军、王子琦：《追寻"公共价值"的价值》，《公共管理与政策评论》2019 年第 3 期；单菲菲、高敏娟：《社区治理绩效的内涵、框架与实现路径——基于 20 个案例的模糊集定性比较分析》，《上海行政学院学报》2020 年第 5 期。

服务和项目符合社区居民的需要时，产出才等同于绩效。

5. 社会资本视角

社区社会资本是社区参与的基础，也是社区治理的目标。增加社区社会资本存量，可以提升社区治理绩效。世界银行开发的社会资本测量工具SCAT（Social Capital Assessment Tools）从参与公共事务、集体行动和组织联系等维度测量结构社会资本，从信任、社会支持、社会凝聚力、社区归属感和互惠与合作等维度测量认知社会资本。[①] 社区治理的测量维度是社区治理结构、社区社会资本、社区居民参与、社区治理制度、社区治理与服务设施。社区社会资本有十个测量维度：参与地方性社团或组织、地方性社会网络、非正式社会互动、信任、互惠、志愿主义、社会支持、社区凝聚力、社区归属感、公共参与。谢正富将社区社会资本测量维度确定为参与社会组织、邻里关系、社区互动、社区信任、互助互惠、社区归属感。[②] 在二级指标中，参与社会组织主要包括社会成员数量、成员对群体的贡献、成员参与的频率、成员参与决策的情况、成员的异质性、群体的经济来源，邻里关系主要包括因出差请邻居照看宠物或花草等，社区互动主要包括日常生活中人们的交往、是否乐于社交，社区信任主要包括对家庭成员的信任、对邻居的信任、对其他社区成员的信任、对各类社会组织及其成员的信任、对陌生人的信任等，互助互惠主要包括是否做过志愿者、是否期待做志愿者、对未做过志愿者是否持批评态度、对邻里是否有公平的贡献、是否帮助过他人，社区归属感主要是对社区各方面的情感态度。

6. 技术性评价视角

在公共管理中，绩效评价较为成熟。社区治理评价往往借助绩效评价的思维和方法进行评价，进而发展出纯技术性评价。一种技术性倾向是在社区治理评价时，过分看重政府公共服务提供效率的评价和居民满意度的评价。遵循治理主体—治理内容—具体指标的逻辑框架，根据治理内容设定二级、三级指标。对各主体（政府、居民群体、第三方机构）在社区治理过程中的责任与权力、参与程度和职能作用予以描述。涉及的指标包括

---

① 杨秀勇、高红：《社区类型、社会资本与社区治理绩效研究》，《北京社会科学》2020 年第 3 期。

② 谢正富：《社会资本视角下社区治理标准化创新研究》，《云南行政学院学报》2017 年第 5 期。

发展水平、管理绩效、居民满意度等，评价内容涉及城市社区治理、社区服务、生态绿化、基础设施、治安等环节。计算指标综合得分全面客观评价社区治理能力，得分越高表明其治理能力越强。单菲菲和高敏娟在探究社区治理绩效内涵的基础上，从社区资源、社区权力、社区价值建构、社区组织管理及社区协同领导等维度，构建社区治理绩效分析框架。[1] 另一种技术性倾向是利用大数据技术进行评价。从大数据需求角度，采用逻辑框架法，按目标层、目的层、产出层及投入层分析社区协同治理评价的主体内容；从大数据供给角度，通过可实现的社区智慧平台，分析以社区大数据为基础的治理指标表征。[2]

（五）社区治理评价体系建构的基本要义

综上分析，我们归纳几点社区治理评价体系建构的基本要义。

1. 综合性、系统性思维

需要以综合性、系统性思维构建评价体系。研究构建具有全面性、科学性、纵向可分性和横向可比性的综合评价指标体系，对于洞察社区多元治理能力的不足、制定合理的政策、加快推进中国社区治理现代化具有重要现实意义。

2. 规范化与可操作性

社区治理评价要防止表面化、庸俗化、概念化与复杂化，治理绩效评价体系应符合简化、规范、易操作、可比较等基本要求。需要将规范研究和实证研究较好地结合起来，从科学、严谨的角度进行评价，评价的结果是可比较的和客观的。可以归纳为遵循评价目的性、层次性和逻辑性三原则。

3. 持续性

社区治理评价结果要接受社区发展检验，指导社区治理实践，因此，评价是持续的、动态的、循环不断的。评价的持续性可丰富社区治理实践，提高社区治理效能。

---

[1] 单菲菲、高敏娟：《社区治理绩效的内涵、框架与实现路径——基于 20 个案例的模糊集定性比较分析》，《上海行政学院学报》2020 年第 5 期。

[2] 王东星、林晓艳：《大数据驱动的社区治理绩效评价体系构建》，《武汉理工大学学报》（信息与管理工程版）2019 年第 6 期。

三 主体、方式与影响因素

构建社区治理评价体系的步骤就是明确评价目标、确定评价主体、厘清评价原则、分析治理绩效的影响因素、确定评估维度、设计评价内容和评价指标、拟定指标权重、确定评价方式的过程。本章第二部分已经完成明确评价目标、厘清评价原则、确定评估维度、设计评价内容等内容，本部分将研究确定评价主体、评价方式和影响社区治理评价结果的主要因素。

（一）评价主体

总的来说，社区评价的主体通常有社区居民、政府和社区关键利益相关者、独立第三方评价机构，有时出于需要，也会联合评估。

1. 以居民为主体的满意度评价

公众满意度理论在企业质量管理中被称为"顾客满意"理论。20 世纪八九十年代，中国学界引入政府公共管理评价系统，提出公共部门中的"顾客至上"原则，对公共服务质量的提高起到积极作用。常见的是评价基层政府及居委会在社区治理中的职能与绩效，这种方法具有数据来源便捷、指标量化简便、可操作性强等优势，但容易忽略其他利益相关者对社区治理成果的评价。

2. 以政社为主体的双向考核

双向考核是改进基层社会治理方式、深化基层治理和服务改革的重要措施。通过双向考核，着力理顺镇（街）和职能部门与村（居）委会的权责关系，探索实现政府依法治理、社会自我调节、居民自治良性互动，形成科学有效的基层社会治理体制。双向考核的目的是政社互动，自上而下的考核较为成熟，但自下而上的社区评议较难推动。社区两委干部、两代表一委员、社区代表等代表社区对政府进行评议，体现了基层民主建设，可以提高基层治理水平和工作绩效。但社区评议随意性大，不够公平公正，主要体现在：在考核过程中碍于情面，评议不能真实反映意见；由于对职能部门工作不够了解，容易随意给分；有的考核进行网上投票，后台的考核人员可以知道是谁投了什么票；有的地方是社区负责人投票，参与评价的代表太少，尽管会进行匿名处理，但容易走过场。有的地方由村党支部主持评议、由村务监督委员会密封评议表，可以较好地保证评议的准确性。社区评议活动应继续完善，定期开展。

3. 多元主体参与的评价

关于社区的绩效评价理论为全方位绩效评估理论。全方位绩效评估理论是由上级、下属、同事、客户进行全方位评估并结合自我评估的理论，基本达到了"公开、公平、公正"的评价标准。具体方法是将社区建设置于一个假设的圆圈中心，与社区建设相关的各类主体，包括上级及职能部门领导、社区党政组织、社区自治组织、社区企事业单位和社区居民，共同参与评估。① 以多元主体为视角设计指标评价体系，可以更为全面、客观地反映参与主体的社区治理能力，及其互动、协调与合作的过程。陆军和丁凡琳从多元主体视角构建了社区治理能力评价体系②，涉及的指标包括发展水平、管理绩效、居民满意度等，评价内容涉及城市社区治理、社区服务、生态绿化、基础设施、治安等环节。计算指标综合得分全面客观评价社区治理水平，得分越高表明其治理水平越高。

4. 独立的第三方评估

独立的第三方评估目前非常普遍，尤其是政府购买服务的评价机制大多是第三方评估。第三方评估意味着独立、专业，受到购买方的欢迎。但是这似乎形成了一种认识，即政府购买服务就是第三方评估，凡评估就是第三方评估。这种认识具有较大危害性。过度迷信、依赖第三方评估，用第三方评估代替购买方应尽的监督评估责任，实质是规避、推卸责任。一旦购买服务出事，一些购买方就会说程序合法合规，实行了第三方评估。

（二）评价方式

1. 社会性评价

《政府购买服务管理办法（暂行）》规定，"购买主体实施政府购买服务项目绩效管理，应当开展事前绩效评估，定期对所购服务实施情况开展绩效评价，具备条件的项目可以运用第三方评价评估"。第三方评估相较于原来缺乏评估、不正式不规范的评价是一种进步。但值得注意的是，第三方评估不是综合性评价。现在，第三方评估中对购买方和服务对象的评

---

① 王菁：《城市社区民主治理绩效评估体系的构建与指标设计》，《华东经济管理》2016 年第 3 期。

② 陆军、丁凡琳：《多元主体的城市社区治理能力评价——方法、框架与指标体系》，《中共中央党校（国家行政学院）学报》2019 年第 3 期。

价，分别占一定权重，但这仍然不是综合性的评价。某地某大项目请国内某知名机构进行第三方评估，后来发现第三方评估作用不大，对服务的改进和工作的提升作用有限，甚至不能发现主要问题。财政绩效评价的缺陷是重资金使用安全规范和经济产出，轻社会效益评价，而对社会效益进行评价测量是很困难的。在第三方评价、财政绩效评价之外，强调事后监督审查轻过程评估的评价方式需要改变，要将过程评价和结果评价有机结合起来。社会评价就是要开展广泛的、结果公开的、动态的评价，综合性评价是社会评价的重要形式。

2. 多维评价

社区治理的复杂性决定了社区评价要多维评价，从多方面去评估社区治理的绩效。除了评估主体多元，评估维度也是多维的。单菲菲和高敏娟从社区资源、社区权力、社区价值建构、社区组织管理、社区协同领导五个维度评价社区治理绩效。[①] 其中社区资源包括社区建设资金、社区人力资本和社区社会资本三类，这是社区治理绩效产生的基础性要素。社区权力来源多元而复杂，主要有党组织和政府的公权力、社区内生的自治权力和来自社区外部的第三方权力。社区价值建构从社区居民参与活动、参与的渠道平台、共同的社区治理目标这三个角度来考量。社区组织管理从社区公共价值的管理流程、社区治理制度与政策、信息技术支持进行衡量。还有社区治理评价体系将客观数据分为党建引领综合度、社区服务能力度、居民自治参与度、社区资源开放度、社区文化公益影响度、社区特色服务显著度六大方向。有的评价社区治理绩效的核心在于一方面测量多元治理主体处理社区各类事务的效果，另一方面测量社区居民对社区各类事务的主观满意程度[②]。究竟采用何种维度评价，往往与评价目的、数据获取等密切相关。

3. 内部和外部评价

相较于经济效益，社会效益的评价和测量更困难，需要在社区评价中建立综合评价机制。探索建立国际项目管理通行的社会评价制度，实现内部评估和外部评估、过程评估和结果评估的有机结合。在进行第三方评估

---

① 单菲菲、高敏娟：《社区治理绩效的内涵、框架与实现路径——基于 20 个案例的模糊集定性比较分析》，《上海行政学院学报》2020 年第 5 期。

② 龚翔荣、陈天祥：《基于粗糙集的城市社区治理绩效指标分析》，《北京行政学院学报》2018 年第 5 期。

时，强调独立性和专业性。由于第三方评估不可能全过程现场蹲点，应重视评估方法的适宜性。作为项目购买方，不能放弃项目监管评价责任，应建立项目内部评估制度。购买方全程负责项目进展、资金使用监督并进行沟通协调和服务指导。内部评估和外部评估是全过程评估，有定期不定期报告制度，可确保项目目标达成，提高项目绩效。

4. 从绩效考核到社会评价

按照公共管理科学绩效评价理论，绩效评价包括投入是否经济、过程是否科学合理、产出是否有效益和效率、结果是否达到预期的目标，以及社会中长期的外部性影响。政府治理评价、公共部门绩效管理、政府绩效管理等不仅仅对产出、结果、效率进行测量，它们还对内涉及行政系统自身运作效率提升，对外涉及公共服务、公共产品的提供方式和公众满意度的提升。按投入—产出—效果—评价的逻辑框架对社区治理绩效进行评估，在对社区的各种考核和满意度调查中是常见的。但是管理主义与工具主义的导向还不足以应对复杂的、棘手的公共管理问题。社区治理评价经历了从绩效考核到社会评价的转变。社区治理不单单是对公共服务和政府行政管理效果的评价，社区治理的内涵更丰富、复杂，至少要从社区管理绩效、社区服务绩效、社区公共意识、社区环境等方面进行衡量。社区服务绩效可以从以下维度测量：公共服务基础设施、公共服务覆盖率、公共服务模式创新、公共服务质量。社区管理绩效测量维度包括邻里关系（邻里冲突）、弱势群体关爱程度、治安状况、居民安全感、犯罪率、社区冲突、突发事件。社区公共意识测量维度包括社区熟悉感亲切感、心理归属感、对社区的认同度、物质和精神满足感、对社区党组织和居委会的信任度。

5. 大数据分析

利用大数据分析评价社区治理是一种新的评价方法，能够解决传统统计调查等绩效评价中出现的数据获取困难、绩效指标难以量化、社区绩效考核体系不健全和不科学等问题，在评价工作中能让信息沟通更加顺畅，更好地凸现社区隐藏的各种问题，改变社区工作效率低下的状态。社会治理以网格化为基础，通过对城市地理、资源、环境、人口、经济、社会等复杂信息的综合管理，实现更加科学、精确的服务与管控。大数据技术可以构建"平安社区""宜居社区"等应用模块，发挥大数据对社区治理评价的信息引擎作用。在社区治理绩效评价过程中，可以收集人口、企业、房屋、管理等各类信息，并充分与微信、电子地图、移动互联网等新媒介整合，对社区治安、社区公共事务、公共管理等信息数据进行价值挖掘，精准发现社区存在的各类问题，从不同的角度关注普通家庭和特殊家庭，提升社区治理的有效性。

（三）影响社区治理评价结果的主要因素

1. 多元主体的参与度

以多元主体为视角设计指标评价体系，以及由多元主体参与评估，可以更为全面、客观地反映参与主体的社区治理能力和互动、协调与合作的过程，也能更客观地反映治理成效。多元主体参与社区治理的程度，深刻影响社区评价结果。如果只是从单一主体角度评价社区治理，肯定有片面性。如果只是单一主体参与评估，参与主体可能会由于社区参与程度较低、对社区治理不了解，而随意评价甚至错误评价。社区治理中的多元主体要积极发挥作用，社区治理中多元权力结构的存在符合治理实践的发展，是实现社区治理绩效的必要条件。社区中基层党组织的引领为社区治理指明了方向，面对社区治理难题，社区党员能发挥先锋模范作用，带动群众破解社区治理难题；公益慈善类、公益服务类等社会组织的力量逐渐凸显，它们了解社区居民需求，可为社区居民提供符合需求的专业化服务。龚翔荣和陈天祥从多元主体参与的角度设计了社区评价体系[1]，有一定代表性和借鉴作用。在多元治理主体和社区居民两个层面设计初始指标体系，分为 4 个一级指标，8 个二级指标（分为客观和主观两类）和若干个三级指标。如表 8-1 所示，其中一级指标有：①社区行政类事务，包括公共事务效果程度（包括 11 个三级指标：每万人治安案件立案数、人均绿化面积、人均公文化体育场地面积、生活垃圾封闭清运率、生活污水处理率、公交站数量与社区面积比、社区最低生活保障覆盖率、社区基本养老保障覆盖率、每万人贫困人口数量、每万人社区医生数量、人均社区公园面积）和社区居民对行政类事务感知评价（包括 7 个三级指标：社区治安环境感知评价、社区体育设施感知评价、社区绿化环境感知评价、社区环境卫生感知评价、社区医疗卫生服务感知评价、社区办事效率感知评

---

① 龚翔荣、陈天祥：《基于粗糙集的城市社区治理绩效指标分析》，《北京行政学院学报》2018 年第 5 期。

价、社区交通设施感知评价）两个二级指标；②社区自治类事务，包括自
治类事务效果程度（包括 6 个三级指标：社区居民居委会参选率、社区居
委会成员直选率、社区民间纠纷事务解决率、万人社区民间纠纷事件发生
频次、社区自治事务占社区居委会所有事务比率、社区有业委会的小区比
率）和社区居民对自治类事务感知评价（包括 6 个三级指标：社区文化娱
乐氛围感知评价、邻里和谐度感知评价、社区认同度感知评价、社区居委
会感知评价、小区业委会感知评价、社区最近一次纠纷解决满意感知评
价）两个二级指标；③社区公益类事务，包括公益类事务效果程度（包括
7 个三级指标：万人社区内社团数量、万人参加社区社团比例、社区内公
益活动的月度频次、万人社区社会工作者数量、社区内政府购买服务项目
数量、万人社区志愿者比、社区居民志愿活动参与率）和社区居民对公益
类事务感知评价［包括 4 个三级指标：社区公益（娱乐）活动满意感知评
价、社区内公益组织的满意感知评价、社区社会工作者的满意感知评价、
社区志愿者的满意感知评价］两个二级指标；④社区市场类事务，包括市
场类事务效果程度（包括 8 个三级指标：管道燃气覆盖率、大型购物超市
面积/社区面积、社区便利店数/社区面积、万人便民服务网点数、有正规
物业服务的小区比率、菜市场面积/社区面积、万人社区药店数量、社区
居民平均年收入/社区平均房价）和社区居民对市场类事务感知评价（包
括 4 个三级指标：小区物业服务满意度感知评价、社区生活便利性感知评
价、小区布局规划满意的感知评价、小区环境居住舒适性评价）两个二级
指标。

表 8-1　多元主体参与评价的社区评价体系

一级指标	二级指标	三级指标
社区行政类事务	公共事务效果程度	每万人治安案件立案数 人均绿化面积 人均公文化体育场地面积 生活垃圾封闭清运率 生活污水处理率 公交站数量与社区面积比 社区最低生活保障覆盖率 社区基本养老保障覆盖率 每万人贫困人口数量 每万人社区医生数量 人均社区公园面积

续表

一级指标	二级指标	三级指标
社区行政类事务	社区居民对行政类事务感知评价	社区治安环境感知评价 社区体育设施感知评价 社区绿化环境感知评价 社区环境卫生感知评价 社区医疗卫生服务感知评价 社区办事效率感知评价 社区交通设施感知评价
社区自治类事务	自治类事务效果程度	社区居民居委会参选率 社区居委会成员直选率 社区民间纠纷事务解决率 万人社区民间纠纷事件发生频次 社区自治事务占社区居委会所有事务比率 社区有业委会的小区比率
	社区居民对自治类事务感知评价	社区文化娱乐氛围感知评价 邻里和谐度感知评价 社区认同度感知评价 社区居委会感知评价 小区业委会感知评价 社区最近一次纠纷解决满意感知评价
社区公益类事务	公益类事务效果程度	万人社区内社团数量 万人参加社区社团比例 社区内公益活动的月度频次 万人社区社会工作者数量 社区内政府购买服务项目数量 万人社区志愿者比 社区居民志愿活动参与率
	社区居民对公益类事务感知评价	社区公益（娱乐）活动满意感知评价 社区内公益组织的满意感知评价 社区社会工作者的满意感知评价 社区志愿者的满意感知评价
社会市场类事务	市场类事务效果程度	管道燃气覆盖率 大型购物超市面积/社区面积 社区便利店数/社区面积 万人便民服务网点数 有正规物业服务的小区比率 菜市场面积/社区面积 万人社区药店数量 社区居民平均年收入/社区平均房价

续表

一级指标	二级指标	三级指标
社会市场类事务	社区居民对市场类事务感知评价	小区物业服务满意度感知评价 社区生活便利性感知评价 小区布局规划满意的感知评价 小区环境居住舒适性评价

资料来源：龚翔荣、陈天祥《基于粗糙集的城市社区治理绩效指标分析》，《北京行政学院学报》2018 年第 5 期。

2. 社区资源禀赋

不同社区由于具有自身特殊性，因而千差万别。社区社会资本是社区参与的基础，影响社区治理绩效。社区社会资本是社区资源禀赋的重要组成部分，可扩大到社区资源禀赋范围，探索社区资源禀赋与社区治理绩效的关系。一些研究者经实证研究证明，社区资源禀赋对社区治理绩效产生显著影响。[①] 他们以社区能否满足居民需求和社区的资源动员能力两项指标来测度社区治理绩效，操作化为社区能提供多种设施和服务满足居民需求（就业、社会保险、社会救助、社会治安、医疗卫生、计划生育、文化、教育、体育）和社区能利用各种内部资源（包括人力、财力、物力）与外部资源（如企业、非营利组织、政府的资源）促进社区发展。社区资源禀赋包括社区社会资本、社区内组织行动者的制度能力、居民团体的数量、居民的市民性、社区精英和社区志愿者等。接下来，研究者将上述维度逐一操作化。社区社会资本是非常重要的社区资源。研究者分别从情感性和结构性考察社区社会资本，并基于前者梳理了居民参与、积极性、信任与安全感、邻里联系、与家庭和朋友的联系、对多元化的宽容、人生价值、工作联系等 8 个要素。将社区内组织的制度能力分为"资源获取能力"和"治理能力"两个维度，前一个维度设置"知识资本""社会资本""组织制度资本"3 个具体指标，后一个维度设置"居民意愿传达能力""居民矛盾调处能力""社区服务提供能力"3 个具体指标。选取"心理"和"智识"两个测量维度，表征居民的市民性。实证结果表明，社区社会资本、居民的市民意识、社区内的精英阶层、志愿者以及居委会和业委会两个重要的社区组织行动者的治理能力都显著影响着社区的治理。

---

① 徐林、方亦、薛圣凡：《社区资源禀赋、治理模式与治理绩效》，《浙江社会科学》2017年第 3 期。

3. 社区治理模式

社会上存在类型各异的社区治理模式，其中，有大量成功的社区治理模式。但人们发现，许多成功的社区治理模式无法复制。社区治理绩效是多因素综合影响的结果，需要在分析社区现实情况的基础上，有针对性地提高相关因素来实现社区治理绩效。首先，社区治理绩效的实现是多因素作用的结果。不同的路径可以实现社区治理绩效[①]，包括：基于社区多元权力主体的组织管理路径、基于社区多元权力主体和社区资源的价值建构路径、以社区多元权力主体和矛盾化解为基础的价值建构路径，上述三种路径为从不同方面实现社区治理绩效提供了思路。其次，这三种路径所包含的具体要素之间存在替代的可能，不同要素的协同作用，都能推动社区治理绩效的实现。最后，不同的路径意味着社区治理需要不同的治理要素。面对社区治理困境，社区可以通过分析自身特质，有针对性地提高相关要素，以达到实现社区治理绩效的目的。一些研究者实证研究证明，社区治理模式对社区治理绩效产生显著影响。[②] 以"政府介入程度"和"社区自治程度"（即居民参与程度）为维度，将社区治理类型分为自治型社区、协作型社区、放任型社区和行政型社区。实证研究表明，社区治理模式对社区治理绩效有显著影响，自治型和协作型社区的治理模式表现出较高的社区治理绩效，而行政型和放任型社区的治理模式对应较低的社区治理绩效，但自治型与协作型社区之间、行政型与放任型社区之间并无显著的差异。

4. 社区事务的厘清

社区事务繁多杂乱，只有厘清社区事务，才能明确责权利关系，提高社区治理效率，因此我们建立了"4+1"社区分类治理框架。如表8-2所示，一个维度是有/无法律法规明确要求的事项，一个维度是政务服务事项/社区自治事项，将社区的工作事务分为四个大类，即：依法协助公共服务事项（A类事项）、依法承担社区自治事项（B类事项）、准入类公共服务事项（C类事项）和发展性社区公益服务事项（D类事项），进一

---

① 单菲菲、高敏娟：《社区治理绩效的内涵、框架与实现路径——基于20个案例的模糊集定性比较分析》，《上海行政学院学报》2020年第5期。

② 徐林、方亦、薛圣凡：《社区资源禀赋、治理模式与治理绩效》，《浙江社会科学》2017年第3期。

步明晰了乡镇政府（街道）与自治组织的权力边界和职责范围。

表 8 – 2 社区事务分类框架

	政务服务事项	社区自治事项
法律法规有明确要求的事项	A：依法协助公共服务事项	B：依法承担社区自治事项
法律法规没有明确要求的事项	C：准入类公共服务事项	D：发展性社区公益服务事项

需要依法承担的社区自治事项和依法协助的公共服务事项是村（居）委的本职工作，按照原有的路径开展，人员、经费等由原有渠道予以保障。准入类公共服务事项为法律法规没有明确要求，但确需由村（居）委会承担或者协助的公共服务，建立社区事务准入制度，坚持"权随责走、费随事转"的原则，明确授权内容、对象、权限、时限和拨付经费等，未经审批的，社区有权拒绝。准入制要求所有法律法规要求之外的事项通过准入制度，为社区减负，明晰政府和社会的责权关系。但这涉及政府及其职能部门在社区开展公共服务的整合，不能有部门绕过准入制度，照老办法给社区派任务。准入类公共服务事项和发展性社区公益服务事项可以通过公开招标、项目发包、项目申请、委托管理等方式，由政府购买基层群众自治组织和社会组织服务，签订《项目协议书》，并按照"权随责走，费随事转，权责匹配，事费结合"原则落实项目经费。发展性社区公益服务事项是在原有社区高度行政化模式下无力顾及、开展较少的社区服务和社区发展事项，是未来社区自治、社区发展的前进方向和着力点。资源配置方式可以是财政投入类的购买服务、协议委托，也可以是社会化的筹资，如公益创投、慈善捐助、社会和社区基金，还可以是志愿服务和居民互助，通过社会多方协同参与、促进社区发展。

四 社区治理评价体系探索

最后，简要介绍我们自己对社区治理评价体系的探索，或就既有的探索略陈管见。

（一）基于"五治模式"的社区治理评价体系

基于社区治理评价多元分析框架和以往研究经验①，我们分别从社区党建、自治、法治、德治、智治五个维度构建了社区治理评价指标体系，如表8-3所示。一级指标有五个，分别是社区党建、自治、法治、德治、智治。社区党建维度二级指标包括社区党组织核心作用、社区党员服务、居民对社区党组织信任度、社区党群服务中心满意度。自治维度二级指标包括公共服务设施完备/便利程度、社会福利提供情况、社会组织参与社区服务、志愿服务、居民参与程度、社区环境卫生。法治维度二级指标包括民主参与监督、村规民约、社区安全、社区民间纠纷事务解决率。德治维度二级指标包括价值共识达成、社区邻里关系、社区归属感、社区认同度、社区融合度。智治维度二级指标包括社区服务设施智能化程度、公众信息获得便利程度、社区治理手段方式创新、治理精细化程度。

表8-3 社区治理评价指标体系

一级指标	二级指标	三级指标
社区党建	社区党组织核心作用	社区党组织核心作用
	社区党员服务	社区党员社区服务人数
		社区党员每人月平均服务时数
	居民对社区党组织信任度	居民对社区党组织信任度
	社区党群服务中心满意度	社区党群服务中心满意度
自治	公共服务设施完备/便利程度	公共服务设施完备程度
		公共服务设施便利程度
	社会福利提供情况	社会福利覆盖率
		兜底人群服务覆盖率

① 广州市南沙区是全国社区治理和服务创新实验区。我们在南沙区构建了"社区治理和服务创新评估指标体系"，分为基础设施和平台建设、社区治理、社区服务三大板块，其中社区治理又包括社区协商议事、社区多元主体参与、三社联动等二级指标，社区服务包括社会工作服务和服务品牌等二级指标，共11条标准。我们通过制定社区治理和服务评估体系标准，实现社区治理和服务规范化、标准化，促进社区治理和服务创新工作，提高社区治理和服务水平。

一级指标	二级指标	三级指标
自治	社会组织参与社区服务	万人社区社会组织、团体数量
		万人社工人数
		小区有业委会、物业的比率
	志愿服务	万人志愿者人数
	居民参与程度	社区居民志愿活动参与率
	社区环境卫生	生活垃圾及时处理率
		社区环境卫生评价
法治	民主参与监督	社区两委民主选举参与率
		社区监督委员会发挥作用
	村规民约	村规民约发挥积极作用
	社区安全	社区安全感知率
		社区治安、社区纠纷发生次数
	社区民间纠纷事务解决率	社区民间纠纷事务解决率
德治	价值共识达成	社区是否有多元协商平台
		多元协商会议召开频次
	社区邻里关系	社区邻里关系融洽度
	社区归属感	社区归属感
	社区认同度	社区认同度
	社区融合度	社区融合度
智治	社区服务设施智能化程度	社区服务设施智能化程度
		公共服务一体机配备率
	公众信息获得便利程度	公众信息获得便利程度
	社区治理手段方式创新	社区治理手段方式创新
		社区停车便利程度
	治理精细化程度	治理精细化程度

（二）社区整合、应急响应和社区治理失灵

1. 社区的有机整合

社区资源丰富，关系、权利、制度错综复杂，存在多重组织割据、资源耗散的情况，缺乏有机整合，影响社区治理绩效提升，急需以社区为基本组织单元的社会系统的组织化。各条战线在社区搭建平台和服务站点，

除公共服务站以外，还包括社区卫生服务中心、社区文化活动中心、民政系统的家庭综合服务中心或社区综合服务中心、妇联系统的妇女儿童之家、残联系统的工疗站或阳光家园，以及青少年服务阵地（如广州青年地带、青年之家）、长者日托中心及原有的星光老年之家等。服务平台的兴建和升级改造，需要从场地归置、建设规划、资源整合等各方面统筹协调，需要持续打造社区治理共同体，推动社会整合方式由机械整合转变为有机整合。有效的治理，就是社会整合由形式的、机械的整合转变为有机的整合。现在社区内各种力量充斥、社区资源丰富，但基本停留在形式层面，社会整合以机械整合为主，没有形成具有强大合力的社区共同体，社会能动力未充分释放，社会活力有待发掘提高，社会整合需要提高到有机整合层次。需要全面清理、梳理社区里的各种力量和资源，理顺各种关系，理顺社区里的人、财、物、责、权、利关系，激发社区活力。

2. 农村社区的三治融合

城乡社区资源禀赋差异较大，社区治理模式也不同，农村社区治理评价有其独特性。农村社区是由血缘关系和地缘关系构成的乡村共同体，人们关系由近及远，遵循差序格局的亲疏规则，守望相助，邻里相熟，对于本地区有较强的归属感。对农村社区治理效果进行科学评价，有助于找到农村社区治理过程中的短板并为其改进优化提供方向，促进农村社区治理实践水平不断提高。农村社区的有效治理，需要基于自治、法治、德治三治融合发展的乡村治理体系。对农村社区实行有效治理，用最朴素的语言表达，就是要讲理、讲钱、讲情；用科学的语言解读，治理有效就是法治、自治、德治。村民讲求公平有理，"秋菊打官司"就是典型的村民讲理事件，讲理就是讲规矩，遵从国家和地方政策法规和村规民约，可以说是法治；讲钱就是讲经费，有钱才好办事，找农民开会都要发误工费，按市场规律和社会规则，居民实行自我管理、自我服务、自我教育，也即自治；讲情就是讲关系，村民是基于血缘和地缘关系建立的生活共同体的一分子，乡里乡亲通过感情沟通化解矛盾，通常由村里德高望重之士出面，是为德治。建立自治、法治、德治相结合的乡村治理体系，协调各方之间的关系，既能保证村民在乡村行使当家作主的权利，又能保证乡村秩序安定，让村民的权利既有规范约束，又能在一定范围内自由行使。治理有效需要建立村民自治委员会，完善村民自治制度，形成有序的乡村治理体系，让村民的诉求能够充分反映到治理中去。在农村建立有效的治理体系是乡村振兴的有力制度保障。

3. 社区的应急响应

社区治理还需要健全应急响应机制，健全社区常态化服务与应急服务动态衔接的机制。社区应急响应是否有效、高效，应是社区治理评价的重要内容，是检验社区治理成效的试金石。应急响应机制需要加强联防联控、群防群治机制建设，构建网格化管理、精细化服务、信息化支撑、开放共享的基层管理服务平台，建立应急预案，在应急状态下由村（社区）"两委"统筹调配辖区各类资源和力量，有序组织开展应急服务。加强对社区工作者、网格员和群防群治队伍、志愿服务应急队伍的培训，对重大事件、公共安全突发事件等进行制度化演练。新冠疫情发生以来，社区防控成为第一道防线，形成了一张由党委领导、社区负责、物业协助、志愿加入、居民互助、联防联控、目标一致的抗疫社区治理网。在这个社区治理共同体中，主要有社区党委、村居委会、物业公司、区域片警、社区医院、驻区企业和社会组织、社区工作者、网格员、党员志愿者、居民志愿者等。社区党委是社区疫情防控的带头人，精准实施防控与治理；村居委会组织人员，实施抗疫工作，在社区"两委"带领下，调动一切社会力量，最大化激发社会活力。"党政引导、社区主导、社会协同、公众参与、法治保障"的社区治理体系得到极大的丰富和完善，共建共治共享的社会治理格局得到锤炼，实现了政府治理和社会调节、居民自治良性互动。随着疫情防控常态化，社区应急响应机制不断完善，社区在疫情防控中发挥了重要作用，在社区治理模式、社区治理理念、社区治理方式、社区治理技术及社区治理内容等方面都取得很大成效。然而，一些社区仍存在政策要求与落实程度不一、治理资源短缺、治理人员储备不足、治理体系不健全、治理标准缺失等问题，暴露出主体单一、预警能力不足、应急物资缺乏等弊端。

4. 社区治理失灵

当社区居民的需求得不到及时响应和满足，公共产品供给效率偏低，甚至社区治理处于一种失范状态时，社区治理失灵就会发生。社区治理失灵是指社区治理和社区公共产品低效、无效的状态。社区资源浪费、环境脏乱差、社区问题丛生、居民不关心社区事务等，都是社区治理失灵的具体表现。社区治理失灵可以进行广义和狭义的区分。广义的社区治理失灵是社区治理效能衰减的过程，狭义的社区治理失灵是一种社区治理无效、社区维持日常运转困难的严重状态。公共产品的供给，有政府行政管理机制、市场机制和社会机制，经济学家广泛地讨论过"市场失灵"和"政府失灵"，社会机制也存在失灵现象。社区治理失灵是"市场失灵""政府失灵""社会失灵"的微观试验场域，三者可以同时存在或分别存在。政府失灵是指政府因干预经济活动过度、垄断、寻租、分权不当等原因产生的低效率，导致公共产品供给过剩或供给不足，即供给一定数量和质量的公共产品时投入资源过多或使用一定量的资源所供给的公共产品未能满足需求的一种资源浪费状态和产出损失结果。委托代理关系、有限理性、利益集团的冲突、社会知识的局限以及路径依赖等也会影响政府供给公共产品的效率。公共产品存在外部性和"搭便车"问题，市场对资源的配置会出于自身无法克服的缺陷，导致该物品的供给和需求难以达到有效率的水平。社会团体和机构为了公共利益自愿组织起来，其最大的特点与优势在于它的自治性，这是一种自我生产、自我管理、自我服务的社会服务机制。社会团体和机构成为与市场调节、政府干预既相互区别又相互关联的一支新兴力量，发挥着在政府、市场和社会的博弈过程中制约政府权力滥用、协调多元化利益主体、满足群众多元化需求和提高公共产品质量与效率等重要作用。但受内外部因素影响，也存在公共产品供给缺乏有效性的现象。治理失灵和能力不足降低了公共产品供给效率。社区治理绩效的"生产"主体包括政府、业委会和物业以及社区居民等多元主体，它们承担的角色和功能不同，但一致目标是提升社区居民的幸福感、安全感和获得感。有学者指出，社区治理绩效取决于三个关键因素，一是政府对社区的指导或干预能力，二是政府和政府的相关部门与社区相关治理主体之间的协商合作能力，三是社区居民的参与和自治能力。① 政府的宏观指导和管控能力、社区治理主体的运作和服务能力，以及社区居民的参与和合作能力，共同构成了支撑社区治理绩效的"三位一体"能力结构。当社区自治机制失调甚至失灵时，政府有介入、干预的必要性。政府要在自己权责范围内寻求社区自治和政府履职之间的平衡。从制度层面看，社区治理的权力来源于国家的顶层设计和社区居民的委托。社区最核心的治理主体就是作为社区"主人"的广大业主，社区自治权力的直接来源是广大业主的

---

① 曹惠民：《社区治理绩效损失：生成机理与矫正策略研究》，《暨南学报》（哲学社会科学版）2021年第12期。

委托。业主和业委会之间存在委托和代理的关系，也就是社区业委会要代表广大业主，切实维护广大业主的根本利益。社区治理绩效损失这种偏差和背离，源于社区治理过程中相关主体的作为不当或不作为，源于社区治理过程中相关的资源和要素没有得到充分的利用和整合，源于不同主体之间合作治理机制的失灵等。如果社区治理存在失灵，政府又因为缺乏"补位"意愿而出现不作为甚至懒政的情况，就很难保证基层社区自治制度的优势能够充分发挥。为了减少社区治理失灵、提高社区治理效率，需建立社区治理的责任追溯机制，明确彼此的治理责任与权力边界，保持对相关责任主体（包括政府）的约束力，保障社区治理机制的有效、规范运行。所有的治理主体都要对自己的决策、行为和结果负责，必须切实承担起自己对于社区治理的公共责任。当社区居民不遵守"业主自治公约"，相关部门不作为、作为不当或乱作为时，政府应该启动责任追溯和问责机制，相关主体要接受问责和质询，并切实履行自己的责任和义务，避免社区治理绩效损失的生成和扩大化。从政策和制度设计层面来看，应建立对于社区治理的相关责任主体的权力清单和责任清单制度，防止相关责任主体相互推诿，防止现行制度空转，防止出现社区治理失灵现象，提高社区治理效率。

后　记

　　习近平总书记强调，"基层强则国家强，基层安则天下安，必须抓好基层治理现代化这项基础性工作"。基层治理是国家治理的基础与前提，关乎党的执政根基，关乎国家安全和社会稳定。党的十八大以来，以习近平同志为核心的党中央高度重视基层治理，各地积极探索创新基层治理的体制机制，持续推动基层治理能力和水平不断提升。

　　社会学研究必须回应现实社会发展进程中出现或面临的重大且迫切的问题。因此，基层治理成为中国社会学必须回答的重大时代命题。广东省社会科学院以重点课题的方式组织开展基层治理专题研究，《新时代中国基层治理体系研究》便是其最终研究成果。课题组举全力，耗时近两年，历经多轮讨论确定研究思路、研究框架和主体内容，初稿完成后又反复修改完善，终于达至目前相对完善的版本。本书具有如下几个特点。

　　一是鲜明的政治性。本书是深入系统学习领会习近平中国特色社会主义思想，特别是习近平总书记关于党的建设、社会治理、基层治理、人民至上等重要论述的重要成果。全书从主线到内容都在力求与党和国家的大政方针保持高度一致，服从服务于国家改革发展稳定大局。

　　二是突出的创新性。本书将基层治理体系细化为八个方面进行详细阐述，在内容和结构上具有一定的开创性、引导性，可以期待产生一定的学术影响力、决策影响力和社会影响力。

　　三是较强的系统性。本书从党建引领、政府担当、协商自治、依法治理、化德为序、科技赋能、队伍建设和考核评价等方面，基于"为什么""是什么""怎么办"之问题导向，构建出一个相对完整、系统的基层治理体系。

　　四是显著的实证性。本书不仅是课题组吸收消化国内外相关最新研究成果的产物，也是广东省社会科学院社会学与人口学研究所及其科研人员近年来在社会治理、基层治理、社会民生等领域多项应用研究、决策研究成果的综合、集成和升华。不少数据和案例源自近四年广东省社会科学院广东省省情调研网四大基地家庭户调查以及 80 个村居跟踪调查，可以在一定程度上反映广东省基层治理实践探索成果，是接地气、可验证的。

　　本书是课题组全体成员共同努力、付出长时间辛勤劳动的集体智慧结晶。具体分工情况为：左晓斯研究员作为课题组组长，负责确定研究思路、研究框架以及统筹统稿定稿；赵道静助理研究员作为执行组长，负责协调联络、部分统稿，也是总论执笔人；李超海研究员、张帅博士为第一章执笔人；黄彦瑜博士为第二章执笔人；王樱洁博士为第三章执笔人；张桂金副研究员为第四章执笔人；张龙博士为第五章执笔人；杨雪博士为第六章执笔人；赖妙华博士为第七章执笔人；刘梦琴研究员为第八章执笔人。广东省社会科学院党组书记郭跃文研究员、院长王廷惠教授，广东省社会科学院原副院长刘小敏研究员等在本书的修改完善过程中提出了极具价值的政治性、学术性建议，课题组对此心怀感激，深表谢意！广东省社会科学院科研处、社会科学文献出版社在本书修改完善和出版过程中提供了宝贵意见建议和大力支持，我们对此表示衷心感谢！我们在研究过程和最终成果中均充分学习借鉴吸纳了国内外（大多数是国内）近年来的研究成果和实践案例，虽有注释说明，仍必须对这些专家学者和实践工作者表达最诚挚的感谢！

　　作为对基层治理这一重大课题的初步探索，我们的著作一定存在各种遗漏、不准确等问题和不足，我们愿意文责自负。同时真诚欢迎专家学者和读者批评指正。

左晓斯

二〇二三年九月二十八日于广州

图书在版编目（CIP）数据

新时代中国基层治理体系研究／左晓斯等著. -- 北
京：社会科学文献出版社，2023.10
ISBN 978 - 7 - 5228 - 2142 - 9

Ⅰ.①新…　Ⅱ.①左…　Ⅲ.①社会管理 - 研究 - 中国
Ⅳ.①D63

中国国家版本馆 CIP 数据核字（2023）第 134101 号

新时代中国基层治理体系研究

著　　者／左晓斯　赵道静 等

出 版 人／冀祥德
组稿编辑／宋月华
责任编辑／韩莹莹
文稿编辑／林含笑
责任印制／王京美

出　　版／社会科学文献出版社·人文分社（010）59367215
　　　　　地址：北京市北三环中路甲 29 号院华龙大厦　邮编：100029
　　　　　网址：www. ssap. com. cn
发　　行／社会科学文献出版社（010）59367028
印　　装／北京联兴盛业印刷股份有限公司

规　　格／开　本：787mm × 1092mm　1/16
　　　　　印　张：15.75　字　数：268 千字
版　　次／2023 年 10 月第 1 版　2023 年 10 月第 1 次印刷
书　　号／ISBN 978 - 7 - 5228 - 2142 - 9
定　　价／168.00 元

读者服务电话：4008918866